Matthias P. Farbig

Ein Traum beginnt

The Code of Universe – Band 1

Matthias P. Farbig

Ein Traum beginnt

The Code of Universe - Band 1

Rediroma-Verlag

Bibliografische Information der Deutschen Nationalbibliothek:
Die Deutsche Nationalbibliothek verzeichnet diese Publikation in der Deutschen Nationalbibliografie; detaillierte bibliografische Daten sind im Internet über http://portal.dnb.de abrufbar.

ISBN 978-3-98527-266-2

Umschlagillustration: artida (shutterstock.com)

www.rediroma-verlag.de
11,95 Euro (D)

Inhalt

Prolog

„Ich liege hier auf dem obersten Deck, die Aussicht ist wunderschön, und ich beobachte sie, wie sie sich dreht. Wie atemberaubend klein sie von hier aus aussieht. Ich genieße noch diesen Augenblick, dann muss ich gehen. Ich muss dieser Aussicht Lebewohl sagen, denn von dieser Mission komme ich garantiert nicht wieder. Ich denke daran, dass ich auch mal ein Mensch war, doch jetzt bin ich nur noch ein Schatten meiner selbst, gefangen in einer Rüstung, ohne Hoffnung auf Erlösung. In dieser Welt, die sich keiner vorstellen kann, bin ich die Nummer zwei und muss sie beschützen, ich muss die beschützen, die mich verraten haben, die mich beschimpften und auslachten; die mich Terrorist, Mörder, Mafiaboss nannten; die mich Alien schimpften, die mich Roboter nannten. Mit einem haben sie recht, ich bin ein Roboter, aber wie es überhaupt so weit kommen konnte, dass wir in dieser misslichen Situation sind, ist eine lange Geschichte …“

Die Reise

„Oh Mann, warum haben alle nur solche tollen Sommerferien, nur ich nicht, warum müssen meine Eltern unbedingt diese Weltreise machen?“, motzte Felix. „Naja, wir sehen uns, ich schreibe euch eine Postkarte.“

Mit diesen Worten verließ er seine Freunde von der Schule, die er jetzt sechs Wochen nicht sehen würde. Sein Bus fuhr früher als der der anderen, aber diesen Sommer wollte er die Schule irgendwie nicht verlassen. Zu Hause ging es rege zu, Koffer mussten gepackt werden. Schließlich wollten sie eine Reise machen. Er war betrübt, er wollte seine Freunde in den Ferien sehen, aber das war ihm nicht gegönnt, er konnte sie ja schließlich über das Internet erreichen.

Langsam begaben sie sich zum Flughafen, mit Koffern beladen, auf eine Wissensreise um die Welt. Die Familie reiste durch Europa, Asien, Amerika, und als letzte Station kam Afrika, genauer Ägypten, dran. Das Klima dort war auch nicht viel besser als in den anderen Ländern, aber nach den fünf Wochen auf Tour störte es sie nicht mehr.

Felix hatte schon viele böse Albträume gehabt in dieser Zeit, wie ein böses Omen, das auf ihn zuraste. Ohne Rücksicht auf Verluste kam es näher, riesige schwarze Säulen, die sich erhoben und ihn in der totalen Dunkelheit begruben. Er wachte auf – er war im Bus eingeschlafen, sie waren angekommen an diesem Tempel. Es war ein Stück zu laufen, um ihn zu erreichen, aber der Anblick war die Mühe wert. Die vier steinernen Figuren aus Sandstein beeindruckten ihn mit ihrer Größe und Wucht und er fragte sich:

Wie konnten die alten Ägypter nur solche Bauwerke errichten ohne moderne Technik?

Die Reisegruppe ließ sich durch den beeindruckenden Tempel führen. Nach der Führung hatte jeder noch Zeit, sich umzusehen. Alle mussten unbedingt noch Fotos machen, aber Felix war das zu langweilig. Er suchte sich ein Eckchen, in dem er ungestört mit seinem Nintendo spielen konnte. Er wollte ihn gerade auspacken, als ihm ein Schauer über den Rücken rann. Er sah sich um, aber niemand war da, nur ein kleiner Riss in dem Mauerwerk machte ihn stutzig. Er war tief in der Ecke gegenüber von seinem Platz und hatte eine magisch anziehende Wirkung auf ihn. Er näherte sich ihm und entdeckte eine Hieroglyphe, die nicht zu den anderen gehörte, es war bloß ein Kreis mit einer Sieben darin. Er wollte sie berühren. Ein Stein knirschte und er fuhr zurück und schaute sich um: niemand da.

Er startete den nächsten Versuch, diesmal sollte es glücken. Hinter dem Symbol versteckte sich ein kleiner Schacht, in dem eine kleine Zelle lagerte, sie war golden mit einer Flüssigkeit darin, die lila leuchtete. Er nahm sie heraus und schaute sie an. Als er aufsah, war das Loch wieder verschwunden. Er dachte sich nichts weiter dabei und verließ den Raum.

Ihm stockte der Atem, als er den Tempel verlassen wollte: Vor ihm hatte sich ein Tunnel aufgetan, die anderen schienen ihn nicht zu sehen, aber für ihn war er unüberwindbar. Um aus dem Tempel zu entkommen, musste er die Treppe hinunter in dieses schwarze Loch. Er schaute sich um, die anderen Besucher schienen ihn nicht zu sehen. Ein Mann kam von hinten und lief einfach durch ihn durch. Es fühlte sich komisch an. Er war wie ein Geist. Felix hatte

Angst, aber trotzdem musste er den Weg gehen. Er nahm all seinen Mut zusammen und stieg die Treppe hinunter.

Langsam, aber sicher endete die Treppe und ein Gang tat sich auf, es war eher eine Schlucht, die unter dem Besichtigungsgelände verlief. Er konnte die Menschen sehen, die über sie liefen, ihre Schuhe von unten betrachten. Seine Angst war wie weggeblasen, er fühlte sich stark, denn an der Stelle, an der er sich befand, konnte ihn niemand sehen. Er folgte weiter dem Pfad, bis er in einem runden Raum ankam. Alles war voller Sand, was nicht verwunderlich war, er war ja auch in einer Wüste. Eine Wand sah komisch aus, sie war schwarz und mit einem seltsamen Muster versehen, das in eine Richtung wies. Felix näherte sich dem Gestein langsam.

Ein Art Hologramm tat sich vor ihm auf: „Du hast den Weg in diese Dimension gefunden. Ich habe eine Aufgabe für dich: Lass die Energie frei, die diesem Raum entzogen wurde, gib sie ihm zurück!“

Felix überlegte, welche Energie gemeint war. Nach einer Weile zog er die kleine Batterie aus der Hosentasche. Sie wurde irgendwie magisch von dem Stein angezogen. Er wollte sie zerstören, aber er erinnerte sich an seine Träume, die er hatte, das Gestein hatte genau dasselbe Muster wie die schwarzen Säulen, seine Hand schloss sich wieder zu einer festen Faust, er wollte auf keinen Fall, dass sein Traum Realität wurde. Er wollte fliehen und die Energiezelle dahin zurückbringen, wo er sie gefunden hatte, doch ein Stein lag im Weg. Die Zeit verging in Zeitlupe, bis er den Boden erreichte. Er konnte selbst zusehen, wie sie den Boden berührte, sie schlug auf und drehte sich in der Luft weiter, bis sie ein zweites Mal landete. Sie rollte los und

Richtung Fels, schneller, als Felix aufstehen und rennen konnte, auf und ab, ohne langsamer zu werden, die Schräge hoch Richtung Wand. Felix schaute zu, wie sie zerbrach, die Energie floss heraus und bildete eine Pfütze mit einem kleinem Fluss Richtung Gestein, in dem sie schließlich versank. Die Erde begann zu beben, die Barriere zwischen den Welten zerbrach, jetzt konnten alle den Riss sehen. Einige Leute fielen sogar fast hinein. Der Stein begann zu leuchten, zwischen den schwarzen Abschnitten schien blaues Licht hervor, langsam, aber sicher begann er sich zu bewegen und die Erde bebte.

Felix begann, zum Ausgang des Grabens zu rennen, hinter ihm war ein Stück des Gesteins aus dem Boden gekommen, es sah fast wie ein Arm aus, mit einer einfachen Hand daran mit drei Fingern. Er rannte und rannte, aber der Gang nahm kein Ende. Vor ihm begann der Boden aufzubrechen, ein etwas seltsamer Kopf tauchte vor ihm auf mit riesigen Augen, schwarz wie die Nacht war er mit denselben blauen Umrissen, er starrte ihn an.

Felix wollte wieder zurückrennen, aber der Weg war versperrt. Er blieb stehen und wartete auf eine Reaktion. Lange passierte nichts, langsam bekam er Angst, noch mehr als vorher. Unbehagen machte sich in ihm breit, er schaute nach oben, er sah einen der Arme, die aus dem Boden gekommen waren, nach ihm greifen. Felix wusste, dass es ein Wesen war, das nicht von dieser Welt war, aber es war keine natürliche Lebensform. „Was willst du von mir?“

Das Wesen richtete sich auf, bis ihre Köpfe auf gleicher Höhe waren, und blickte ihn an, die Augen brannten wie die Sonne auf seiner Haut.

„Ich habe dir nichts getan!“ Felix konnte in seinen Augen sehen, was er sagen wollte, aber es waren nur vereinzelte Worte, die er erkennen konnte.

<ABGABE? FREUND! RETTER? HILFE!>

Mehr konnte er nicht erkennen, bevor in den Kopf ein Sprengkörper einschlug. Ihm klingelten die Ohren, denn das Wesen war unbeschädigt, es richtete sich weiter auf, es war dünn und lief auf drei Beinen, alle Gliedmaßen und der Torso waren gleich dick, nur der Kopf war breiter, es hatte drei Arme, die in alle Richtungen bewegt werden konnten, so etwas wie Gelenke hatte es nicht. Der Kopf drehte sich zu ihm und schrieb.

<SUCHEN! NEHMEN! FEHLER? AUFGABE? LEBEN LASSEN!>

Er wurde immer höher gehalten. Ein Knall ertönte, alles wurde in Rauch gehüllt und Felix fiel, die Arme waren zerstört, das Wesen war von einer orbitalen Waffe getroffen worden, die es genau in seiner Mitte traf. Der letzte intakte Arm fing ihn auf und krachte zu Boden, neben ihm lag der Kopf und er schaute wieder in seine Augen.

<NIMM ENERGIE! LEBE!>

Durch ihn schoss eine Welle, ein Strahl purer Energie, er spürte die Stärke, die ihn durchzog, er wand sich vor Schmerzen angesichts dieser Macht, deren Gefäß er geworden war. Nach ein paar Sekunden ließen die Qualen nach, sie verebbten. Er öffnete seine Augen, er sah das letzte Mal in die Augen des Wesens, deren Farbe langsam verblasste.

<AUSERWÄHLT.>

Das war sein letztes Wort, das er erkennen konnte. Felix konnte sich von dem Anblick nicht lösen. Obwohl er Angst hatte, kam ihm das Wesen vertraut vor, so, als würde es zu ihm gehören. Er wollte am liebsten weinen, aber er konnte es nicht. Er brach zusammen auf dem Punkt, wo er stand, er fühlte sich schwach und sah keinen Ausweg aus dem Grauen. Felix wusste jetzt nur eins: Das, was er gerade erlebt hatte, war nicht so schlimm wie in seinen Träumen, es war schlimmer!

Ein Geschenk

Ein schwarzer Raum erstreckte sich vor ihm, er schaut sich um, nur eine Ebene, endlos, so weit das Auge reicht. Felix murmelte: „Wo bin ich?“

Er taumelte auf der Stelle und fasste sich an die Stirn, über ihm ein kleines Leuchten, gerade hell genug, um den Boden zu erkennen. Er lief ein Stück einfach der Nase nach. Nach einer Weile fand er ein kleines Paket, nicht gerade groß, eine kleine Schleife drum ohne Geschenkpapier, grau und schlicht, ein Geschenk auf hohem Niveau. Er hob es auf, ohne daran zu denken, was passieren könnte. Er machte die Schleife auf, hob den Deckel ab und schaute hinein. In ihm war eine Kugel, glänzend metallic grau. Er hielt sie hoch und betrachtete sie und fragte sich: „Was soll ich damit?“

„Du sollst ihm Leben geben.“ Eine Stimme hallte durch das Nichts, dumpf und geheimnisvoll: „Benutze deinen Verstand, dann findest du es.“

Vor ihm erschien ein Schatten ohne jemanden, der ihn warf, er stand einige Meter von ihm entfernt.

„Wer bist du?“, fragte er den Schatten.

„Das ist unwichtig, erfülle deine Aufgabe und ich werde es dir sagen.“ Und der Schatten verschwand ohne ein weiteres Wort und ohne einen Hinweis, wie er aus dieser Welt wieder herauskommen würde. Felix legte sich hin auf den harten Boden, er war nicht kalt und nicht heiß, er wurde immer gemütlicher und er schlief ein auf dem Boden einer Welt, die er nicht kannte.

Nach einiger Zeit öffnete er die Augen, sie waren so schwer. Zuerst sah er nur ein gleißendes Licht. Als er etwas besser sehen konnte, schwebte etwas Rotes, Blaues und Gelbes neben ihm. Er versuchte aufzustehen, aber seine Glieder waren so schwer. Langsam, aber sicher konnte er immer mehr erkennen.

Es waren Luftballons, die an seinem Bett festgebunden waren, auf ihnen Schriftzüge mit Glückwünschen zu seiner Genesung. Jetzt wusste er, wo er war. Er war im Krankenhaus in der Nähe seines Wohnortes. Überall war er an Maschinen angeschlossen. Die Tür flog auf, eine Schar Ärzte stürmte in das Zimmer herein und begann, ihn zu untersuchen. Ihm war das völlig egal, er war froh, dass er wieder in der richtigen Welt war. Es dauerte eine Weile, bis die ganzen Menschen wieder verschwunden waren, und er schaute zu seinem Nachttisch. Er sah das Geschenk, das er auch in seinem Traum gesehen hatte.

Die Tür öffnete sich erneut und seine Eltern kamen herein. „Schatz, du bist endlich aufgewacht!“ Seine Mutter musste ihn erst einmal drücken.

„Warum, habe ich so lange geschlafen?“, fragte er.

„Ja, du lagst ein ganzes Jahr im Koma. Die Ärzte hielten es für undenkbar, dass du wieder aufwachst.“

„Wer hat das Päckchen dahin gestellt und von wem ist das?“

„Das weiß leider keiner, es stand eines Tages einfach da. Willst du es aufmachen?“

Felix nahm sich das Päckchen und öffnete es. Doch es war etwas mehr darin als nur eine Kugel, es war ein kompletter Bausatz für etwas, das er noch nicht kannte.

Nach ein paar Tagen wurde er aus dem Krankenhaus entlassen und durfte nach Hause. Komischerweise musste er nicht zur Reha. Sein Körper hatte in den paar Tagen die verloren gegangene Muskelmasse wiederhergestellt. Als er zuhause ankam, machte er sich direkt daran, den Bausatz zusammenzubauen. Es war ein hochmodernes System, aber was es konnte, war ihm schleierhaft. Unten war ein Sockel, die rund war mit Magneten, in der Mitte schwebte eine Kugel um sie herum, Ringe parallel zu dem Fuß und weiter innen oben kleine Arme, die sich um die Kugel bewegten, in einem größeren Abstand obendrauf, um das Gerät abzuschließen, mit vielen Sensoren, die elektromagnetische Ströme messen konnten. Felix untersuchte das System, das er gebaut hatte, genau, aber konnte keinen Verwendungszweck für das Gerät finden. Er untersuchte es auf Funktionen, hatte aber Angst, es einzuschalten, weil er befürchtete, dass etwas Schlimmes passieren könnte. Aber nach reichlicher Überlegung schloss er es an seinen PC an. Die Außenringe begangen zu fliegen und sich um sich selbst zu drehen. Die kleinen Innenringe bewegten sich in die entgegengesetzte Richtung. Der Bildschirm startete direkt schwarz. <BITTE CODE EINGEBEN.>

Bevor etwas Weiteres angezeigt wurde, beendete Felix das Programm und das System brach zusammen. Was brauchte er für einen Code?

Felix schlief eine Nacht darüber, er grübelte und überlegte, was gemeint war. Die Nächte verstrichen und ihm fiel Nichts ein, was ihm weiterhelfen konnte. Nach sieben Nächten war es dann so weit, er fiel in einen tiefen Schlaf, in dem er wieder in dem dunklen Raum war, in dem er schon einmal mit diesem Schatten geredet hatte. Er stand da: „Was willst du von mir? Warum hast du mir das Teil gegeben?“, rief er in die Tiefe des Raumes.

Lange passierte nichts, aber nach einer Weile erschien der Schatten vor ihm: „Ich brauche dich, die Lösung hast du schon, du trägst eine verborgene Kraft in dir und wenn sie erwacht, wirst du alles verstehen“, antwortete er ihm und ging auf ihn zu.

Eine Hand erschien, sie zeigte auf ihn, der Schatten kam näher und legte seinen Finger auf seine Stirn und sprach: „Erwache aus deinem Schlaf.“

Und Felix erwachte aus seinem Schlaf, er war erleuchtet, er wusste, was zu tun war. Er setzte sich an seinen PC und begann, einen Code zu schreiben, der ihm durch den Kopf ging, er konnte nicht aufhören, er schrieb einfach weiter, bis er zu müde war. Er schloss das System an den PC an und wieder erschien dasselbe Eingabefenster. Dieses Mal war er fest entschlossen, es zu Ende zu bringen. Er schrieb den Code in das Fenster hinein. Das Programm fragte ausdrücklich nach einer Bestätigung, denn wenn der Prozess einmal in Gang gesetzt wurde, konnte er nicht mehr rückgängig gemacht werden. Er bestätigte mit „ja“.

Das Programm schloss sich, das Objekt begann an verschiedenen Stellen blau-lila zu leuchten, wobei die Farbe durch durchsichtige Leiter floss. Die Ringe begannen auch zu leuchten und die inneren Ringe fingen an, ein Material abzusondern. Sie druckten wie ein 3D-Drucker einen Kern mit einer extrem feinen Struktur aus winzigen Halbleitern. Nun verstand er, was das war. Der Schatten hatte ihm ein anorganisches Neuronengehirn gegeben, das in der Lage war, zu denken. Der Bildschirm des PCs wurde schwarz, nur ein kleiner weißer Strich war zu sehen. Lange Zeit blinkte er nur, bis er anfing zu schreiben.

<Hallo. Bist du Admin?>

Er war ganz erstaunt, dass es funktioniert hatte.

>Ja.<

<Name?>

Felix überlegte, was für einen Namen er der KI geben sollte, und entschied sich für „Reaktion".

>Reaktion.<

Er bestätigte die Eingabe mit Enter, das Programm schloss sich wieder, einige Programmfenster öffneten sich. Das erste fragte ihn, ob er das System im gesicherten Modus starten möchte. Felix bestätigte. Er hatte noch den gesamten nächsten Tag damit zu tun, Sicherheitsprotokolle zu installieren. Nachdem er fertig war, startete er das System erneut. Wieder kam die Frage: <Wollen Sie das System im endgültigen Modus starten, danach können Sie keine Änderungen mehr vornehmen?>

Er bestätigte mit: <JA.> Alles ging aus und der Bildschirm flimmerte, Felix schreckte zurück wie vor einem Geist. Über den Bildschirm flogen zusammenhanglos irgendwelche Wörter wild durcheinander, nach einigen Minuten hörte das Geflimmer auf und das System begann zu rebooten. Er stand auf und drückte <Enter>.

<Hallo Felix, mein Name ist Reaktion, wie kann ich dir helfen?> Felix sprach in das Mikrofon hinein: „Du sollst mein Freund sein."

<Ich werde dir immer zur Seite stehen.>

Felix war so überglücklich, dass es funktioniert hatte, was er da geschaffen hatte. Er unterhielt sich noch eine Weile mit Reaktion, schließlich musste er ihm jetzt beibringen, was es bedeutet, ein Freund zu sein.

Nach ein paar Wochen musste Felix wieder zur Schule. Er hatte den KI-Kern immer dabei, er war zwar schwer, aber er ließ ihn nie alleine daheim. Reaktion untersuchte alles, Verhaltensweisen der Schüler, der Lehrer, Bücher und Technik. Sein Wissensdurst war unstillbar. Felix war vor seinem Unfall nicht unbedingt der beste in der Schule, aber jetzt wusste er alles, als hätte er ein fotografisches Gedächtnis.

In Sport war er auch super. In den Pausen redete er oft mit seiner KI, aber das durfte keiner wissen, deswegen wurde er von allen als geistesgestört abgestempelt.

Seine alten Freunde redeten nur sporadisch mit ihm, sie hielten Abstand. Da Felix sich nicht mehr mit anderen traf, hatte er nun viel Freizeit, um für seine KI einen Körper zu bauen. Zuerst war es nur ein Arm, aber nach einer Weile hatte er einen kleinen Roboter gebaut, mit dem sich Reaktion in der Welt der Menschen bewegen konnte. Von diesem Tag an begann er, sich einen richtigen Körper nach seinen Vorstellungen zu bauen. Nicht einen menschlichen, er setzte seinen Kern in das Auto seiner Eltern ein, sodass er nicht zu sehen war. Felix dachte sich nur, als er am nächsten Tag aufwachte: Ein sprechendes Auto, na super! Das kann ja nur gut gehen.

Flaffy

Das Schuljahr ging zu Ende, seine Noten waren überirdisch und der Schulwechsel rückte immer näher. Felix fühlte sich ganz unbehaglich, als er durch das riesige Tor der neuen Schule ging, in der er jetzt lernen sollte. Er hatte mit Reaktion eine Uhr gebastelt, mit der er jederzeit mit ihm in Kontakt treten konnte.

Eine neue Klasse, ein neues Lernen, er setzte sich in dem Raum ganz vorne hin, weil keiner der hinteren Plätze mehr frei war. Die erste Stunde war die schlimmste, er konnte sich kaum wachhalten. Sich alle Belehrungen anhören zu müssen, war extrem ermüdend für ihn.

In der ersten Pause, er hatte gerade sein Brot ausgepackt, setzte sich ein Mitschüler zu ihm: „Hallo, ich bin Anthony, wer bist du?“

Felix wusste auf einen Schlag nicht, was er machen sollte. „Hi, ich bin Felix, ich bin hier in dem Kurs für Computertechnik und Datenverarbeitung, und du?“

„Cool, ich auch. Belegst du auch Astro?“

Er entgegnete: „Ja.“

„Dann sind wir ja in derselben Klasse!“

Er und Anthony plauderten noch eine ganze Weile. Es kam heraus, dass sich Anthony sehr für Astrophysik interessierte: „Cool, wir haben dieselben Interessen, hast du schon von der neusten Entdeckung gehört? Forscher sollen ein Raumschiff gefunden haben in unserer Galaxie, ein riesiges Schiff mit der Aufschrift TITAN!“ Das Thema interessierte ihn sehr.

Der Tag ging letztendlich auch zu Ende. Felix unterhielt sich noch eine ganze Weile mit seiner KI über die TITAN und was das sein könnte. Als er sich endlich in sein Bett legte, fiel er sofort in einen tiefen Schlaf und wachte in einem dunklen Raum auf. Vor ihm war der Schatten zu sehen.

Felix ging in Abwehrhaltung; „Was willst du von mir? Ich habe dir nichts getan!“

„Dankt man nicht denen, die einem ein Geschenk machen?“

„Danke“, entgegnete er trocken.

„Ich bin Cat Steloun und das, was du von mir siehst, ist ein Schatten meiner selbst, mein Körper ist gefangen an einem Ort, wo ihn niemand findet, ich bin schwach und kann nur so mit dir in Kontakt treten, weil du die volle Ladung Energie abgekriegt hast.“

„Okay, aber was sollte das Geschenk?“

„Damit hast du bewiesen, dass du der Auserwählte bist, brillant mit Technik, unerschrocken und treu, du hast einer Maschine Gefühle gelehrt.“

„Was bedeutet das, der Auserwählte zu sein?“

„Du bist unterbewusst mit etwas verbunden, was sich ein Heiliges Objekt nennt, gesegnete Objekte des Schöpfers, der diese Welt schuf, und du bist verbunden mit einer Rüstung, die dir unglaubliche Fähigkeiten verleiht, nur du kannst sie anlegen!“

„So was wie ein Superheld?“

„Ja, aber nicht mit solchen Fähigkeiten.“

Der Schatten verwandelte sich langsam in eine Gestalt, eine riesige Katze auf zwei Beinen mit Händen und Füßen wie ein Mensch.

Cat streckte seinen Arm nach Felix aus. „Erwache, Heiliger Schatz“, sagte er und tippte ihm auf die Stirn. Er fiel um wie ein Stein. Er versuchte sich zu bewegen, aber er war wie gelähmt. Cat beugte sich über ihn: „Wenn du wirklich wissen willst, was du bist, dann befreie mich, finde die Titan und bring den Schlüssel mit für das letzte Wunder, das auf dieser Welt steht, und du wirst erfahren, was deine Bestimmung ist.“

Um Felix begann sich der Raum zu verändern, er fiel in ein Loch, das im Boden entstand. Das letzte, was er von der Gestalt hörte, war: „Dein Name ist Flaffy!“ Danach konnte er nichts mehr hören.

Und er erwachte schweißgebadet wie aus einem schlechten Traum. Er konnte nicht glauben, was er in dieser Vision gesehen hatte, und überlegte, was es bedeuten könnte, ein Heiliges Objekt zu besitzen und ob Cat auch eines besaß. Was sollte er tun? Schließlich konnte das alles eine Falle sein, um einen uralten Dämon wiederauferstehen zu lassen. Wie ein Dämon wirkte Cat aber nicht, eher wie der Spielmacher eines verworrenen Spiels, in dem die Welt und das Universum nur ein kleiner Teil des Schachbrettes waren. Felix überlegte sich: Wenn er der Auserwählte war, warum sollte er nicht diese Macht auch nutzen?

Er hob in seinem Bett die Faust nach oben und murmelte vor sich hin: „Ich bin Flaffy!“

Seine Haut begann zu prickeln und sein Blut zu kochen, sein Körper fühlte sich komisch an, er sprang auf, doch sobald er geradestand, wurde er durch den Boden in eine Parallelwelt gezogen, in eine Welt, in der er ohne Probleme atmen konnte. Er fiel in einen riesigen Sternenhimmel hinein und beschleunigte so schnell, dass die Sterne zu Streifen verschwammen. Mit einem Mal stand er auf einem Podest, wie durch ein Wunder war ihm nichts passiert. Um ihn schwebten drei kugelähnliche Gebilde, die in sich eine Mechanik enthielten. Ihm lief ein Schauer über den Rücken und er schaute nach oben. Über ihm war ein Rohr, das weißlich brannte. Ein Schuss fiel und er stand wieder in seinem Zimmer.

Er schaute seine Hände an. „Alles normal!“, atmete er auf. Er griff mit einer Hand nach seinem Arm. Als er diesen losließ, war er schockiert, seine Haut war wie ein Hologramm auf seinem Körper, es zerfiel in kleine Rechtecke, die dann verpufften. Langsam löste sich seine komplette Haut ab. Unter ihr befand sich ein schwarzes Material. Er geriet in Panik. Was sollte er nun tun? Aber seine Haut verflog immer schneller. Die Tür seines Zimmers ging auf, Reaktion kam herein: „Ach du meine …?! Felix? Was ist passiert?“, fragte er.

Felix hatte über die Zeit einen richtigen Körper für ihn gebaut, damit er ihn nicht immer wie einen Koffer mit sich herumschleppen musste. Felix war nun komplett befreit von seiner alten Hülle, er blickte an sich herunter, er war auch ein ganzes Stückchen größer geworden. Verdutzt schaute er Reaktion an: „Ich bin Flaffy, hat er gesagt.“ Und er fiel um wie ein Brett. Er war nun komplett schwarz, nur an einigen Stellen zogen Linien ihre Bahnen. Er selbst sah aus, als hätte er eine mit kleinen Schilden ausgestattete Rüstung bekommen, und sein Kopf sah aus wie ein Helm. Reaktion begann sich zu bewegen und seinen Freund richtig hinzulegen. Er musste feststellen, dass er viel leichter war, als er berechnet hatte. Reaktion verließ den Raum auch nicht, sondern passte die ganze Zeit auf ihn auf.

Nachdem einige Zeit vergangen war, wandte er kurz seinen Blick zur Seite, als er wieder zu Flaffy zurückschaute, lag er da wieder in seiner normalen Gestalt.

Als Flaffy aufwachte, kam es ihm vor als, hätte er schlecht geschlafen. Reaktion begrüßte ihn mit einem kräftigem „Guten Morgen! Wie geht es dir?“.

Er entgegnete nur: „Du, ich hatte einen ganz schrägen Traum mit diesem Schatten und dass meine Haut sich auflösen würde.“

Reaktion guckte erst einmal verdutzt, bis Flaffy bemerkte, dass das alles wirklich passiert war. Naja, aber er hatte zunächst seinen normalen Körper wieder, nur der blaue Kern auf seiner Brust war geblieben. Er schlich geschafft zum Frühstückstisch, um etwas zu essen, aber der Blick auf die Uhr hinderte ihn daran. Es waren noch fünf Minuten, bis sein Bus fuhr, er brauchte fünfzehn Minuten bis zur Haltestelle. Er schnappte seine Sachen und rannte los. Irgendwie kam es ihm so vor, als würde die Zeit langsamer vergehen, aus irgendeinem Grund schaffte er es, pünktlich zur Busstation zu kommen.

Drinnen wartete auch schon Anthony auf ihn: „Morgen, setz dich.“

Er grüßte zurück: „Morgen, was geht?“

„Nichts, außer dass wir heute Sport haben. Soweit du mir erzählt hast, ist das das Fach, das du am wenigsten magst!“

„Och nö“, entgegnete Flaffy ihm. Er musste an den Kern denken, den er auf der Brust hatte, er konnte doch nicht am ersten Tag gleich auffliegen. Er machte sich einen Plan, nach der ersten Stunde wollte er seinen Sportbeutel einfach irgendwo liegen lassen, er müsste ihn dann vor der Sportstunde suchen gehen und hätte die ganze Umkleidekabine für sich alleine. So wollte er es machen, doch der Stundenplan machte ihm einen gehörigen Strich durch die Rechnung, denn sie hatten die erste Stunde gleich Sport, und zwar eine Doppelstunde.

Er war in seiner neuen Klasse nicht unbedingt der beliebteste. Er hatte ein paar Idioten in der Klasse, die ihm nicht wohlgesonnen waren, das hatte er schon an dem ersten Tag erfahren. Er war halt ein Außenseiter.

Er versuchte, es beim Umziehen so gut wie möglich zu verstecken, ihm gelang es auch relativ gut. Niemand schöpfte Verdacht. Die erste Stunde verlief ohne Probleme, doch er war nicht unbedingt geschickt im Gerätesport. In der zweiten Stunde begannen sie ihn zu ärgern. Zuerst war es ihm relativ egal, aber er begann sich aufzuregen, aus irgendeinem Grund machte es ihn rasend. Das aber war nicht sein größtes Problem. Unter seiner Haut kamen langsam die weißen Streifen hervor, je mehr er sich aufregte, desto mehr sah man sie.

„Was ist mit dir los?“, fragte ihn Anthony. „Deine Arme sehen so blass aus?“

Er entgegnete etwas aufgebracht: „Das ist eine lange Geschichte! Irgendwann erzähle ich sie dir vielleicht.“

Flaffy kam wieder etwas herunter, aber er fühlte ich beobachtet, nicht sicher in seiner Haut. Er fühlte eine Furcht erregende Aura in seiner Nähe, aber er konnte niemanden entdecken. Der Tag war noch lang und er wusste jetzt, dass er sich nicht aufregen sollte, sonst würde er auffliegen. Trotz aller Umstände überlebte er den Tag, ohne erwischt zu werden. Die Woche war nicht viel besser. Aber er wusste nicht, dass die Geschehnisse eine drastische Änderung nehmen würden in der nächste Schulwoche.

Montag war es ihm kaum möglich, aufzustehen. Sein Körper war irgendwie schwer und träge an diesem Tag. Er hatte sich komischerweise nicht wieder verwandelt. Der Tag startete sehr interessant, denn als er in den Klassenraum hineinkam, saß da eine neue Mitschülerin. Sie hatte dunkelbraunes, leicht lockiges Haar und ein schmales Gesicht. Sie saß ausgerechnet neben Flaffy, der ja, was Mädchen belangte, so was von unbedarft war und nicht wusste, wie er sich verhalten sollte. Er ging als erster zu ihr: „Hi, ich bin Flaf… Felix, und wer bist du?“

„Hi, ich bin Chantal, schön, dich kennenzulernen.“

Ohne ein weiteres Wort zu sagen, setzte er sich auf seinen Platz und packte seinen Schulkram aus, den er für den Unterricht brauchte. Nach ein paar Minuten schellte der Schulgong. Die Lehrerin rief die Neue auf, damit sie sich der Klasse vorstellen konnte. Die Idioten freuten sich schon, sie murmelten etwas, sodass es die Lehrerin nicht verstand, aber Flaffy verstand es. Sie hatten ein neues Opfer im Visier.

Denen mache ich einen fetten Strich durch die Rechnung, dachte er leise nach. Diesen Idioten würde niemand glauben, vor allem, wenn man bedenkt, wie absurd diese Geschichte ist.

Flaffy verfolgte sie den ganzen Schultag, bis er herausgefunden hatte, was sie vorhatten. Sie wollten ihr im obersten Geschoss auflauern, was er verhindern wollte, indem er ihnen in seiner wahren Gestalt begegnen wollte – als Roboter, der geduckt durch die Räume ging. Vor allen Dingen wollte er ihnen einen richtigen Schlag verpassen, den sie nie wieder vergessen sollten, denn in seiner wahren Gestalt sah er für die, die ihn nicht kannten, wirklich zum Fürchten aus.

Am dritten Tag war es dann endlich so weit. Er hatte fleißig geübt, sich zu verwandeln, es war einfach, die Tarnung abzulegen. Sie wieder aufzubauen, war schwer, aber er hatte es geschafft. Er versteckte sich in einem der Nebengänge der Schule, damit ihn den Idioten nicht sahen, das war wichtig. Das Opfer stand schon bereit im Gang, also konnte es nicht mehr lange dauern, bis sie kommen würden, und da hörte er auch schon die Schritte, wie sie die Treppe hoch schlichen.

Flaffy war vorbereitet. Er musste nur warten, bis sie an ihm vorbei waren. Dann schloss er die Augen und dachte an sein Schicksal. Er verwandelte sich, Teile seiner Haut fielen nach innen, andere hoben sich an, langsam verblasste die Haut, darunter kam schwarzes Metall zum Vorschein, sein Kopf wurde von einer schwarzen Maske umhüllt, mit der sein Gesicht letztendlich verschmolz. Als Flaffy sah er einige Infos mehr als sonst, er hatte den Status seines Körpers immer in Sicht, eine Karte und ein Art Inventar, das bis dato noch leer war.

Die Gruppe wollte gleich angreifen, sie hatten schon angesetzt, aber da schlich er in geducktem Gang um die Ecke und ging mit schwerem Schritten auf sie zu. Chantal sah ihn zuerst, sie zeigte mit dem Finger auf das Ungeheuer, das da auf sie zuging. Mit dumpfer Stimme sprach er: „Hallo, ihr Würmer, wen wollt ihr heute wieder verstören?“

Das reichte schon, einer der fünf Jungs zückte das Handy und wählte die 110. Flaffy aber sprang einen Schritt vor und er ließ das Handy fallen: „Nehmt lieber die Beine in die Hand.“

Das reichte schon, alle hatten die Flucht ergriffen, nur Chantal stand steif vor Angst da und starte ihn an: „Was willst du?!“, schrie sie ihn an.

Flaffy schaute sie an, drehte sich um und verschwand hinter der nächsten Tür, um sich wieder zurückzuverwandeln.

Wenige Minuten später rückte die Polizei an, um dem Anruf nachzugehen. Von denen wurde die Geschichte der fünf Jungen als Streich abgestempelt. Obwohl sie so zerzaust aussahen, hatten sie doch einigen Ärger am Hals.

Flaffy war glücklich, er hatte sein Ziel erreicht. Chantal hatte sich nicht bei der Polizei über den Mobbingversuch der Jungs beschwert. Sie hatte sich gedacht, die Geschichte erst mal für sich zu behalten.

Die nächsten Schulwochen verliefen relativ ruhig, die fünf Jungs hatten einen fetten Verweis kassiert für diese absurde Ausrede, die sie der Polizei aufgetischt hatten. Die komplette Klassenstufe war glücklich.

Flaffy wusste natürlich von nichts. Er hatte sich vorgenommen, jetzt endlich dem Ruf von Cat nachzugehen. Er beschäftigte sich in den letzten Tagen viel mit seinem neuem Körper, wobei er durch einen Zufall herausfand, dass er Objekte generieren konnte. Zuerst war es nur eine Kugel, doch nach einiger Zeit hatte er raus, wie man diese verformt. Das konnte ihm später noch mal nützlich sein. Eine andere, eher passive Fähigkeit war, dass er sein eigenes Gewicht ändern konnte. Er wusste nicht, warum, aber er konnte es. Er lernte das sinnvoll anzuwenden, er brauchte nie wieder einen Block Papier mitschleppen in die Schule, oder er war jetzt in einigen Disziplinen besser in Sport. Aber er konnte seine Gedanken nicht von einem abwenden: Suche die Titan, was meinte er damit?

Er hatte einen Anhaltspunkt, aber er wusste nicht, was er bedeutet, er hatte diesen Namen schon mal irgendwo gehört, aber wo?

Anthony kam in den Unterrichtsraum rein, Flaffy sprang auf: „Du hast mir doch mal was über die Titan erzählt, kannst du mir mehr darüber sagen?“

„Woher kommt auf einmal dein Interesse, davor hattest du dich ja gegen diese These ausgesprochen?“

„Ja, egal, kannst du mir mehr darüber erzählen?“

„Ich denke, schon, also …: Die Titan ist ein sogenanntes UFO oder besser gesagt ein Trümmerteil davon, es schwebt in einem für astronomische Verhältnisse nicht sehr weit entfernten Sonnensystem. Dieses Sonnensystem hat eine riesige Sonne und um sie gibt es keine Planeten, nur Trümmer, doch der Trümmer mit der Aufschrift „Titan“ ist ein sehr kleines der vielen Trümmerstücke und das Beängstigende ist: Vor ein paar Wochen sind die Lichter wieder angegangen. Der Schriftzug ist hell erleuchtet, als wäre irgendetwas passiert. Jeder einzelne Trümmer ist riesig, jedes Teil ist größer als unsere Sonne. Es ist erschreckend, dass es in diesem Universum etwas gibt, das so große Schiffe bauen kann. Mehr weiß ich auch nicht.“

„Mehr weiß man nicht über dieses Schiff?“

„Nein, woher auch? Man kann ja schließlich nicht kurz mal rüberfliegen, um nachzuschauen, was da los ist.“

„Danke für deine Hilfe“, bedankte sich Flaffy.

Und der Schulgong schellte. Sie gingen auf ihre Plätze. Obwohl es so aussah, als würde Flaffy mitarbeiten, konnte er seine Gedanken nicht von diesem mysteriösen Schiff abwenden. Er wusste genau, dass er dahin kommen musste, aber wie, das war die Frage. Er musste sich ein Gefährt bauen, mit dem er dahin kommen konnte, ohne auf dem Weg in das Nichts zu fallen. Er musste Reaktion fragen. Sobald er daheim war, fiel er ihn gleich an: „Reaktion, dein Gehirn muss umziehen!"

„Was hast du vor?" Er machte einen Schritt zurück.

„Wir bauen dir einen Panzer als Körper!" Flaffy schaute in seiner Datenbank nach Turbinen, Schilden und Waffen, die sie gebrauchen könnten. Er wurde sogar fündig, so als hätte jemand diese Infos da platziert, nur damit er sie findet. Er zeichnete einen Plan, wie er vorhatte, den Körper zu bauen, doch wo sollte er das ganze Material hernehmen – und er musste auch noch zur Schule gehen.

„Also, ich habe mir schon gedacht, dass so etwas früher oder später an der Tagesordnung ist, deswegen habe ich etwas vorbereitet", trat Reaktion an ihn heran. „Schließlich hatte ich hier viel Zeit allein." Er drückte gleichzeitig zwei Schalter, das Zimmer bewegte sich nach unten wie ein Fahrstuhl. Die Türen öffneten sich und sie standen in einem Raum, wo Materialien, Server, Geld und menschenähnliche Körper für Reaktion bereitstanden. „Ich habe gedacht, angesichts dieser Situation ist es besser, ein paar Reserven zu haben", grinste er Flaffy an, der den Mund nicht mehr zu bekam. „Ich habe mir auch erlaubt, so einen Fahrstuhl in der Garage zu installieren."

Flaffy fasste zusammen: „Du hast hier ein komplettes Hauptquartier eingerichtet, mit allem, was wir brauchen, cool."

„Langeweile gibt Kraft, solche Dinge zu tun."

„Wir brauchen das Auto meiner Mutter, dann legen wir los.“

Kaum hatte er diesen Satz ausgesprochen, setzte sich auch schon der Aufzug in Bewegung. Sie machten sich gleich an die Arbeit, den riesigen Geländewagen umzubauen. Natürlich so, dass er sich als normales Auto tarnen konnte. Verbunden mit der Technik von Flaffy sollte das ein Klacks werden. Das Problem war der Zeitfaktor, er musste zwischendurch noch ab und zu zur Schule gehen.

Inzwischen hatten die Idioten ihre Strafe abgesessen, was Flaffy gar nicht schmeckte. Er unterhielt sich mit Anthony noch oft über das Thema Titan, bis Anthony ihn nach ein paar Tagen unterbrach: „Du, Felix, warte mal kurz, schau mal auf sieben Uhr von dir.“

Er drehte sich langsam um und schielte mit einem Auge in die Richtung. Chantal beobachtete ihn. „Ich glaube, da hat jemand ein Auge auf dich geworfen, Felix.“

„Glaubst du?“

„Ja, sprich sie doch einfach mal locker flockig an, es wird schon schiefgehen.“

„Meinst du?“

„Komm schon, mach nicht so ein Gezeter!“

„Ja, ja, ich gehe ja schon.“ Er stand auf und ging in ihre Richtung. Er wurde ganz rot im Gesicht. Er machte sich aber mehr Sorgen, dass die Streifen anfingen zu leuchten, denn das würde ihn verraten, denn sie war eine der wenigen, die ihn bis jetzt so gesehen hatte. Das Problem war, die hellen Streifen waren schon deutlich zu sehen, aber er wusste auch nicht, wie er das unter Kontrolle bringen konnte. Sie durfte keinen Verdacht schöpfen. Er schnappte sich einfach Anthonys Jacke und zog sie über. Damit hatte er einen Großteil der Streifen verdeckt, obwohl Anthony ihn dafür komisch ansah. Jetzt konnte er unbesorgt zu Chantal gehen, ohne von ihr verdächtigt zu werden.

„Hi, kann ich dir helfen?"

Flaffy wusste nicht, was er sagen sollte.

„Hast du mich etwa bemerkt?", fragte sie ihn schüchtern.

„Sonst stände ich nicht hier vor dir, oder?"

„Naja … Ich möchte dich etwas fragen … Du hast doch sicher von dem Vorfall gehört und … ähm …"

„Und was ähm …?" Er schaute sie mit hochgezogener Augenbraue an.

„Und ich glaube irgendwie nicht, dass du davon nichts weißt, du warst doch im Raum nebenan, als dieses Ding um die Ecke schlich, oder? Du weißt doch, wovon ich rede?"

Flaffy bekam einen Schreck, wurde er nun verdächtigt oder hatte sie ihn bereits enttarnt? Er wusste nicht, wie er sich verhalten sollte. „Es stimmt, ich habe es mitbekommen, was da war", entgegnete er ihr zögerlich.

„Und weißt du, was das war, oder kennst du es sogar, dieses Etwas?"

„Traust du mir so etwas zu?", fragte er sie entsetzt.

„Du bist der Einzige, der nicht über dieses Thema spricht, Ich glaube, du hängst da irgendwie mit drin, aber ich weiß nicht, wie."

Sie war Flaffy auf der Spur, nach so einer kurzen Zeit hatte sie das mitbekommen. Ein Detektiv war ein Dreck dagegen, was sie hier abzog. Er musste sich jetzt schleunigst eine Ausrede einfallen lassen, um ihrem scharfen Blick zu entgehen.

„Naja, sei doch froh, es hat diese Idioten in die Flucht geschlagen, warum willst du es suchen?“

„Naja, ich will mich irgendwie …. naja – bedanken“, schaute sie ihn verlegen an. Flaffy fiel ein Stein vom Herzen. „Wer weiß schon, was diese Idioten so mit mir gemacht hätten, wenn es nicht aufgetaucht wäre, und ich dachte, das ist meine einzige Spur, der ich nachgehen könnte. Sorry, wenn ich dich damit belästigt habe.“ Sie wurde wieder ganz verlegen: „Woher wusste dieses Etwas überhaupt, dass ich Schwierigkeiten hatte?“

„Naja … ich kann dir da am wenigsten helfen.“

„Du und mir nicht helfen, du weißt genauso gut wie ich, dass du derjenige bist, der immer alle Karten auf der Hand hat. Du weißt aus irgendeinem Grund über alles Bescheid, wer mit wem geht und wer welche Probleme mit welchen Schülern hat.“ Sie hatte bei Flaffy einen Nerv getroffen und wurde wieder etwas impulsiver: „Woher hast du all diese Infos, oder besser gefragt, woher hatte es die Info, dass ich genau dort angegriffen werden sollte? Es konnte diese Infos nur von dir haben, denn sonst wusste niemand von ihrem Plan?“ Sie war ihm mittlerweile ganz schön nah gerückt. „Also, wie stehst du in Verbindung mit diesem Etwas oder besser gefragt, was ist es überhaupt?“

Der Schulgong gab einen Ton von sich. „Wir sprechen uns nochmal, ist das klar?“ Sie drehte sich auf dem Absatz um und ging, aber Flaffy stand wie angewurzelt da.

Anthony tauchte neben ihm auf: „Na, die hat dich ja fertiggemacht, ich habe nicht alles mitgeschnitten, aber es ging um den Vorfall vor zwei Wochen und das hat mich neugierig gemacht, aber dazu später mehr. Wir sollten erst mal wieder in die Stunde gehen.“

Flaffy bewegte sich nur langsam hinter ihm her. Er konnte sich jetzt nur noch vor ihr verstecken, so gut es ging, aber sie hatten heute acht Stunden. Die erste war überlebt, aber es gab noch drei große Pausen. Sie war ihm sehr nahe gerückt. Jede Info, die sie jetzt bekam, könnte sein Untergang sein, das Schlimme war auch noch: Er stand irgendwie auf die Kleine. Wie sollte er dieses Problem lösen? Er entschied sich, dass er Hilfe brauchte. Natürlich nicht von Reaktion, der hatte noch weniger Ahnung als er.

Nach gründlichem Überlegen entschloss er sich, Anthony, der sich als treuer Freund bewiesen hatte, in sein Geheimnis einzuweihen. Er versteckte sich mit Anthony unter der Brücke. Er hatte schon so eine Ahnung, was abging. Flaffy fragte ihn, ob er nach der Schule noch Zeit hatte, er habe ihn ja gefragt, um was es bei dem Vorfall ging vor zwei Wochen. Anthony hatte Zeit.

Die beiden versteckten sich noch den ganzen Tag vor Chantal, die erbittert nach ihnen suchte. Der Weg nach Hause war an diesem Tag etwas anstrengender, sie mussten aufpassen, dass ihnen niemand folgte.

Zu Hause angekommen bat er Anthony in sein Zimmer, das auch einer der Aufzüge war, und begann zu erzählen: „Vor zwei Wochen gab es den Vorfall, dass unsere Klassenidioten die Polizei gerufen hatten. Von denen wurde dies als ein Dummejungenstreich abgestempelt, aber die Aussage ist wahr. An diesem Tag stand wirklich ein beängstigendes Wesen auf dem Gang des letzten Stockwerkes. Und ich kenne dieses Wesen auch sehr gut."

„Was meinst du damit?", fragte ihn Anthony.

Flaffy drückte auf den Knopf zum Aktivieren des Aufzuges und der setzte sich in Bewegung. Flaffy wartete mit dem nächsten Satz, bis er unten angekommen war: „Du musst wissen, ich hatte vor einem Jahr einen Unfall und ab da habe ich angefangen, mich zu verändern.“

Flaffy machte ein paar Schritte in den Raum rein: „Mein wahrer Name ist Flaffy!“ Und er verwandelte sich. Nun stand er vor seinem Freund in voller Größe, der bekam den Mund nicht mehr zu. Flaffy wartete einen Moment, bis Anthony sich wieder gefangen hatte und ihn fragte: „Was zur Hölle bist du?!“

„Naja, so ganz genau weiß ich das auch nicht …“, und er begann, den Vorgang seiner Geschichte zu erzählen und wie er dazu kam, den Idioten einen Schreck einzujagen. Anthony verstand relativ schnell, was passiert war und dass Flaffy keineswegs böse war und auch, dass Chantal ihm dicht auf den Fersen war.

Er stellte Anthony auch seinen Freund Reaktion vor.

„Und was gedenkst du wegen Chantal zu unternehmen?“, fragte ihn Anthony, nachdem er alles geklärt hatte.

„Naja, ich denke, ich werde ihr einen Besuch abstatten, aber sie wird nicht wissen, dass ich es bin, ich muss sie zum Schweigen bringen, also nicht im Sinne von um die Ecke bringen.“

„Ja, schon klar, das dürfte im Moment die sinnigste Variante deines Vorgehens sein, aber wie willst du zu ihr gelangen?“, entgegnete ihm Anthony.

„Ich kann fliegen, das ist kein Problem.“

„Was kannst du eigentlich alles?“

„Weiß ich nicht, ich habe keinen Lehrer.“

„Okay, weißt du, wo sie wohnt?“

„Habe ich schon rausbekommen, mein Freund hat sich in den Schulserver gehackt.“

„Ihr seid ja flott."

Flaffy und Anthony machten noch ein paar Sachen klar wegen Geheimhaltung und so was. Nichts Großes. Sie machten den Plan, dass er Chantal noch an dem Abend besuchen sollte, aber diesmal ohne die geknickte Haltung. Er hatte Anthony aber noch nichts von seinen Visionen zum Thema Titan erzählt, weil er ihn nicht noch weiter mit hineinziehen wollte.

Irgendwie verging die Zeit zu schnell an diesem Tag. Er brachte Anthony schnell nach Hause, es war ja nicht weit, natürlich zu Fuß, denn um diese Uhrzeit fuhr kein Bus mehr.

„Bis Morgen, Flaffy, und viel Glück heute Abend!", rief Anthony ihm hinterher, bis er in der Weite der Nacht verschwunden war. Anthony konnte nicht glauben, was er heute erfahren hatte. Es war so unglaublich, aber er freute sich, so einen speziellen Freund zu haben. Sicher würde er auch mal vorbeikommen, um seine Schwester zu erschrecken.

Flaffy brauchte nicht lange, bis er vor dem Haus stand. Er klingelte an der Tür in der Hoffnung, dass sie öffnen würde. Zu seinem Glück war es auch so. Chantal fuhr zusammen, als sie erkannte, was da stand. Gut, dass Flaffy kein Gesicht in dieser Gestalt hatte, sonst hätte er sehr ernst geschaut: „Bitte schließ die Tür."

Sie drehte sich um und schloss die Eingangstür: „Was bist du und warum hast du mir geholfen?"

Flaffy schaute sich nach Beobachtern um: „Ich habe von jemandem die Info bekommen, dass jemand meine Hilfe braucht, ich bin seinem Ruf nachgeeilt."

„Und was bist du nun?"

„Das weiß nur der Schöpfer selbst! Mein Name ist Flaffy! Vielleicht sehen wir uns irgendwann wieder."

Er drehte sich herum und flog in den Sternenhimmel. Er konnte ja nicht wissen, dass das, was er gesagt hatte, später noch eine viel größere Bedeutung haben würde. Er hoffte, dass sie jetzt Felix, der er war, keine Fragen mehr stellen würde. Doch irgendwie hatte er die Sache nicht ganz durchdacht. Flaffy hatte die Nacht wieder eine seiner Visionen. Wieder war er in diesem schwarzen Raum, wo der Schatten vor ihm stand: „Na, weißt du nun, was dir zuteilgeworden ist?"

„Ich bin ein Roboter, was soll das?", fragte Flaffy spitz.

„Oh nein, das bist du ganz gewiss nicht, du bist ein Mittelding aus drei Sachen: Lebewesen, Roboter, Heiligem Objekt. Keines dieser Teile von dir kann jetzt ohne das andere funktionieren. Um genau zu sein, das Einzige, was von dem Menschen von damals noch übrig ist, ist dein Verstand. Dein Körper wird von dem Heiligem Objekt immer umgeformt. Du bist ein Heiliges Objekt."

„Also so etwas wie ein Experiment?"

„Das auch …"

„Und was bist du eigentlich?"

„Ich … lass mich mal überlegen, ich bin so etwas wie ein Botschafter meines Volkes. Ich bin Cat Steloun, Führer der Armee der Vereinten Planeten, Wächter des Netzes der Sieben Portale und der Oberste Befehlshaber über die Titan."

„Da hast du dir aber einen langen Titel erarbeitet!" Flaffy war etwas genervt: „Kann ich jetzt endlich schlafen?"

„Du brauchst keinen Schlaf mehr."

„Ja, aber es ist immer noch ein schönes Gefühl."

„Was ich dich eigentlich fragen wollte, wie war eigentlich deine erste Heldentat?“

„Wie hast du das mitbekommen?“

„Willst du das wirklich wissen?“

„Nein, eigentlich nicht, naja, es war komisch. Ich habe mir damit mehr Ärger eingehandelt als Ruhm und Ehre.“

„Warte nur ab, da kommt noch etwas hinterher.“

Flaffy antwortete nicht, er schaute ihn etwas verärgert an.

„Ach komm schon, Flaffy, schau nicht so böse, ich werde dir schon noch helfen.“ Cat legte ihm eine Hand auf die Schulter: „Aber zuerst musst du mich befreien, dann kann ich dir helfen.“

Der Raum verzog sich wieder und Flaffy schlief tief und fest, wie es sein Wunsch war, in seinem Bett.

Reaktion weckte ihn an diesem Morgen eine Stunde eher, er hatte ihm etwas zu zeigen. Er hatte einen kompletten Bauplan umgesetzt. Flaffy war mäßig begeistert darüber, dass ihn Cat genervt hatte. Entweder hatte dieses Etwas zu viel Langeweile oder es ging ihm einfach nicht schnell genug.

Reaktion stellte den neuen Panzer vor. Er hatte den Geländewagen so umgebaut, dass er nun statt der vier Räder vier Triebgondeln hatte, hinten waren extra Schubdüsen angebracht. „Es gibt nur noch eins zu tun, Flaffy“, versuchte Reaktion ihn etwas aufzumuntern: „Wir müssen nur noch mein Gehirn einbauen, dann sind wir fertig!“

„Ja, ja, ich gehe erst mal in die Schule, wir machen das nachher.“ Flaffy hatte in diesem Moment keine Lust, sich um diese Dinge zu kümmern.

Reaktion widersprach ihm nicht, er nahm seine Entscheidung so hin.

Flaffy allerdings erlebte in der Schule sein blaues Wunder. Bevor er überhaupt aus dem Bus gestiegen war, wurde er von Chantal belagert. Flaffy hatte keine der Fragen mitgeschnitten, die sie ihm stellte. Er stieg müde aus. „Was ist, ich beantworte heute keine Fragen!“ Flaffy war etwas genervt, denn genau aus diesem Grund war er ja gestern Abend bei ihr gewesen, weil er die Fragen loswerden wollte. Leider hatte er genau das Gegenteil damit bewirkt. Den ganzen Tag belagerte sie ihn, bis er keine Nerven mehr hatte: „Warum gehst du mir auf den Geist, ich gebe dir keine Infos!“ Flaffy war aufgebracht.

„Warum willst du mir nichts sagen?“

„Ich habe dir das letzte Mal schon nicht verziehen, da hast du mich ziemlich link von der Seite angemacht, das war nicht nett, vor allen Dingen, wenn man etwas von dieser Person will.“

„Was muss ich tun, damit du mir verzeihst, bitte?“

„Ich will eine aufrichtige Entschuldigung und vielleicht überlege ich mir dann, was ich tue.“

Chantal wollte gerade Luft holen, um eine Entschuldigung zu auszusprechen.

„Nicht heute … morgen!“ Flaffy drehte sich um und verließ den Schulhof in Richtung Klassenraum. Chantal hatte keine Ahnung, wie sie sich bei ihm entschuldigen sollte.

Flaffy war jetzt etwas besserer Laune. Er konnte ihr die Retourkutsche bieten.

Der Tag wurde von da an immer besser, Anthony hatte Neuigkeiten über die Titan und als er heimkam, hatte Reaktion alle Arbeit erledigt. Reaktion hatte noch ein paar Kleinigkeiten an dem Fahrwerk gemacht, er hatte ein System ausprobiert, bei dem sich um einen Kern ein Art Ring bildet, auf dem das Fahrzeug fährt, bei dem man Härte und Gripp verändern konnte.

„An sich nicht schlecht, aber hast du auch dran gedacht, das Ding luftdicht abzuschließen?“

Flaffy hatte den Tag echt gute Laune angesammelt. Er machte mit Reaktion und Anthony aus, dass sie zusammen am nächsten Tag feiern wollten. Flaffy legte sich den Abend beruhigt ins Bett und hoffte darauf, dass ihn niemand beim Schlafen stören würde, auch Cat nicht. Was er auch nicht tat. Aber Flaffy hatte am Morgen so ein komisches Gefühl im Magen. Er begann, ein Rauschen zu hören. Er versuchte sich die Ohren zuzuhalten, doch es ging nicht weg.

„Flaffy, Flaffy … bist du da?“ Er erkannte die Stimme sofort, dieser unverwechselbare Klang kam von Cat.

„Was ist und wieso kann ich dich hören?“

„Ich will dich warnen, sieh dich vor, böse Gestalten sind hinter dir her. Ich kann nicht lange spre…“

Weg war er. Flaffy schenkte dieser Warnung nur geringfügig Beachtung, was sich als fataler Fehler herausstellen sollte.

Reaktion hatte vorgeschlagen, dass er zumindest den Panzer vor die Tür stellen konnte, damit er schnell eingreifen konnte. Flaffy aber nahm nur den Notfallschalter mit. Der Tag begann ganz normal. Der Bus fuhr und obwohl Flaffy doch etwas den Kopf einzog, passierte erst mal gar nichts. Er schlug Cats Wahrung in den Wind. Er wusste nicht, dass die Warnung vorzeitig war, denn sie hatten heute acht Stunden, die letzten davon Sport.

Flaffy hatte mittlerweile seine Methode, sich alleine umzuziehen, und zwar so, dass niemand den blauen Kern sah, den er auf der Brust hatte. Doch irgendwie fühlte er sich unwohl, so, als hätte er einen siebten Sinn für Katastrophen. Doch er konnte sich auch nicht darauf verlassen, denn er wusste nicht, was es bedeutet.

Die Stunde verlief zuerst ganz normal. Sie hatten immerhin das Thema Geräteturnen und Akrobatik. Flaffy stellte sich absichtlich etwas ungeschickt an, damit niemand Verdacht schöpfte, er konnte ja nicht in allen Fächern der Beste sein. Anthony war auch nicht der beste in Sport, nur dass er wusste, was Flaffy ist oder besser gesagt wer. Außerdem durfte Chantal nicht weiter an sie heranrücken, sie war kurz davor, das Geheimnis über den Roboter zu lüften.

Doch es stellte sich heraus, dass sie es nicht lüften musste. Flaffy lief ein Schauer über den Rücken. Die Scheiben der Eingangstür barsten in Einzelteile und ein Knall hallte durch die Halle. Etwas trat in den Raum ein. Es war rot gekleidet, groß und finster. Flaffy begann eine Aura zu spüren. Sie war kalt, furchtlos und vor allem gierig, gierig nach Macht und Stärke. Alle waren starr vor Angst – außer Flaffy und Anthony. Flaffy wusste sofort, dass das, was sie da sahen, kein Mensch war. Er hatte zwar die Gestalt, aber kein Mensch konnte so eine starke Aura ausstrahlen.

„Ich bin auf der Suche nach etwas, was hier ist, in diesem Raum. Es ist mächtig!“, brüllte es über die Schüler in die Halle. Flaffy wusste genau, worum es ging, doch er konnte sich nicht zu erkennen geben. „Ich glaube, es ist Flaffy oder wie es heißt, ich will ihn haben, wo bist du?“

Flaffy schaute sich um, außer Anthony und Chantal wusste keiner, was gemeint war. Anthony schaute zu ihm rüber. Und Flaffy verstand die Frage. Was sollen wir tun?

„Naja, wenn sich keiner angesprochen fühlt, dann muss mein Freund eben ran.“ Flaffy drückte auf den Notfallknopf, um Reaktion zu rufen, weil er wusste, mit seinen momentanen Fähigkeiten kam er gegen einen Gegner dieser Klasse nicht an. Plötzlich bebte die Erde. Alle schauten nach links zur Wand. Sie war eingefallen. In dem Loch stand ein riesiger Roboter. Rot angemalt wie der andere brüllte er: „Wo ist mein Spielzeug!“

Flaffy schaute zu dem Eingang, aber die mysteriöse Person war verschwunden, ohne eine Spur zu hinterlassen, seine Aura war auch verschwunden. Doch ehe Flaffy nachdenken konnte, stand der Roboter vor der Klasse.

„Flaffy, gib dich zu erkennen, wenn nicht, muss ich jeden deiner Kameraden umbringen, bis ich dich gefunden habe!“, lachte er.

Leider war es für Flaffy unmöglich, das auszusitzen. Aber er blieb ruhig. Diese Situation erforderte extrem viel Feingefühl, das er noch nicht hatte.

Der Roboter kam auf zehn Meter an die Gruppe heran. Er griff zu und schnappte sich einen. Es war einer der Idioten, die Flaffy überhaupt nicht leiden konnte. Das sprach sein Mitleid kein bisschen an, wenn er ihn nicht retten würde. Was er auch nicht tat. „Ich habe hier einen, oh, wie schön der zappelt.“ Er betrachtete ihn genau, wie er versuchte, sich aus seinem Griff zu befreien. Doch er hatte nicht vor, ihn freizulassen. Es knackte einmal und er war weg, das Einzige, was von ihm übrig war, waren ein paar rote Spritzer an der Wand. Flaffy hatte bis jetzt keine Anstalten gemacht, sich zu erkennen zu geben. Doch als sich der Roboter den nächsten griff, schreckte er auf. Es war Chantal. Sie hatte ihn zwar etwas sehr blöd von der Seite angemacht, doch leider stand er auf die Kleine.

„Na, Flaffy, was hast du nun vor, ich habe demonstriert, was passiert, wenn du dich nicht zu erkennen gibst. Zehn … neun … acht …“

Flaffy stand auf, alle schauten ihn an.

Was hat denn Felix vor, dachte sich der Rest der Klasse.

„Lass sie sofort runter!“, schrie er das Monster an.

„Warum?“, grinste das Vieh ihn schräg an.

„Sonst bekommst du es mit Flaffy zu tun!“

„Also, bist du es, ich hätte auf alle anderen gewettet außer auf dich, du hast dich exzellent versteckt!“

Irgendwie ging Chantals Geschrei in diesem Gespräch unter. Sie war nicht die einzige, denn einige hatten jetzt mitbekommen, dass sie Blutspritzer im Gesicht hatte von seinem vorigen Opfer.

Flaffy trat vor, schon in Kampfposition. Und er verwandelte sich. Alle schauten auf zu diesem Wesen, das jetzt ungefähr zweieinhalb Meter groß war. Und er hörte diese Stimme neben sich und sah einen Schatten ohne Stimme: „Kann ich behilflich sein?“ Es war Cat, zwar nur als Schatten, aber er war da. Er bewegte sich zu Flaffy und verschmolz mit dessen Schatten.

„Ich werde dich für den Anfang etwas führen.“

Bevor Flaffy sich versah, floss Wissen in ihn hinein. Er konnte Cats Verstand fühlen: „Gewinnen wir diesen Kampf!“

Flaffy griff sich ein Schwert von der Hüfte, von dem er nicht gewusst hatte, dass es existierte, und richtete es auf den Roboter. Er wartete einen kurzen Moment. Er sprang los in Richtung Roboter. Der konnte nicht schnell genug regieren, schon steckte das Schwert in seinem Fußgelenk. Es splitterte und er war in seiner Mobilität eingeschränkt. Er zog seine noch freie Hand herum, um Flaffy zu fangen, doch dieser ließ ihm keine Zeit dafür. Er zog aus seinem Gürtel eine Haftgranate und platzierte sie in der Hand. Cat hatte einen Plan, den Flaffy nicht kannte, aber er spielte einfach mit, denn jede Unachtsamkeit konnte jetzt den Tod bedeuten.

Sie standen sich wieder gegenüber. Der Roboter hatte noch nicht geschnallt, dass er eine Granate an sich hatte, aber Flaffy zog gleich das nächste Schwert. Diesmal war der Roboter auf der Hut vor einem solchen Angriff, aber er konnte sich nicht mehr so geschickt bewegen. Flaffy sprang hoch und trennte einen Finger der anderen Hand ab. Er lief den Arm hinauf und ließ eine weitere Sprengladung hinter dem Roboter auf den Boden fallen. Der kam nicht mehr hinterher mit den Angriffen. Flaffy schaute ihn ein letztes Mal an. Jetzt wusste er, was Cat vorhatte. Flaffy zog seine Waffe, schoss auf das angeknackte Gelenk und es zersprang in kleine Einzelteile. Der Roboter schaffte es, sich auszugleichen, doch die Granate an der leeren Hand explodiert auch noch. Aus Reflex ließ er Chantal fallen. Flaffy war gleich zur Stelle, um sie aufzufangen, der Roboter fiel nach hinten um. Auf die letzte der drei Granaten. Direkt mit der Mitte des Kreuzes fiel er auf sie und die Explosion trennte ihm den gesamten Unterleib ab. Flaffy sprang vor und setzte das Schwert genau auf seinen Energiekern: „Letzte Worte, bevor du das Zeitliche segnest?“

„Warum hilfst du diesem Würstchen, wir waren doch dein Team?“

Und Flaffy ließ das Schwert fallen. Der Kern funkte dreimal und brannte aus. Er drehte sich um, um der darauffolgenden Explosion zu entgehen.

Ein dumpfes Klatschen hallte durch die Halle: „Gut gemacht. Scheint so, als hättest du einige deiner Fähigkeiten behalten, Cat, als du deinen Körper verloren hast.“ Der Mann stand wieder in der Tür.

„Du elendiges Stück Schei…“ Cats Stimme war nun laut im Raum zu hören: „Du mieser Verräter, wärst du damals nicht so feige gewesen und hättest an unsere Stärke geglaubt, wäre das alles nicht passiert.“

Flaffy wollte zum Angriff ansetzen, aber Cat hielt ihn auf: „Du bist im Moment nicht stark genug, um ihn zu besiegen, außerdem lässt meine Kraft schneller nach, als ich gedacht hatte.“ Flaffy konnte diese Worte hören.

„Die Polizei sollte gleich hier sein. Viel Spaß, Flaffy, wir treffen uns bald wieder!“ Der Mann drehte sich um und verschwand.

„Flaffy, du hast dich gut gehalten, aber du solltest jetzt verschwinden …“ Und Cat war weg. Flaffy war froh, dass er ihn in dieser Situation gerettet hatte. Aber jetzt gab es noch ein Problem für ihn.

Die Klasse, die übriggeblieben war, starrte ihn an. Er stand regungslos vor ihnen vor der Schrottleiche. Aber es war keine Dankbarkeit, die in ihre Gesichtern geschrieben war, sondern Hass, noch nicht einmal Angst, so, als wollten sie sagen: Verschwinde, du Monster. Flaffy wollte gerade etwas sagen, aber er kam nicht dazu, denn einige aus seiner Klasse begangen zu schreien.

„Verschwinde, du Monster!“

„Hau ab, du Lügner!“

„Wir wollen dich hier nicht!“

„Du hast uns das alles eingebrockt!“

Nur zwei aus seiner Klasse beschimpften ihn nicht. Es ist klar, welche das waren, Anthony und Chantal. Die beiden wussten, dass er nicht daran schuld war, was geschehen war, und er hätte es auch nicht verhindern können. Sie standen auf und gingen auf seine Seite herüber. Sie schauten ihn an, danach die Klasse. „Wir stehen zu ihm …“, aber bevor sie ihre Rede weiterführen konnten, hörten sie das Geräusch der Sirenen. Die Polizisten, die die Lehrer gerufen hatten. Flaffy funkte Reaktion an: „Wo bleibst du?“

„Ich musste erst ausparken, deine Mutter war zu Hause, aber ich bin gleich da.“

Ein KSK-Team stürmte hinein in die Halle. Als sie das komische Etwas sahen, zielten sie sofort darauf: „Lassen Sie sofort die Geiseln frei und kommen Sie mit erhobenen Händen hier herüber!“, schrien sie Flaffy an und zielten auf seinen Kopf.

Flaffy schaute sie an. Er konnte den Lauf trotz der Entfernung genau betrachten. Er konnte genau die Flugbahn der Projektile sehen, wenn sie abfeuern würden. Flaffy wollte gerade die Hände nach oben nehmen, als ein Schuss fiel, einer der Truppe hatte gedacht, er würde eine Waffe ziehen. Er hatte auch den Kopf um keinen Millimeter verfehlt, aber die Kugel hatte noch nicht einmal einen Kratzer hinterlassen. Die Kugel steckte in der Wand. Der Querschläger hatte den Kommandanten nur knapp verfehlt. „Legen Sie sofort die Rüstung ab oder wir werden mit anderen Mittel arbeiten.“

Flaffy nahm die Arme endgültig nach oben: „Aber meine Rüstung kann ich nicht ablegen!“

„Warum nicht?!“

„Hat Ihnen schon mal jemand befohlen, ihre eigene Haut abzulegen?“

Der Kommandant war überrascht über diese Aussage. „Was wollen Sie, lassen Sie die Geiseln frei.“

„Diese beiden Schüler sind nicht meine Geiseln, sie stehen zu mir. Sie können gehen, wohin sie wollen.“

„Also sind Sie kein Terrorist?“

„Nein, bin ich nicht!“

„Und was ist das hinter Ihnen?“

„Das ist ein Roboter, der diese Klasse angegriffen hat. Aber meine Zeit hier ist nun abgelaufen.“

Reaktion raste durch das Loch in der Wand, als Panzer, der ähnlich aufgebaut war wie das Automodell. Aber er hatte statt der Turbinen jetzt Ketten. Das primäre Geschütz war nur nach vorne ausgerichtet. Oben war noch ein großes Geschütz. Er hielt so an, dass die drei im Schutz der Kette waren.

Zuerst stiegen Chantal und Anthony in den Panzer, dann Flaffy. Als sie drin waren, fuhr Reaktion so schnell wie möglich wieder durch die nächste Wand nach draußen in Richtung Basis.

Titan

„Was hast du nun vor, Flaffy?“, fragte ihn Chantal.

„Ich weiß es nicht.“ Flaffy ließ den Kopf hängen. „Ich werde erst mal weiterreisen, zu der Titan, ein anderer Ausweg bleibt mir nicht mehr.“ Flaffy war betrübt.

Anthony war erstaunt: „Wie willst du denn zu der Titan gelangen?“

„Ich bin ein Roboter und dieser Panzer ist dafür gebaut worden, die Titan zu erreichen.“

Anthony musste nachhaken: „Wieso willst du unbedingt zur Titan?“

Flaffy wusste, dass diese Frage kommen würde. Deswegen erzählte er auch diesen Teil der Geschichte. Chantal hörte zu, viele ihrer Fragen klärten sich dadurch schon und sie verstand auch, warum er ihr nichts sagen wollte. Die Stimmung in der Kabine war sehr gedrückt.

„Wo wollt ihr hin?“, fragte Reaktion die drei.

„Ich glaube, das Sicherste ist erst mal, wenn ich euch beide mit in die Hauptbasis nehme.“ Flaffy wollte weitere Konfrontationen vermeiden. Aber er hatte eine viel wichtigere Erkenntnis gewonnen aus diesem Angriff.

Cat war einer von den Guten. Auch wenn er etwas komisch war, aber Flaffy wollte daran glauben. Er hatte jetzt ein Ziel: Cat befreien und aufklären, wer dieser komische Mann war, der ihn angegriffen hatte, aber dafür musste er die Titan erreichen. Als sie an der Basis ankamen, schaltete Reaktion sofort den Fernseher ein: „Ihr seid überall, jeder Sender berichtet über eine Geiselnahme von einen komischen Roboter. Bevor ihr fragt, ob ihr nach Hause könnt, ja, ihr könnt, aber es ist nicht ratsam, damit würden wir die Sache nur verkomplizieren."

„Und was schlägst du vor, sollen wir machen?" Flaffy war etwas aufgebracht.

„Ganz einfach, wir nehmen sie mit", entgegnete Reaktion.

„Was, wir sollen Zivilisten mitnehmen auf solch eine gefährliche Reise?! Du hattest schon mal bessere Vorschläge", antwortete Flaffy entgeistert.

„Ja, wenn die beiden wollen, den Platz haben wir." Reaktion drehte sich zu Anthony und Chantal um: „Wollt ihr mitkommen, ein Alienschiff erkunden?"

Beide schauten sich kurz an und entschieden sich, mitzukommen auf die Reise zu dem Schiff.

„Das heißt aber, dass wir keine Zeit haben, Habseligkeiten zu retten. Wir brechen in einer Stunde auf, ihr seid euch dessen bewusst?"

„Ja, wir sind uns dieser Risiken bewusst und möchten dennoch mit die Titan erkunden." Anthony war sehr engagiert, dieses Schiff zu besuchen.

„Dann an die Vorbereitung." Flaffy verteilte Jobs: „Reaktion, mach das Schiff klar, Chantal überwacht die Nachrichten, ich will wissen, wann die hier aufkreuzen – und, Anthony, ich brauche Infos über den Flugweg, nutz den Kern von Reaktion, um dich in die NASA zu hacken, wir wollen gestern starten."

Die Gruppe barst in alle Richtungen, jeder hatte seine Aufgabe. Sie räumten alles in Reaktion hinein, was sie finden konnten, alles, was in der Basis herumlag, um nichts zurückzulassen. Nachdem alles verstaut war, fiel Flaffy noch etwas Wichtiges ein. Sie brauchten noch Verpflegung für mindestens einen Monat. Sie hatten ja jetzt menschliche Passagiere mit an Bord. Also plünderten sie auch noch alle Kühlschränke, um genügend Nahrungsmittel heranzuschaffen. Chantal meldete sich in dem Gerenne zum Wort: „Äh, Leute schaut mal, ist das nicht das Haus, unter dem diese Basis liegt?“

Flaffy war schockiert, dass sie diese so schnell gefunden hatte: „Alle Mann hergehört, wir haben jetzt alles, alle aufsitzen, wir fliegen los.“

Alle waren fest überzeugt, sie würden gemeinsam wiederkommen, um ihre Familien wiederzusehen. Das Haus war mittlerweile umstellt von Spezialeinheiten und Polizei, Presse und Fernsehen, nichts fehlte, aber das störte die kleine Truppe nicht mehr, denn sie flogen jetzt los. Reaktion startete die Turbinen und alle nahmen ihre Plätze ein. Flaffy saß in der Mitte, auf dem Hauptsitz, er konnte alles überblicken und steuern. Anthony und Chantal saßen in der ersten Reihe auf den Plätzen, sie hatten nur die Aufgabe, alles zu überwachen.

„Sind alle bereit?“, fragte Flaffy in die Runde.

Anthony: „Bereit!“

Chantal: „Bereit!“

„Dann lasst uns diesen öden Planeten endlich verlassen.“ Flaffy zog an einem Hebel und die sogenannten Thruster gaben vollen Schub. Sie brachen durch die Decke nach draußen. Die Leute vor dem Haus schauten, als wäre gerade ein UFO gelandet. Gut, dass Reaktion Kameras hatte, um diesen Anblick aufzunehmen. Alles stand still in diesem Moment. Flaffy richtete das Fahrzeug aus, um in Richtung Titan zu fliegen. Reaktion drehte sich erst horizontal um seine eigene Achse und dann später vertikal in Richtung Himmel. Niemand am Boden tat etwas.

„Schreiben wir Geschichte.“ Flaffy war trotz des mörderischen Tages glücklich. Wie ein Geschoss flog das Schiff davon Richtung Himmel und pustete den Reportern die Käppis von den Köpfen.

Nach einigen Minuten waren sie im All angekommen. „So, willkommen im Weltall, wir sind die Jüngsten, die bis jetzt im Weltall waren, wir werden eine halbe Stunde hier verweilen, dann geht es weiter. wir haben leider nicht allzu viel Zeit, Leute.“ Flaffy war begeistert.

Anthony und Chantal öffneten ihre Gurte und begannen, in der Schwerelosigkeit herumzufliegen. Flaffy musste es ihnen gleichtun. Für eine halbe Stunde konnten sie das All genießen, aber leider mussten sie schon bald wieder weiter Richtung Titan, zu diesem mysteriösen Schiff, das nach ihnen zu rufen schien, eine Ruine, die entdeckt werden wollte, die nur auf die Entdecker wartete.

Alle setzten sich wieder auf ihre Plätze, schnallten sich an und Flaffy begann, den Countdown für die Hauptturbinen zu starten. Sie waren wesentlich leistungsstärker als die kleinen Thruster. Sie sollten sie innerhalb weniger Tage in die Nähe der Titan bringen. Hätten sie diese auf der Erde gestartet, hätten sie zwar drei Stunden gespart, aber sie hätten die Atmosphäre gegrillt und alles, was darin lebt. Alle waren guter Dinge, es ohne Schaden bis zum Schiff zu schaffen.

Es war eine lange Reise, sie unterhielten sich in der Kapsel, spielten Computer-Games oder lasen Bücher, die sie mit an Bord genommen hatten. Aber es wurde nicht langweilig, vor allem nicht, wenn Asteroidenfelder voraus waren. Alle waren gefasst. Glücklicherweise gab es keine Zwischenfälle. Nach einer ungewöhnlich kurzen Zeit, die zu stark von den Berechnungen abwich, waren sie da.

„Achtung, ich muss stark abbremsen!“ Reaktion drosselte die Geschwindigkeit sehr ruckartig, sie hatten alle nicht damit gerechnet, dass sie so schnell da sein würden. Als sie ein klares Bild hatten, schauten sie wieder nach vorne. Sie sahen ein riesiges Trümmerstück. Es hatte seine eigene Atmosphäre, so riesig war es.

„Reaktion, kannst du schätzen, wie groß das Trümmerstück ist?“, fragte Anthony nach.

„Es ist ungefähr dreimal so groß wie die Erde.“

Alle waren überwältigt von der Größe dieses Teils, aber als sie daran vorbeigeflogen waren, sahen sie das wahre Ausmaß dieses Sonnensystems. Abertausende solcher Trümmer kreisten um einen Stern. Viele davon waren sogar größer als unsere Sonne. Das, das sie umfahren hatten, war nur einer der kleinsten Trümmer, die dort einsam ihre Bahnen drehten. Der Anblick war unbezahlbar. Sie schienen sich nicht wie in ihrem heimatlichen Sonnensystem auf einer Ebene zu bewegen, sondern kreuz und quer um den Stern.

„Reaktion, kannst du das Herzstück lokalisieren?“ Flaffy brauchte einen Anhaltspunkt. Reaktion benötigte einen Moment, um diese Masse an Daten auszuwerten.

„Ich habe es, wir müssen auf die andere Seite des Systems.“

Sie beschleunigten und flogen einen Kurs durch das Trümmerfeld. Sie flogen sehr eng an den Trümmern vorbei. Es tat einen Schlag.

„Was ist passiert, haben wir Schaden erlitten?“, Anthony war besorgt.

„Wir sind nirgendwo angeschlagen, aber meine Sensoren haben etwas Hartes registriert, kein Material, aber ein Schild. Es ist extrem stabil, wie eine Barriere.“

Reaktion wusste nicht genau, was das war, das wahre Problem war, dass eine der beiden Hauptturbinen beschädigt war und nur einen kleinen Teil der Leistung bringen konnte. Aber bis zum Kern der Titan sollte das kein Problem sein. Sie beeilten sich zum Kern und von nun an hielten sie mehr Abstand zu den Trümmern. Nach einigen riskanten Manövern waren sie endlich angekommen, aber bevor sie weiterflogen, hielt Flaffy an: „Reaktion, bitte scanne das Teil, ich will nicht voll in eine Wand fahren, wir haben es jetzt so weit geschafft, jetzt untergehen wäre peinlich.“

„Ich scanne, aber hier ist kein Schild aktiv, wir können passieren.“ Reaktion war erleichtert.

Sie tauchten in die Atmosphäre ein. Es dauerte, bis sie auf der Oberfläche gelandet waren. Komischerweise war die Schwerkraft in eine Richtung ausgerichtet und nicht wie bei einem Planeten, wo die Schwerkraft immer zur Mitte zieht. Hier war es anders, hier ging die komplette Gravitation in eine Richtung. Flaffy ließ Reaktion die Atmosphäre testen, sie war sogar für Menschen geeignet. Flaffy schaute sich um, bis er einen möglichen Eingang gefunden hatte, der größte Trümmerteil war komplett von abgerissenen Brocken umgeben, aber es wirkte eher wie eine Sollbruchstelle, die einmal um den kompletten Kern ging. Die Gruppe bewegte sich Richtung Eingang und als sie dort angekommen waren, sahen sie einen nahezu endlosen Gang, der in das Teil der Titan hineinführte. Anthony und Chantal sollten erst mal draußen bleiben, weil sie nicht wussten, was darin war. Flaffy und Reaktion gingen allein weiter, zu zweit waren sie auch viel schneller. Sie gingen schnell voran und stoppten an einer Kreuzung, wo ihnen ein besonderer Wegweiser auffiel. Auf dem stand.

<Richtung Zivilisation No. 35721.>

Flaffy stockte. In diesem Schiff waren sogar Zivilisationen untergebracht, aber er konnte ja nicht ahnen, was ihn noch alles erwarten würde. Sie konnten die Tür nicht öffnen, die den Weg zu der Zivilisation versperrte, also gingen sie weiter einfach der Nase nach. An einer Kreuzung hörten sie auf einmal ein Geräusch. Es klang rostig und quietschte unheimlich. Sie schauten um die Ecke und was sie sahen, war beängstigend. In dem sechseckigen Gang war ein Roboter, er fuhr an vier Armen an der Decke und dem Boden in einer Art Schiene und sah fast aus wie eine Spinne. Mit seinen Armen bewegte er sich nur träge, aber er hatte überall Stacheln und auch Waffen.

Flaffy wollte sich gerade umdrehen, um zu verschwinden, denn er hatte ein extrem ungutes Gefühl bei diesem Ding, doch genau in diesem Moment drehte es den Kopf in Flaffys Richtung. Es raste los, auf die beiden zu, es war verdammt schnell. Flaffy und Reaktion begannen zu rennen oder zu fahren, aber das Etwas war schneller.

Der Roboter kam immer näher und er sah aus der Nähe noch viel Furcht erregender aus als aus der Ferne. Flaffy wurde immer schneller, aber Reaktion hatte Probleme, von der Stelle zu kommen. Aber das war egal, der Roboter war auch schneller als Flaffy. Reaktion bog, kurz bevor es ihn hatte, in einen Seitengang ein, um seinen Klauen zu entgehen, aber Flaffy musste immer noch fliehen. Er rannte noch schneller, aber er konnte ihm nicht entgehen. Ein ohrenbetäubendes Quietschen war zu hören. Er flog hin und schon hatten ihn die Griffel gepackt, sie waren so eng, dass er sich nicht daraus befreien konnte.

<Bitte ausweisen!>,

stand auf einem der Kontrollbildschirme, die der Roboter hatte.

<Bitte ausweisen!>

Flaffy wusste, dass er sonst als Gefahr erkannt wurde. und das bedeutete garantiert nichts Schönes. „Ich bin Flaffy!“, schrie er das Etwas an. Ein grünes Licht leuchtete auf.

<Protokoll: Letztes Gefecht KI wird aktiviert.>

Flaffy wusste nicht, was abging.

„Oh, entschuldigen Sie …“, der Roboter lockerte seinen Griff, er wirkte jetzt entspannter und ließ sich aus seiner sehr steifen Position fallen: „Entschuldigen Sie, dass ich Sie nicht gleich erkannt habe, Sir.“

Flaffy guckte den Roboter etwas schräg an: „Warum, du kennst mich gar nicht?“

„Oh nein, wir haben nur die Anweisung bekommen, dem Zweiten Kommandeur des Weltentransportschiffes Titan eine Nachricht zukommen zu lassen.“

„Eine Nachricht, welche denn und von wem?“

„Sie ist von Cat Steloun, dem Ersten Kommandeur der Titan. Wir sollen Ihnen eine verschlüsselte Datei geben, die nur Sie öffnen können.“

Flaffy bekam eine Eingabe für einen Datentransfer. Darin war ein kompletter Lageplan der Titan und eine Wegbeschreibung zu ihrem Kern. Flaffy musste nachhaken:

„Kannst du uns zum Kern bringen?“ Eine Sirene heulte auf.

„Oh, meine Zeit ist gekommen, bitte, ich werde nicht mehr lange leben, viel Glück Flaffffffffyyyyyyyyyyyyyyyy …“ Der Roboter hörte auf zu leuchten und fiel nun gänzlich in sich zusammen. Auf einem Monitor war etwas zu lesen.

<KI Entdeckt Abschaltung der defekten Einheit.>

Flaffy war entsetzt über das System, das ein Bewusstsein einfach so auslöschte. Reaktion kam aus seinem Versteck vor und fuhr an dem Haufen Schrott vorbei: „Was sollen wir machen?“

„Wir folgen dem Plan, wir müssen das Zentrum finden!“

Nach ein paar Stunden unermüdlichen Wanderns waren sie angekommen. Sie sahen ein Fenster, durch das sie in einen riesigen Hangar hineinschauten, darin ein kleines Schiff mit der Aufschrift <TITAN>.

„Da müssen wir hin, dort ist unser Zielgebiet!“ Flaffy wusste, wo es langging. Er war so aufgeregt, dass er schon fast rannte. Sie mussten auch noch daran denken, dass Chantal und Anthony auf sie warteten. Reaktion hatte daran gedacht und bereits eine Nachricht abgesetzt, damit sie nicht ewig auf sie warteten und sich Sorgen machten. Der Weg war bald geschafft. Flaffy stand vor dem Tor, es war zu. Reaktion stockte, als er das Schloss sah: „Wie sollen wir das knacken? Ich kann noch nicht einmal in das Innere scannen, das Material ist mir auch unbekannt.“

Flaffy hatte aber eine Ahnung. Er öffnete die Konsole der Tür. Sofort änderte sich die Anzeige.

<Willkommen, Flaffy!>

Reaktion war erstaunt, wie einfach sie das Schloss aufbekommen hatten. Das Innere dieses Schiffes machte einen komplett anderen Eindruck als der Rest, der nur eine Hülle zu sein schien. Sie standen hier im wahren Zentrum der Titan. Alles war viel feiner und moderner, obwohl alles älter schien. Flaffy suchte in den Plänen nach Angaben, aber es waren keine vorhanden. Es schien auch so, als wäre hier kein Reinigungsboot gewesen wie in der Hülle. Nur ein schmaler Pfad im Staub machte ihn stutzig. Die beiden folgten den Spuren bis zu einer Tür, sie war viel schwerer gesichert als alle anderen Türen, die ihnen bis dahin bekannt waren. Außerdem schien sie ohne Energie zu sein, es war ein Schutzmechanismus, den sie unbedingt überlisten mussten, denn hinter dieser Tür musste der Schlüssel für alle ihre Fragen liegen.

Flaffy streckte seine Hand aus und legte sie auf die Konsole. Cat hatte doch gesagt, er besitze das Heilige Objekt der Abgabe. Wenn er also seine Energie auf die Tür übertragen könnte, würde sie sich öffnen lassen. Er probierte es und konzentrierte sich auf den Energiefluss zwischen ihm und der Tür. Aber es passierte nichts. Flaffy probierte es noch einmal, aber wieder nichts.

Reaktion legte seine Hand auf seine Schulter: „Wenn du die Abgabe darstellst, brauchst du vielleicht etwas Unterstützung, ich gebe dir einen Teil meiner Batterie frei.“

Und Flaffy wiederholte es, doch diesmal mit einer viel höheren Spannung als vorher. Ein kurzes Licht blitzte auf und nichts – die Konsole schien nicht zu reagieren. Flaffy drehte sich um. Ein Knarren fuhr durch das gesamte Schiff und die Tür öffnete sich.

Hinter der Tür befand sich ein riesiger Raum, der achteckig war und in dessen Mitte eine unheimliche Maschine stand, aber Flaffy erkannte sofort, was das war, und er erkannte auch sofort, was er zu tun hatte: „Reaktion, wir haben gerade die zentrale Steuereinheit der Titan gefunden, wir sind im Herzen.“

Die komische Apparatur war ein riesiger Neuronendrucker wie der, den auch Reaktion hatte, nur viel größer und mit viel mehr Ringen, feineren Druckern und vor allem wesentlich mehr davon, aber das Wichtigste fehlte. Er wurde noch nie benutzt. Es schien, als hätte man ihn zwar vollendet, aber nicht in Betrieb genommen.

Flaffy musterte die Maschine und ging zum Terminal direkt davor. Es war riesig, aber gerade klein genug, damit eine einzelne Person alles überblicken und steuern konnte. Flaffy stellte sich in die Nische. Es lief ihm kalt den Rücken herunter, vielleicht hatte es einen Grund, warum dieser Drucker niemals in Betrieb genommen wurde. Aber er scheute vor dem Gedanken nicht zurück, diese riesige Maschine in Betrieb zu nehmen. Er überprüfte, ob die Anlage noch funktionsfähig war. Die Konsole startete. Ein Systemcheck lief durch und alle Systeme waren auf <OK>.

Flaffy fuhr fort.

<Bitte zu verwendenden Datenträger einlegen>, wies die Konsole an und Flaffy steckte die Festplatte mit dem Programm für eine KI ein.

Die Festplatte initialisierte sich und die Konsole fragte: <Wollen Sie das System starten? Nach dem Laden gibt es keinen Abbruch mehr>.

Flaffy schrieb nur das Wort <OK> in die Zeile.

Alle Bildschirme wurden schwarz. Nur die Bildschirme der Konsole funktionierten noch. Es flogen Tausende Befehle über den Schirm. Flaffy drehte sich zu Reaktion um: „Kannst du berechnen, wie groß der Kern wird?“

„Nein, ich kann auch nur schätzen. Alleine der Grundkern für das BIOS ist so groß wie mein gesamter KI-Kern. Mein Kern ist dagegen stecknadelkopfgroß. Außerdem ist dieser tausend Mal feiner als meiner und vor allem schneller.“

„Dann hoffen wir, dass nichts Schlimmes passiert.“

Flaffy war besorgt, langsam begannen sich die Arme des Druckers zu bewegen und den Kern zu drucken. Flaffy schaute ihnen eine Weile zu. Sie arbeiteten mit einer Präzision, die er noch nie erlebt hatte, und mit was für einer Geschwindigkeit.

Ein schrilles Alarmgeräusch riss ihn aus seinem Traum. Er drehte sich zur Konsole um. Reaktion schaute ihm über die Schulter. <Abschaltung des Gravitationsfeldes.> Flaffy wusste, sie mussten sofort verschwinden. Alles, was nicht gesichert war, würde durch die Masse der Trümmer zerquetscht werden. Da er davon ausging, dass sie nicht geschützt waren, rannten die beiden, sie rannten Richtung Ausgang. Sie mussten noch Anthony und Chantal abholen.

Flaffy setzte sich in Reaktion und gab Vollgas, glücklicherweise waren die Gänge schnurgerade. Die ersten Schwankungen setzten bereits ein. Flaffy musste sehr am Steuer reißen, um nicht vom Kurs abzukommen.

Das Kommunikationsgerät knackte: „Hier ist Anthony, Flaffy. Beeil dich, hier kommt ein anderer Trümmer voll auf uns zugeflogen, wir brauchen Hilfe!“

Flaffy wurde unruhig: „Wir müssen die beiden so schnell wie möglich finden!“

„Ich weiß! Aber vergiss nicht, wir müssen auch zwischendurch nochmal anhalten."

Sie schossen wie eine Rakete durch den Eingang, durch den sie reingegangen waren. Flaffy schaute sich hektisch um. Aber von den beiden war keine Spur.

„Reaktion, scanne die Umgebung und suche nach Anomalien!"

„OK, scanne ... Nach links in die Richtung sind sie gegangen!"

Reaktion schoss los, immer den Spuren hinterher. Sie fanden die beiden mit einem Roboter im Nacken. Sie schwebten, Flaffy flog direkt über ihnen und ließ ein Seil herunter. Was er nicht bedacht hatte, wenige Meter weiter vorne war eine Schneise in die Trümmerstücke. Das heißt, sie mussten sich beeilen, um das Seil noch rechtzeitig zu erreichen.

Flaffy brüllte von oben herab: „Los, beeilt euch, wir haben nur diese eine Chance!!" Sie rannten und rannten. Das Seil befand sich bereits über dem Abgrund und sie sprangen gemeinsam.

Flaffy konnte nicht hinsehen, aber als er die beiden rufen hörte, war er erleichtert. Schnell zog er das Seil hoch.

„Und wie steht's?" Chantal lag auf dem Boden und keuchte, aber sie war dennoch neugierig.

„Naja, wir müssen jetzt nur noch einem planetengroßen Trümmerteil ausweichen, die KI wiederfinden und Cat suchen und allen anderen tödlichen Mist überleben. Ich würde sagen, alles ist gut." Flaffy nickte.

„Du hast echt die Ruhe weg." Anthony drehte sich um und schaute ihn an. „Beim nächsten Mal kommen wir mit euch."

Flaffy setzte sich wieder ans Steuer und weiter ging die Flucht vor den Trümmern. Als sie etwas Abstand gewonnen hatten, sahen sie, was passierte. Alle Trümmer bewegten sich zu dem Kern. Zwischen den einzelnen Teilen entstanden so etwas wie Seile oder Kabel. Alles schien sich zu verändern und langsam formte sich ein Schiff. Bis es fertig war mit Zusammensetzen, dauerte es nicht lange, aber sein Ausmaß wurde ihnen schmerzlich bewusst. Die Hülle der Titan war riesig, größer als ein Planet, eine Sonne oder ein ganzes System. Die totalen Abmaße waren riesig.

Flaffy konnte das Ende nicht mehr sehen: „Also, deswegen hat es den Namen Weltentransportschiff Titan." Flaffy murmelte vor sich hin.

Das Schiff war nicht viereckig, sondern hatte eine Art Triebgondeln. An der breitesten Stelle war es nicht viel breiter als unser Sonnensystem, war aber dafür doppelt so lang.

„Flaffy, wir haben ein Problem." Anthony tippte ihn von hinten an: „Dadurch, dass sich die Trümmer wieder zusammengesetzt haben, ist extrem viel Gas freigeworden und das Gravitationsfeld hat sich verändert, all das wird dazu führen, dass die Sonne …" Er kam nicht weiter, denn was er sagen wollte, war gerade geschehen. Ein Schock durchfuhr sie.

Flaffy drehte sich um: „Alle Triebwerke auf volle Leistung, wir müssen schnell hier weg!"

Reaktion begann zu beschleunigen. Doch mit der Zeit wurde er immer langsamer.

„Wir sind schon zu nah dran" Flaffy wurde hektisch. „Reaktion, welche Optionen haben wir noch, um der Gravitation zu entkommen?"

„Ich sehe keine Möglichkeit, ohne jemanden zurückzulassen.“

Flaffy schaute zu den anderen: „Wir werden garantiert eine Lösung finden, ohne jemanden zu verlieren.“

„Nein, leider gibt es nur eine Möglichkeit, ich katapultiere euch in der Rettungskapsel mit aller Restenergie Richtung Titan und sobald ihr in ihrer Nähe seid, neutralisiert ihr Schild die Gravitation, aber ich, ich vergehe in der Gravitationssenke.“

Flaffy wollte widersprechen, aber Reaktion hatte schon den Mechanismus ausgelöst, um die drei in die Rettungskapsel zu befördern. Flaffy versuchte, sich zu entziehen, aber Chantal hielt ihn fest. Flaffy kämpfte dagegen an, aber er hatte nicht genügend Stärke, am liebsten hätte er losgeweint, als sich die Tür schloss.

Reaktion meinte: „Ich bleibe bis zum letzten Moment bei dir.“

Flaffy widersprach ihm: „Ich will bei dir bleiben!“

„Du hast größere Aufgaben, dafür will ich mich opfern. Und ich möchte dir danken für die wundervolle Zeit, die du mir geschenkt hast! Lebe wohl!“

Ein Knall ertönte und die Kapsel wurde in das Weltall geschossen. Flaffy klebte immer noch an der Scheibe. Er sah, wie sein Freund auf das Schwarze Loch zutrieb und hinter dem Ereignishorizont verschwand.

Sie flogen eine Weile, bis sie bei der Titan angekommen waren. Die Kapsel schlug hart auf dem Hangarboden auf, die drei wurden kräftig durchgeschüttelt. Flaffy sprang auf und schaute zu dem Tor hinaus in Richtung des Schwarzen Loches. Er ließ den Kopf hängen.

Chantal kam zu ihm, um ihn zu trösten, aber Flaffy wehrte sie ab: „Es ist keine Zeit für Trauer, er soll nicht umsonst gestorben sein!"

Flaffy macht sich Mut und schob die Trauer beiseite: „Wir müssen wieder in die Kommandozentrale."

Sie wollten sich gerade auf den Weg machen, als sich vor ihnen ein Tor öffnete wie ein Portal. Flaffy sah hindurch und konnte die Eingangstür zu der Zentrale sehen. Er machte einen Schritt und stand vor der Tür, kurz darauf folgten auch Anthony und Chantal. Die beiden mussten sich erst einmal umsehen, sie waren noch nicht hier gewesen. Flaffy öffnete die Tür, aber ihm blieb der Atem weg. Er sah den KI-Kern. Er war so groß wie ein ganzes Haus.

„Ach, du meine …", Flaffy kam aus dem Staunen nicht mehr heraus. „Titan? Kannst du mich hören?"

„Natürlich, Flaffy …", kam es aus dem Nichts.

Flaffys Freunde musterten den Kern. Er aber blieb in der Konsole stehen, als ihm etwas von hinten an den Hals fiel. Er wollte seinen Angreifer abschütteln, aber er hatte keine Chance.

„Ganz ruhig, ich bin es nur." Die Stimme war lieblich, von einer jungen Frau, die sich Titan nannte. Sie ließ ihn los und er drehte sich herum. Hätte Flaffy eine Kinnlade gehabt, wäre sie ihm jetzt heruntergefallen. Vor ihm stand eine Frau, dem Aussehen nach Anfang zwanzig, langes Haar, an sich wunderschön, sie war komplett aus mechanischen Teilen, sah aber so was von real aus. Flaffy hatte nur ein Problem, sie hatte keine Klamotten an. „Was ist, Flaffy, warum siehst du so gestresst aus?" Sie kam näher. Flaffy wich noch ein Stück zurück, aber weiter konnte er auch nicht, dann kam die Konsole.

„Nein, alles gut, könnest du bitte etwas Abstand halten?“ Flaffy wurde ganz verlegen. „Und könntest du dir vielleicht etwas anziehen?“

„Aber warum, ich verstehe das nicht?“

„Naja, weil normale Lebewesen sich etwas anziehen, wenn sie aus dem Haus gehen.“

„Aha … Okay, aber trotzdem, ich bleib so, so gefällt es mir besser.“

Flaffy hielt sich eine Hand an den Helm und dachte sich: Was soll das noch werden, mit ihr werde ich mich nie richtig unterhalten können. Er drehte sich um, Chantal kam gerade um die Ecke gelaufen, um zu schauen, mit wem sich Flaffy unterhielt. Der aber war bereits zusammengeklappt. Sie sah Titan, wie sie an seiner Seite hockte und ihn musterte: „Flaffy … Flafffffffffy, lebst du noch?“ Chantal schrie auf und tat es Flaffy gleich. Nur Anthony war immun, warum auch immer.

Die Suche

„Flaffy, hallo, Flaffy, wach auf, Zeit für die Arbeit“, stupste Titan ihn an. Ganz verträumt antwortete er: „Lass mich doch noch eine halbe Stunde schlafen, ich muss doch nicht zur Schule.“ Flaffy brauchte einen Moment, bis er begriff, in welcher Lage er sich befand. Er schnellte hoch, nur war der Kopf von Titan härter als seiner. Jammernd ging der große Held ein zweites Mal k.o. Nach zwei Minuten war er wach, mit einem riesigem Brummschädel fragte er: „Warum bloß, warum?“

„Hast du etwas gesagt?“ Titan sah ihn an.

„Warum bloß ist dein verdammter Dickschädel härter als meiner?“ Flaffy griff sich an den Kopf.

„Kommen wir nun zu den wichtigen Dingen, Flaffy. Irgendjemand muss uns Befehle erteilen.“ Sie verschränkte die Arme und schaute ihn an.

„Ich habe doch überhaupt keinen Plan, was hier alles gemacht werden muss, außerdem bist doch du hier die KI, nicht ich.“ Flaffy vertraute fest darauf, dass Titan sich darum kümmern würde, aber was er nicht wusste, war, dass sie keine Berechtigungen auf ihrem eigenen Schiff hatte. Er war etwas verwundert darüber, sie hatte nicht mehr Befehlsgewalt als ein gewöhnlicher Soldat.

„Was muss ich jetzt tun?“ Flaffy schaute sie entgeistert an.

„Du hast eine Aufgabe von Cat bekommen, ich rate dir, sie zu erfüllen!“, sagte Titan scharf.

„Wer ist eigentlich dieser Cat, auf mich macht er jedenfalls keinen freundlichen Eindruck.“ Flaffy war etwas genervt.

„Cat ist genauso wie du ein Wächter, er besitzt auch ein Heiliges Objekt und er ist auch hier der oberste Befehlshaber. An sich ist er ganz nett, aber komisch.“

„Hätte ich nicht ahnen können … weißt du, wo er sich im Moment aufhält?“, fragte Flaffy. „Und wo zum Teufel sind meine Kameraden?“

„Ich habe sie nebenan in einer der Suiten untergebracht, sie ruhen sich dort aus. Ich habe ihnen gesagt, ich muss mit dir alleine reden und ich wollte den Jungen loswerden, der hat mich immer so besessen angeschaut, unheimlich.“

Flaffy antwortete entgeistert: „Woran das wohl liegt, ich kann es mir nicht vorstellen.“

„Echt nicht, ich auch Nicht.“ Titan schaute nachdenklich in die Luft.

„Zieh dir gefälligst nochmal was an, dann haben wir das Problem nicht mehr!“ Flaffys Streifen wurden rot und das nicht nur vor Wut.

„Aber ich dachte, du konntest dir nicht vorstellen, warum?“, lächelte sie ihn an.

Flaffy schlug sich die Hand vor die Stirn: „Ich kann so nicht arbeiten.“

„Zurück zum Thema: Wir müssen Cat finden und du sollst das tun, also hat er dir garantiert einen Hinweis hinterlassen. Wenn du ihn mir sagst, kann ich dir sagen, wo wir hinmüssen.“

„Okay. Er hat etwas von dem letzten Weltwunder ges…“ Weiter kam er nicht.

„Wir müssen auf die Erde zurück, hast du etwa noch nie von den Pyramiden gehört?“ Titan nahm die Arme runter.

Flaffy schaute in die Luft, sodass er nur noch ihren Kopf sah: „Das heißt, ich brauche ein Schiff, um zurückzukommen? Wo finde ich eins?"

Titan hob ihre Hand, sodass er sie sah, und zeigte nach unten. Flaffy schaute langsam nach unten. „Ich bin das größte Schiff, das existiert."

Flaffy wurde knallrot: „Wie lange brauchst du, um bis zur Erde zu kommen?"

„Dreißig Minuten. Genug Zeit", sagte sie verlegen an.

„Was hast du vor?" Flaffy wich einen Schritt zurück, aber bevor er sich versah, hing sie ihm am Hals: „Deine Reaktion macht mich irgendwie an, wir haben genug Zeit für uns, bis wir ankommen."

„Titan, was soll das, ich kann nicht, mit einem Roboter rumzumachen, ist …" Er machte eine kurze Denkpause, er war selbst ein Roboter. Er schob sie von sich weg: „Lass mich einfach in Ruhe mit solchen Spielchen und nimm Kurs auf die Erde."

„Na gut, sag Bescheid, wenn du es dir anders überlegst", rief sie ihm nach, als er durch die Tür verschwand.

Flaffy machte sich auf den Weg in die Suiten. Es dauerte nicht lange, bis er da angekommen war, wo seine Freunde untergebracht waren. Die beiden hatte bereits den Koch genervt und sich Pizza bestellt.

„Na, euch geht's ja gut." Flaffy stand in der Tür: „Wir machen uns jetzt wieder auf den Weg zur Erde, dort sollten wir Cat finden, habt ihr auch ein Stück für mich?"

Chantal saß auf dem Sofa. „Nimm dir das, es kostet nichts, hier ist der Kommunismus am Start."

Anthony schaute ihn an: „Hast du deine Farbe geändert? Vorher warst du doch blau, oder täusche ich mich?"

„Ja, hast ja recht, ich werde auch noch verlegen, ich bin ja keine Maschine.“ Flaffy legte einen Hauch von Ironie in seine Worte.

„Wer ist eigentlich die kleine Scharfe auf der Brücke?“ Anthony war ganz neugierig darauf, wer das war.

„Sie ist die KI hier auf dem Schiff. Mach dir keine Hoffnungen, sie hält dich für einen Perversen“, versetzte er ihm einen verbalen Tritt.

„Jungs, ihr wollt doch nicht um ein Mädchen streiten“, entschärfte Chantal die Situation.

„Ich habe ihre Anmache zurückgewiesen“, sagte Flaffy schuldbewusst.

„Kann ich nicht an deiner Stelle stehen?“ Anthony war so was von neidisch auf Flaffy, dass er ein so „schönes“ Angebot bekommen hatte.

„Wir haben noch eine halbe Stunde Zeit, bis wir auf der Erde sind, dann suchen wir Cat. Ich werde mir erst mal die Lagepläne reinziehen.“ Flaffy verschwand wieder mit einer Pizzaschachtel in der Hand.

Chantal sah Anthony böse an: „Spanner.“

Flaffy brauchte eine Weile, bis er in seinem Quartier war. Allein der Bereich, in dem sie waren, war riesig. Er machte es sich auf dem Sofa bequem. Als er durch das Fenster schaute, machte ihn etwas stutzig. Er konnte durch die Scheibe hindurch die Weiten des Weltalls sehen, obwohl er im Inneren der Titan war.

„Flaffy? Hast du kurz Zeit für mich?“ Titan schaute um die Ecke.

„Ja, warum?“ Er wusste nicht, was er ihr entgegnen sollte.

Sie setzte sich zu ihm, an das andere Ende des Sofas: „Cat hat, bevor er ging, noch etwas hiergelassen und das soll ich dir geben. Er sagte, es wäre wichtig, wenn du ihn findest.“ Sie streckte den Arm aus und gab ihm eine Energiezelle, ähnlich der, die er gefunden hatte.

Er sah sie eine Weile an. „Behalte du sie erst mal. Wenn wir sie brauchen, werde ich sie an mich nehmen.“ Flaffy war absolut sicher, dass diese Variante die beste Lösung war. Titan stand auf und ging wieder mit den Worten: „Bis gleich, auf das wir heil ankommen.“

Nach nicht allzu langer Zeit waren sie auch schon in der Nähe des Sonnensystems, in dem die Erde ist. Alle vier hatten sich schon im Kontrollraum versammelt.

„Ich habe das Schiff etwas außerhalb geparkt, damit wir nicht so schnell auffliegen. Wir werden mit einem kleinen Transporter auf die Erde reisen und in der Nähe von Kairo landen“, formulierte Titan die Situation sehr sachlich. „Cat sollte sich bei den Pyramiden befinden. Wenn wir auffliegen, bevor wir ihn gefunden haben, kann diese Operation in einem Desaster enden. Ich werde euch gleich absetzen, bitte begebt euch jetzt zu dem Transporter.“

Nach einigen Minuten waren alle bereit und standen vor dem kleinen Transporter. Titan schlich an ihnen vorbei. „Das ist der kleinste Transporter, den wir gerade einsatzbereit haben, der Rest wurde zerstört.“ Der Transporter war so groß wie ein Schiff der Panama-Klasse.

„Willst du etwa mitkommen?“, fragte Flaffy.

„Ja, natürlich, irgendjemand muss doch das Schiff steuern, dich muss ich vorher noch einweisen.“

Titan machte sich groß.

„Ja also, wenn du mit uns kommen willst, dann …“, sagte Flaffy mit ganz ruhiger Stimme.

„Ja, was muss ich?“, Titan war ganz aufgeregt.

Flaffy schrie sie förmlich an: „Dann zieh dir etwas an!“

„Na gut, dann gehen wir shoppen.“ Sie drehte sich um und ging ins Schiff hinein, Flaffy hingegen ließ nur den Kopf in die Hände fallen.

Titan machte eine ausführliche Einweisung für die drei und verkündete, dass sie nicht lange bis zur Erde brauchen würden. Alle saßen bereits in ihren Sitzen und beobachteten, wie sich die riesigen Hangartore öffneten. Vier kleine Schlepper hatten angedockt, um das Schiff sicher ausfahren zu lassen. Es dauerte nicht lange, bis Titan ausrief: „Schlepper abdocken, fertigmachen zum Sprung!“

Alle Schlepper entfernten sich schlagartig von dem Schiff und sie zog an einem Hebel. Ein Ruck fuhr durch das Schiff und sie beschleunigte. Sie schossen an einigen Planeten vorbei, bis die Erde in Sicht war.

„Tarnung aktivieren!“ Titan gab Kommandos. „Landung in weniger als zwei Minuten!“

Nach wenigen Sekunden tauchten sie in die Atmosphäre und es dauerte nicht lange, bis sie mehr oder weniger auf dem Wasser aufschlugen.

„Ich parke das Teil hier im Mittelmeer, weiter geht’s mit einem U-Boot.“

Titan war gut drauf, die anderen waren eher etwas durchgeschüttelt. Es dauerte nicht lange, bis sie in Ägypten an Land gehen konnten. Das letzte Stück bis zum Strand mussten sie allerdings schwimmen, denn wo sollten sie ein außerirdisches U-Boot verstecken? Sie standen nach dieser

Odyssee endlich am Strand von Alexandria. „Und weiter? Bis nach Kairo laufen ist etwas weit. Du und ich, wir würden das ja noch schaffen, aber Anthony und Chantal eher weniger.“

Flaffy schaute Titan fragend an. Die beiden waren ja schon von dem Schwimmen vollkommen erschöpft.

„Unsere Situation ist etwas blöd, es ist Nacht, wir sind müde und wir haben kein Fahrzeug. Außerdem müssen wir Titan Klamotten besorgen.“ Flaffy war etwas betrübt.

„Warum kaufen, ich kenne dieses System nicht?“ Titan war verwirrt.

„Diese Welt ist noch nicht im Kommunismus angekommen wie die Lebewesen auf dir, hier muss man halt Geld haben, um Klamotten zu kaufen …“ Flaffy hörte auf zu reden, ihm lief plötzlich ein Schauer den Rücken hinunter.

Titan fragte ihn: „Hast du was?“

„Ich glaube, er hat gerade andere Probleme.“ Anthony hatte es gesehen. An Flaffys Hinterkopf war ein Lauf zu sehen.

„Wer seid ihr?“ Eine verzerrte Stimme sprach zu ihnen.

„Das Gleiche könnten wir dich fragen.“ Flaffy fuhr die Konfrontationsschiene.

„Man nennt mich nur CS. Ich habe euch meinen Namen verraten, jetzt seid ihr an der Reihe.“ Diese verzerrte Stimme begann anzukratzen: „Meine Waffe ist stark genug, um jede Panzerung zu durchschlagen, die ich bis jetzt kenne, also …“

Flaffy begann zu reden: „Mein Name ist Flaffy …“ Weiter kam er nicht. Ein beängstigendes Zischen ertönte und der Lauf der Waffe verschwand. Flaffy drehte sich herum: „Titan, kannst du ihn orten?“

„Nein, leider nicht.“

Chantal und Anthony hatten sich hinter ein paar Steinen versteckt.

Die seltsame Person trat aus dem Schatten hervor. Er hatte einen schwarzen Anzug an, der mit Gold abgesetzt war, mit einem Mantel darüber ohne Arme. Eine Weste mit einem feinen, schwarz-goldenem Blättermuster und einem goldenem Hemd, einer schwarzen Fliege und einem schwarzen Zylinder mit einem goldenem Rand. Aber das Komische war, er trug eine Maske, die mattgold glänzte, verziert mit Zeichen, die Flaffy noch nie gesehen hatte.

„Es tut mir leid, dass ich euch nicht gleich erkannt habe, aber die Wahrscheinlichkeit war extrem gering, dass ihr genau hier auftauchen würdet. Deswegen hatte ich gedacht, ihr seid andere Wesen, die die Erde bedrohen könnten.“ Die Person war ganz höflich: „Ich habe euch etwas Startkapital und ein paar Sachen mitgebracht und einen Hinweis von Cat an Flaffy: Bitte tarne dich.“ Er trat zurück.

„Warum sollten wir dir glauben?“, fragte Flaffy.

„Ich kenne Cat, er hat mich genauso gefunden wie dich, du warst auch in diesem schwarzen Raum, habe ich recht?“ CS war gelassen. Er wusste von allem. Mit diesen Worten ging diese seltsame Person wieder, sie verschwand im Schatten so schnell, wie sie gekommen war. Sie hatte einen Koffer abgestellt. Flaffy sah Titan verdutzt an, sie zuckte nur mit den Schultern. Langsam schlichen sie zu dem Koffer, um ihn zu untersuchen. Sie mussten feststellen, dass genau das darin war, was die Person gesagt hatte.

Titan zog sich schnell etwas an, während Anthony und Chantal aus ihrem Versteck herausgekrochen kamen.

„Habt ihr ihn vielleicht etwas besser erkennen können?“, fragte Flaffy, während er das Geld verstaute.

„Nein, leider nicht, zumindest nicht mehr als ihr, aber die Waffe, die war so monströs, das konnte kein Mensch sein. Das Ding ist größer als ein mehrfacher Granatwerfer. Ich habe keine Ahnung.“ Anthony hatte alles zusammengefasst, bevor Chantal ein Wort sagen konnte.

„Na gut, dann suchen wir uns eine Fahrgelegenheit …“

Nach einer Reise der Ungewissheit hatten sie endlich eine Mitfahrgelegenheit gefunden. Zu viert saßen sie in dem Auto Richtung Kairo. Etwas machte Chantal stutzig, sie zog die Zeitung aus dem Fach in der Autotür und zeigte sie den anderen. Flaffy konnte seinen Augen nicht trauen: „Ich wusste gar nicht, dass du Arabisch kannst!“

Sie schlug sich mit der flachen Hand gegen die Stirn: „Kann ich auch nicht, aber das Datum kann ich lesen.“ Sie zeigte auf die Zahl. Sie hatten für ihren Ausflug um die zwanzig Jahre gebraucht, für sie hatte es sich angefühlt wie eine Woche, aber hier waren es zwanzig Jahre. Flaffy wollte etwas sagen, aber Titan fiel ihm ins Wort: „Das ist mit der Gravitationsschwankung zu erklären, als ihr nahe am Schwarzen Loch wart. Ich kann Zeit relativ schlecht einschätzen, weil ich eine KI bin, deswegen ist es mir nicht direkt aufgefallen. Ich hoffe, ich kriege das im Laufe der Zeit noch gebacken.“

Anthony schaute sie fragend an. Zu dem Zeitpunkt gab es noch viele Dinge zu besprechen, aber die Gruppe beschloss, dass sie das klären wollten, wenn sie Cat gefunden hatten.

Es war Morgen, als sie in Kairo angekommen waren. Der freundliche Mann, der sie mitgenommen hatte, hatte sie netterweise noch zu den Pyramiden gefahren. Flaffy schaute sich um, an allen Eingängen waren Wachen positioniert, an denen sie nicht ohne Weiteres vorbeikamen, denn bei einem Metalldetektor würde er sicher auffliegen, und Titan auch, die keinen Plan von dieser Gesellschaft hatte. „Titan, Anthony, Chantal, wir gehen shoppen.“ Flaffy holte die anderen zu sich, um mit ihnen den Plan zu besprechen: „Also, wir gehen jetzt noch ein paar andere Klamotten kaufen, denn wir müssen wie eine Familie aussehen, die hier Urlaub macht, vielleicht kommen wir damit rein. Aber die Sicherheitskontrollen sind in den letzten zwanzig Jahren besser geworden, hoffentlich reicht meine Tarnung aus.“

„Deine Tarnung wird das schon schaffen, noch eine ordentliche Verkleidung für Titan und um uns musst du dir keine Sorgen machen. Anthony und ich, wir sehen ja sowieso aus wie zwei Urlaubsreisende“, stellte Chantal fest. „Wir kommen da schon irgendwie rein!“

Titan sprang freudig erregt in die Lüfte: „JAAA, wir gehen shoppen!“

Flaffy schaute sie lahm an: „Du weißt ja noch nicht mal, was die Leute heutzutage anziehen!“

„Dafür bist du ja da!“, grinste sie ihn an, aber Flaffy lehnte ab: „Frag lieber Chantal, sie kann dir da besser helfen.“

Der Weg zur Shopping-Mall war nicht weit und das Einkaufen dauert auch nicht lange. Titan hatte sich beschwert, dass es nur so einfache Kleidung gab, sie hatte wahrscheinlich andere Vorstellungen als Flaffy und die anderen. Nach einer ausführlichen Auswertung der vorliegenden Fakten hatten sie dann auch die idealen Klamotten für sie gefunden.

Flaffy hatte sich getarnt mit einem Hemd mit buntem Blümchenmuster und kurzer Hose, Anthony hatte sich ein einfaches T-Shirt in weiß und eine knallbunte Hose gekauft. Chantal bekam den Look eines typischen aufmüpfigen Teenagers und Titan bekam etwas Unauffälliges, eine Shorts mit bauchfreiem Shirt mit Ausschnitt. Alle waren getarnt, perfekt an ihre außergewöhnliche Umgebung angepasst.

Sie hatten gerade alles angezogen, als Flaffy ein Schauer über den Rücken lief, er drehte sich um, aber er konnte niemanden ausmachen, der ihnen folgte, aber er hatte dieses komische Gefühl wie das, als dieser CS aufgetaucht war. Er drehte sich wieder um. Titan fragte ihn: „Ist irgendwas?"

„Nein, ich hatte nur so ein Gefühl, als würden wir enttarnt, aber ich kann mich auch irren." Flaffy war sich unsicher.

Sie machten sich nun auf zu den Pyramiden, wo sie Cat finden sollten, aber Flaffy musste weiterhin an diesen CS denken, vor allem, was er war, wenn selbst die Sensoren von Titan ihn nicht erfassten. Woher wusste er, dass sie Geld brauchen würden, und wie konnte er mit Cat Kontakt aufnehmen? Fragen über Fragen, die er sich nicht beantworten konnte. Gedankenversunken trottete er neben den anderen her, langsam, aber sicher in Richtung ihres Ziels.

Es dauerte nicht lange, bis sie in der Nähe der Pyramiden waren. An den Sicherheitskontrollen gab es keine Probleme. Obwohl der Metalldetektor jedes Mal gepiept hatte, als Titan durch ihn hindurch gegangen war, hatten sie es geschafft. Sie waren endlich angekommen bei den Pyramiden.

Flaffy spürte ein Unbehagen, er schaute sich hektisch um. Die Gruppe wurde von Männern in schwarzen Anzügen und mit Ohrstöpseln beobachtet. Er sah sich weiter um, eine andere Gruppe von Agenten steuerte sie an. Sie kamen geradewegs auf sie zu. Flaffy flüsterte den anderen zu: „Wir wurden enttarnt, lauft!“

Die vier rannten, jetzt wussten auch die Agenten, dass sie entdeckt waren. Sie rannten hinter ihnen her und schrien etwas, aber sie verstanden es nicht. Sie rannten in die Pyramide rein. Was sie da vorfanden, erstaunte sie. Der Gang zu Cat war bereits entdeckt worden. Sie störte das aber nicht, denn sie wurden immer noch verfolgt. Sie liefen weiter den Gang entlang. Es waren viele Ecken und Kurven. Als sie um die letzte Ecke kamen, blieben sie stehen, es war eine kleine Halle, gefüllt mit einem gesamten Spezialkommando, hinter ihnen eine Panzertür, überall stand Werkzeug. Sie hatten versucht, die Tür zu öffnen, anscheinend ohne Erfolg. Ein General kam aus der Menge heraus: „Ihr müsst die Gruppe sein, die damals vor zwanzig Jahren den Anschlag auf die Klasse in Deutschland verübt hat, aber dort wart ihr nur zu dritt?“

Die drei waren verdutzt. „Sie wissen von dem Wesen hinter der Tür?“, fragte Anthony.

„Ja natürlich, weshalb sollten wir sonst die Mühe auf uns nehmen?“, antwortete der General. „Wir müssen unbedingt in diesen Raum. Ihr wollt sicher auch nicht gefangen genommen werden, oder?“

Flaffy und Titan hatten damit sicher keine Probleme, Chantal und Anthony waren aber aus Fleisch und Blut, sie hatten sicher ein Problem mit Folter.

Flaffy sah Titan an, sie nickte ihm zu.

„Machen wir einen Deal“, sagte er. „Ich öffne euch die Tür, dafür lasst ihr Cat gehen. Ihr habt keine Ahnung, worauf ihr euch einlasst.“

Auch wenn Flaffy es nicht erwartet hatte, willigte der General ein. Die Soldaten machten Platz, damit die vier an die Tür konnten. Flaffy stand vor ihr, streckte seine Hand aus: „Du hast mich gerufen, hier bin ich.“

Ein Funke sprang von seiner Hand auf die Tür über. Ein Quietschen ertönte und die Flügeltür öffnete sich langsam. Der Anblick raubte ihnen den Atem.

Gott oder Dämon?

Die Maschine, die sie sahen, war erschreckend. Der Raum war mit Technik ausgestattet, die Flaffy noch nie gesehen hatte. Titan schien einige Teile wiederzuerkennen, aber sie war schließlich erst ein paar Tage alt. In der Mitte des Raumes stand eine Statue, fast drei Meter hoch, wie ein Krieger stand sie da, beide Hände auf einem Schwert gefaltet. Es war vor ihr in den Boden gestoßen und sehr lang, es reichte der Figur fast bis zur Brust. Sie hatte den Kopf gesenkt, als würde sie sich schämen. Sie blickte auf das Schwert, das in seinem etwas seltsamen Schaft steckte. Das Schwert an sich hatte einen Griff, der Schaft aber auch. Es schien so, als könnte man den Schaft auch als eine Art Waffe benutzen.

Der Raum wurde gestürmt. Die Spezialtruppe begann, den gesamten Raum zu untersuchen. Flaffy aber schaute sich langsam um. Die Einheit schien ihn zu ignorieren. Er bemerkte einen kleinen Gang. Er durchschritt den Raum und als er neben der Statue stand, bemerkte er: Sie sah aus wie Cat. Als er weitergehen wollte, drehten sich die Soldaten zu ihm um: „Halt, stehen bleiben."

Flaffy tat, was sie sagten.

„Wir wussten bereits, was hier drin ist, ein Mann hatte es uns verraten, wir brauchten nur den Gesandten, um die Tür zu öffnen. Er hat uns auch etwas gegeben, womit wir die hier eingesperrte Person auf die Seite der Regierung ziehen können." Der General stand hinter ihm und hielt ihm eine besonders eigenartige Waffe an den Kopf: „Weißt du, Flaffy, deine Rüstung ist sehr beständig, aber im Tarnmodus bist du nicht besonders stark, weswegen dich eine etwas besondere Kugel außer Gefecht setzt. Du warst der einzige, vor dem wir uns hüten mussten, die anderen sind kein Problem, zwei Menschen und ein Robotermädchen. Mal sehen, was wir mit ihnen machen, wenn wir ihn auf unserer Seite haben!“ Ein Schuss ertönte und Flaffy wurde schwarz vor Augen.

Nach einiger Zeit wachte er wieder auf, er war etwas benommen. Ein Mann stand vor ihm: „Du sollst doch noch unseren Triumph mitansehen.“ Es war der Mann, der ihm in den Kopf geschossen hatte. Er zog ihn hoch, die anderen waren gefesselt und saßen an der Wand. Jetzt erst merkte er, dass auch seine Hände gefesselt waren. Er konnte durch eine dünne Glasscheibe sehen. Sie hatten die Statue zur Seite geräumt.

„Wer ist eigentlich diese Person, die ihr beschwören sollt?“, fragte Flaffy, als er die Maschine anblickte.

„Er hat uns keinen Namen genannt“, erwiderte der General steif auf die Frage.

„War der Mann rot gekleidet in einen Umhang?“ Flaffy versuchte, noch ein paar Infos zu bekommen.

Der Mann schaute ihn verdutzt an: „Woher weißt du das?“

„Ich habe da so eine Ahnung.“ Flaffy wusste, was das Spiel sollte. Er konnte jetzt nur noch zusehen, wie die Maschine langsam anlief, ein Surren war zu hören.

Der General steckte eine kleine rote Batterie in die Maschine hinein: „Erwache, mein neuer Diener, erwache!“ Die Maschine drehte sich immer schneller und ein Schlag fuhr durch die Pyramide, gefolgt von einem hellen Blitz. Sie mussten sich alle erst einmal die Augen zuhalten. Nach ein paar Minuten Stille konnten sie nachschauen, wer da nun stand. Flaffy war gespannt, Cat einmal direkt kennenzulernen. Ein Raunen ging durch die Reihen, als sie sahen, dass die Maschine versagt hatte. Es stand keine Person auf dem Podest.

Flaffy schaute sich um und erblickte die Statue. Er sprang auf und schubste den General durch die Scheibe der Zentrale, das Glas zerbrach. Er zerriss seine Fesseln und lief zu der Statue. Nach einigen Zügen hatte er sie in der Mitte der Apparatur platziert. Der Raum wurde wieder gestürmt, um Flaffy von seinem Vorhaben abzuhalten. Aber es war zu spät. Titan hatte bereits die kleine Energiezelle eingesteckt und auf den Startknopf gedrückt, die Maschine setzte sich erneut in Bewegung.

Von oben kam durch einen durchsichtigen Schacht eine Kugel gerollt. Sie war schwarz wie die Nacht, mit vielen kleinen Sternen. Sie rollte in einen kleinen Behälter und begann, sich aufzulösen. Sie schien in die Statue zu fließen. Alle beobachteten diese sehr genau. Flaffy aber spürte so etwas wie eine Aura. Sie war finster, dunkel, mächtig. Sie durchdrang den ganzen Raum.

Er sprang auf, um sich hinter dem Pult zu verstecken. Diese Aura, die er fühlte, wurde von Moment zu Moment stärker. Sie war kalt, eisig kalt, als würde sie jedes Leben sofort verschlingen. Die Statue begann langsam zu brechen, sie begann sich zu bewegen. Sie hob ihren Kopf und öffnete die Augen. Sie hatte blaue Augen, tiefblau mit einem lila Schimmer. Der komplette Körper begann zu brechen. Sie zog das Schwert aus dem Boden. Ein Kugelhagel begann auf sie einzuprasseln. Doch keine der Kugeln traf. Sie schwebten in einem Kreis um die Person.

„Ihr Narren.“ Ihr Mund bewegte sich, aber ihre Stimme kam scheinbar von überall her, mit einem Nachhall von Tausender gequälter Seelen: „Ihr denkt wirklich, ihr könnt mich besiegen. Seid froh, wenn ihr den nächsten Augenblick überlebt!“ Die Statue hob ihre Hand und schnipste mit den Fingern. Es entstand ein Sturm, der die verbliebenen Männer in feine Siebe verwandelte. Sie drehte sich um und erhob eine Hand, aus einer Halterung kamen acht Stäbe geflogen, sie schienen von innen heraus lila zu glühen, sie waren extrem spitz und ungefähr zwei Meter lang. Sie schwebten um Flaffy herum.

Cat schaute nun zu dem Pult. Er hatte nun auch Flaffys Aura wahrgenommen. Flaffy schauderte. Cat kam nun auf ihn zu und schaute durch das Fenster. Er hatte ihn gesehen, aber er sprang nicht durch, sondern ging ganz cool um die Konsole herum auf Flaffy zu, die anderen schien er gar nicht zu bemerken. Er stand vor Flaffy, in der linken Hand das Schwert mit Halfter. Flaffy konnte nicht weg.

Er kniete sich vor Flaffy hin und streckte ihm seine Hand hin: „Hallo Flaffy, schön, dich kennenzulernen.“ Er lächelte ihn an und seine Stimme klang jetzt normal, sogar freundlich. Auch seine Aura hatte sich verändert: „Ich bin Cat, schön, dass du mich gefunden hast.“

Flaffy schaute ihn an und fasste nach seiner Hand. Als er sie ergriff, zog Cat ihn in eine stehende Position. Flaffy wusste nicht, wie er darauf reagieren sollte. „Wir müssen hier weg, die Maschine wurde von meiner Kraft aufrecht gehalten, in einigen Minuten wird sie zusammenstürzen.“

Cat schaute sich um. Aus dem Nichts sprang ihn etwas an. Er schreckte zurück. „Schön, dass du wieder da bist!“ Titan hatte Cat angefallen.

Cat war verdutzt, er lehnte sich nach hinten. Titan hing an seinem Hals fest. Er brauchte einen Moment, um seine missliche Lage zu beurteilen: Ein ihm unbekanntes splitterfasernacktes Robotermädchen hatte ihn angesprungen.

Flaffy konnte die Angst in seinen Augen sehen, sie waren so groß wie Untertassen geworden. Er wimmerte: „Bitte hilf mir, entferne sie bitte!“

Flaffy konnte sich ein Lachen nicht verkneifen: „Das ist Titan.“

Langsam ließ sie locker: „Ich habe dich vermisst, es waren jetzt ungefähr viertausend Jahre.“

Jetzt hatte auch Cat mitgekriegt, wer sie war. Auch Chantal und Anthony kamen nun an, um Cat zu begrüßen. Aus dem Gang waren schnelle Schritte zu hören. Alle begaben sich in Kampfstellung. Es kam ein kleiner Elitetrupp um die Ecke, um die Gruppe festzuhalten. Sie stellten sich auf. Cat erhob seine Hand, als wolle er etwas greifen, ein Stoß fuhr durch den Raum und die Männer waren weg. Flaffy staunte über diese riesige Macht. Wieder waren Schritte zu hören.

Aber diesmal kamen keine Soldaten um die Ecke, sondern CS: „Hi Leute“, begrüßte er die Truppe. „Wir müssen los, schnell, aber vorher müssen wir noch an den Wachen vorbei, die Infanterie besiegen, der Artillerie ausweichen und es schaffen, nicht von den Orbitalwaffen getroffen zu werden. Hat jemand Fragen? Nein? Also los!“

Die Truppe setzte sich in Bewegung. Außerhalb der Pyramide wartete gefühlt die halbe Arme der Welt auf sie. Alles zielte auf sie aus allen Richtungen.

Cat blieb ganz ruhig: „Ich hindere sie daran zu schießen.“ Er kniete sich hin, mit einer Faust auf dem Boden: „Raum der Null-Gravitation!“ Ein Kreis bildete sich um Cat. Er wurde immer und immer größer, bis er die gesamte feindliche Armee umfasste. Kleine Steine fielen nun langsam nach oben, größere begannen zu schweben und generell hatte sich die Gravitation verändert, alles war leichter geworden.

Cat drehte sich zu Flaffy um. „Das ist meine Macht, die Macht der Gravitation. Du besitzt auch eine Begabung, aber wir müssen sie erst wecken.“ Er wandte sich wieder der Armee zu. Die fünf standen einem gewaltigen Arm gegenüber. „Titan, wie weit ist das Schiff von uns entfernt?“, fragte Cat.

„So ungefähr zehn Minuten, denke ich.“

„Das reicht doch locker aus.“ Cat war ganz gelassen. Die ersten Kugeln begannen zu fliegen, sie schlugen neben Flaffy ein. „Meine gesegneten Waffen.“ Er streckte beide Arme aus. Die acht Lanzen zischten in einer abartigen Geschwindigkeit an ihnen vorbei. Aber sie töteten keine Soldaten, sie schossen ihnen nur die Waffen aus den Händen.

„Ich, Cat, lasse euch am Leben, wenn ihr uns ohne Widerstand gehen lasst. Wird aber ein Schuss fallen, wird eure ganze Armee ausgelöscht.“ Seine Stimme klang wieder wie im ersten Moment, als würde sie von überall herkommen. Aber es schien ihn niemand ernst zu nehmen. Ein schallendes Gelächter brach aus.

Wie sollte ein Einzelner so eine große Armee besiegen? Cat holte tief Luft und schaute zu seiner Gruppe: „Ich habe sie gewarnt.“ Er drehte sich wieder um. Ihm kamen schon wieder Schüsse entgegen. Einer traf ihn mitten in die Stirn. Flaffy konnte gerade durch einen Kopf hindurchschauen. Cat atmete einmal kurz ein und wieder aus. Man sah es ihm an, er war sauer: „Verschlossene Dimension!“ Eine Art Kapsel entstand um das Kampffeld. Cat griff an seinen Gürtel mit dem Schwert.

Er drehte an einem kleinem Rad und das Schwert mit Schaft fiel ab: „Ihr Maden erlaubt euch etwas, ihr wisst nicht, mit wem ihr euch angelegt habt!“ Er schrie schon fast. Er stach das Schwert samt Schaft vor sich in den Boden. Die Antigravitation hörte auf zu wirken. Alle fielen zu Boden. Eine Schockwelle entstand. Der Boden splitterte. Alles begann sich zu bewegen und wurde schneller, bis Cat das Schwert wieder aus dem Boden zog.

Von der Armee war nicht mehr viel zu sehen, die Panzer hatte es zerlegt, kaum noch jemand hielt sich auf den Beinen, aber Cat war noch nicht fertig. Er hob die Hand und ballte eine Faust vor sich. Ein Ruck fuhr durch den Raum, aber von diesem war nicht mehr viel übrig, nur die Fünf auf ihrem kleinen Podest standen noch.

Vor ihnen lag ein riesiger Krater, vor Cats Faust schwebte eine kleine Kugel. Er drehte sich um: „Die Macht der Gravitation.“ Er hatte den gesamten Raum in einer stecknadelkopfgroßen Kugel komprimiert.

Hinter Flaffy rappelte sich der General wieder auf: „Nein, wie könnt ihr, wie ist das möglich?“

Cat drehte sich um: „Hier hast du deine Armee. Wenn ihr schlau seid, bekommt ihr vielleicht ein paar Männer wieder ganz aus der Kugel, vielleicht.“

„Ihr habt etwas vergessen, die Orbitalwaffe ist immer noch da.“

Der General gab ein Signal. Flaffy schaute in die Luft. Unbehagen machte sich in der Truppe breit. Der General schaute sie an: „Wenn ich sterbe, nehme ich euch mit in den Tod, hahaha.“

„Was machen wir jetzt“, fragte CS. „Mir ist es bis jetzt noch nicht gelungen, diesen Satelliten zu hacken. Denkt daran, wir haben Kinder dabei.“

Cat drehte sich zum General um: „Der Einzige, der daran sterben wird, bist du.“

Von oben war bereits eine Rakete zu sehen. Sie kam immer schneller auf die Truppe zu und schlug voll mitten in die Gruppe ein.

Ein erstes Training

Alles war schwarz. Langsam wurde das Bild wieder schärfer. In der Dunkelheit konnte Flaffy nicht viel erkennen, nur ein helles Licht, das ihn anschien.

„Flaffy, hallo, aufwachen." Eine Stimme sprach zu ihm, er konnte sie aber nicht zuordnen: „Flaffy, bis du noch da?" Langsam bildete sich auch sein Interface wieder.

„Lebt er noch?", fragte eine andere Stimme.

Das Licht wurde dunkler und er begann langsam wieder zu sehen. Die Situation kam ihm irgendwie bekannt vor. Er lag auf einer Liege, nicht wie in einem Krankenhaus, sondern eher auf einem Tisch, wo Roboter zusammengebaut werden. Alle standen um ihn herum, Titan, Cat, Chantal, Anthony, CS.

„Ich habe dir doch gesagt, dass er noch lebt", sagte Cat zu Chantal.

Flaffy richtete sich auf: „Was ist passiert? Mein Kopf dröhnt so."

„Naja, in dich ist eine Rakete eingeschlagen und dein Körper hat fast die gesamte Schlagkraft absorbiert", informierte ihn Cat.

„Okay, und wo bin ich gerade?" Er war noch etwas benebelt.

Chantal fiel Cat ins Wort: „Du bist auf der Titan."

„Wie das?" Er hatte den Zusammenhang noch nicht verstanden, also fasste Cat die Situation zusammen: „Du bist umgekippt, nachdem die Rakete eingeschlagen ist, danach sind wir gemeinsam auf die Titan zurückgekehrt, um dich wieder zu starten, es sind insgesamt zwei Stunden vergangen, und damit keine weiteren Probleme entstehen, habe ich kurzerhand die Erde in den Frachtraum der Titan verladen lassen."

Flaffy stand auf: „Und was hast du jetzt vor, warum hast du mich gerufen?"

Cat schaute ihn an, er sah noch etwas demoliert aus. „Diese Information hat noch etwas Zeit, leg dich noch eine Stunde hin, dann gehen wir den weiteren Plan durch."

Flaffy fiel zurück auf die Liege und schaltete ab. Nach einiger Zeit wurde er von Cat wachgerüttelt: „Und, gut geschlafen?"

„Ja, warum?"

„Du hast noch volle zwei Tage geschlafen, ich dachte mir, du brauchst das."

„Naja, dann wird es ja Zeit, dass ich in die Gänge komme."

Flaffy stand auf und sah Cat fragend an: „Du hast mir eine Menge zu erklären …"

Cat unterbrach ihn gleich: „Ich weiß. Und bevor du anfängst zu fragen, mache ich dir ein Angebot: Ich werde dich in alles einweihen, wie ich es mit allen Kameraden über die Zeit gemacht habe, und dann stellst du mir deine weiteren Fragen, okay?"

„Na gut, so machen wir es." Flaffy wusste noch nicht, ob er dem Braten trauen sollte.

„Ich heiße dich als erstes herzlich willkommen auf dem Weltentransportschiff Titan. Dieses Schiff ist aus gutem Grund so extrem groß, es ist das größte frei manövrierbare Schiff in diesem Multiversum. Die Abmaße kennst du ja, es gibt noch andere, größere Konstrukte, aber die sind nicht hundert Prozent stabil und können sich auch nicht einfach so bewegen. Die Titan wurde vor mehreren tausend Milliarden Jahren von den Vereinten Planeten der Neuen Zeit gebaut.“ Cat hielt seinen Vortrag, aber Flaffy musste ihn unterbrechen: „Cat, warte mal, die Titan ist älter als dieses Universum?“

Cat fuhr fort: „Ja, es ist nicht das erste dieser Art, vor diesem Universum gab es noch ein anderes, das nahezu restlos ausgelöscht wurde. Ich war damals der Oberste Befehlshabender der Nano-Titan, ich habe bei der Planung und bei dem Bau maßgeblich mitgeholfen. In der Titan steckt die allermodernste Technik, sie wurde über Jahrmillionen immer weiter verbessert und viele neue Techniken kamen hinzu. Bei ihrem Bau hat sogar der Schöpfer mit Hand angelegt.“

„Du kennst den Schöpfer persönlich?“ Flaffy unterbrach ihn wieder.

„Ja, ich habe ihn damals kennengelernt. Er ist etwas speziell, aber das ist ein anderes Thema. Der Sinn der Titan war es, viele Planeten vor der Auslöschung zu bewahren, indem sie die Planeten in die sogenannten Lager aufnimmt. Einige Bewohner der Planeten wissen noch nicht einmal, dass sie in einem Schiff sind. Lass uns mal in die Zentrale gehen, die Steuereinheit des Mantels. Die Nano-Titan ist mehr oder weniger nur ein Rechenkern, und vor allen Dingen ist sie eine Admin-Konsole und eigentlich war dort ewig keiner mehr, bis du den neuen Kern eingebaut hast. Na, dann lass uns gehen.“ Cat steuerte zielstrebig eine Schaltkonsole an.

„Aber, Cat, wie kommen wir so schnell in die Zentrale, das Schiff ist doch riesig?“ Flaffy war verwundert.

„Die Besonderheit der Titan und vor allen der Energieform ist, dass sie es ermöglicht, Portale aufzubauen, so lange, wie es eine aktive Verbindung gibt, kann man einfach durch den Raum reisen."

Cat öffnete ein Portal, man konnte hindurchsehen. Aber alles war etwas verschwommen. Cat ging hindurch. Flaffy war etwas skeptisch, er wollte gerade hindurchgehen, aber er zögerte. Er wollte erst mal seinen Finger hindurch stecken, um zu überprüfen, ob es nicht gefährlich ist, aber ein Schubs zwang ihn dazu, hindurchzugehen.

„Na *endlich*, sonst dauert das hier ja Jahre." Titan stand hinter ihm.

Flaffy stand auf einer riesigen Brücke, so groß, dass er das Ende nicht sehen konnte, auch Titan war nun durch das Portal gekommen.

„Das ist die Brücke." Cat fuhr mit seinem Vortrag fort: „Von hier aus wird das gesamte Schiff überwacht und gesteuert. Das Portal hinter uns hat die Nummer 021, du brauchst nur die drei Zahlen in eine Konsole mit der Portalfunktion eingeben und schon öffnet sich der Weg hierher."

„Aber wie ist das mit der Sicherheit hier auf der Brücke? Wenn das so einfach ist, das Portal zu benutzen, dann kann ja jeder hierher." Flaffy war sich unsicher, ob die Technik so sinnvoll war.

„Nicht jeder kann einfach so alle Portale benutzen, wir beide sind hier Administratoren des höchsten Ranges, wir können alle benutzen, aber es gibt besondere Abstufungen, es gibt hier auch verschiedene Abteilungen, wie zum Beispiel die Forschungsabteilung oder den MER (**M**omenten **E**nergie **R**eaktor), von dort kommt man nur mit einer bestimmten Berechtigung heraus. Jeder, der hier auf der Titan im Mantel arbeitet, kann auch grundsätzlich erst mal nicht in die Nano-Titan. nNur wir, also die sozusagen Mächtigsten, können dort hin, sonst wird jeder geblockt. Wollen wir weitergehen, ich möchte dir dein neues Zuhause zeigen.“ Cat ging wieder zu dem Portal, schloss es und tippte einfach dreimal die Null ein. Ein Portal öffnete sich, durch das man nicht hindurchsehen konnte: „Hier kommen wir zum Kern, den du eingebaut hast.“ Cat schritt einfach durch das Portal, Flaffy zögerte wieder. Aber es war schon zu spät. Titan hatte bereits seinen Arm gepackt und zog ihn durch das Tor. Auf der anderen Seite war wirklich der riesige Kern, den er erschaffen hatte, zwei Meter vor ihm war die Konsole, die er benutzt hatte.

„Du hast wirklich gute Arbeit geleistet.“ Cat, Flaffy und Titan bewunderten für ein paar Minuten die Kugel, wie sie kreiste, wie die Drucker Material auftrugen und die Ringe sich drehten.

„So lass mich dir deinen Raum zeigen.“ Cat lief nun Richtung Bug. Nach einem gefühlt stundenlangen Marsch waren sie auf der Brücke der Nano-Titan.

„Das ist aber nicht mein Zuhause …?“ Flaffy kam aus dem Staunen nicht wieder raus. Von der Brücke, auf der sie standen, konnten sie in das Weltall blicken mit einer unglaublichen Weitsicht. „Das ist ein kleiner Geniestreich. Von diesem Raum aus wird die Hülle ignoriert und man kann von hier aus ungehindert in das Universum schauen. Gehen wir in die Suiten.“

Cat drehte sich auf dem Absatz um und steuerte wieder zurück durch die Tür. Neben dem Hauptgang, der einmal durch das gesamte Schiff führte, bogen symmetrisch zwei Treppen ab. „Hier geht es nach oben zu den Suiten, ein kleines Privileg, das wir als Oberbefehlshaber haben.“ Cat ging zielstrebig die Treppe hoch: „Ich habe mir erlaubt, für dich die Wohnung genau über der Brücke herrichten zu lassen.“

Genau über dem Gang war der Eingang zu seiner neuen Behausung. Als Flaffy die Tür öffnete und den Eingangsbereich durchschritt, kam er aus dem Staunen nicht wieder heraus. Ähnlich wie auf der Brücke hatte er ein Panoramafenster vor sich, durch das er in das Weltall schauen konnte, eine gemütliche Couch und nebenan eine Küche. Flaffy musste sich erst mal alles ansehen. „Gibt es auch einen Schlafbereich?“ Flaffy vermisste es, sich in ein Bett legen zu können.

„Natürlich, ich hatte mir schon gedacht, dass du das fragst, es ist ja nicht so, als würde ich nicht an alles denken, schau dir doch einfach mal die zweite Etage an.“

Cat hatte sich auf alles vorbereitet, eine Treppe führte an der linken Seite des Zimmers nach oben. Die beiden schlichen nach oben. Von dort aus gab es sogar eine Aussicht zu den Seiten der Titan. Alles war etwas kantig gehalten und stromlinienförmig, wie alles auf dem Schiff.

„Und wie gefällt sie dir? Ich habe mir Mühe gegeben, deinen Geschmack zu treffen, du kannst natürlich deine Einrichtung nach Belieben ändern, aber, naja, wir sind hier immer etwas unterbesetzt.“ Cat versuchte weiterhin, seinen roten Faden zu behalten.

„Als ich das erste Mal auf der Titan war, war hier niemand, wo kommen jetzt alle so plötzlich her?“, unterbrach Flaffy ihn.

„Aus Sicherheitsgründen gibt es den Befehl, sobald ich nicht mehr fähig bin, Befehle zu geben und die Titan zerstört wird, sollen alle in einen sogenannten Notfallmodus gehen, das heißt, jeder begibt sich so schnell wie möglich in sein Apartment und wartet dort. Blöd nur, dass hier in der Region keine sind. Bis sich alles hier auf dem Schiff wieder eingependelt hat, vergehen ein paar Jahre, und dann müssen wir auch noch alle Schäden reparieren, das dürfte auch noch ein paar Jahrtausende dauern. Wir haben in der letzten Schlacht einen Großteil unserer Verteidigung verloren und unsere Angriffs- und Verteidigungsflotte wurde auch extrem dezimiert. Unser Problem ist es, die Schiffe herzustellen. Da sie eine extreme Expertise verlangen, dauert es sehr lange, sie zu bauen, und da unsere Maschinen beschädigt sind, kann das eine Weile dauern. Kommen wir aber zu einem wichtigeren Thema, das dich garantiert mehr interessiert als das, was ich dir gerade erzählt habe. Kommen wir zu den sogenannten Heiligen Objekten, die auch Heilige Waffen genannt werden. Diese Waffen sind die wichtigsten Objekte in unseren Multiversen, sie definieren alles darin, was existiert oder besser gesagt, sie geben allen die Grundlage zu existieren." Cat setzte sich auf die Couch.

„Das heißt, alles, was besteht, begründet sich auf diese Waffen? Und du hast eine davon?" Flaffy war sich nicht sicher, ob Cat ihm gerade einen Bären aufbinden wollte.

„Das stimmt, ich habe das Schwert der Unendlichkeit oder auch die Heilige Waffe des Materials. Es definiert die Stoffe, deren Eigenschaften und wie sie reagieren. Es gibt drei davon." Cat versuchte seine Informationen halbwegs glaubwürdig rüberzubringen. „Jeder, der eine dieser Waffen hat, ist sozusagen übermächtig?"

„Ja, das stimmt, man kann zwar mit ihnen nicht die Grundfunktion als Heiliges Objekt abschalten, aber man kann seine Fähigkeiten nutzen, die sie bereitstellen. Nur der Schöpfer kann sie in ihrer Funktion manipulieren. Außerdem kann ich mein Schwert nicht in vollem Maße nutzen, da es noch in seinem Schaft steckt, den ich nicht öffnen kann. Das kann nur unser lieber Schöpfer. Das Problem, das ich habe, ist, die anderen beiden der drei Heiligen Waffen sind spurlos verschwunden, der Würfel der Formen, die Waffe, die allem eine, wie der Name schon sagt, Form gibt, und der Drei-Herzen-Diamant, der allem seine Energie gibt. Alle drei sind mächtig und wir haben nur die versiegelte Waffe. Hier kommst du ins Spiel, du bist ein Spross eines Heiligem Objektes. Wir unterteilen sie in zwei Klassen, die Primären und die Sekundären. Die Hauptfunktionen werden von den Primären Heiligen Objekten gemanagt und diese wurden vom Schöpfer persönlich geschaffen, die Sekundären sind aus der Macht der Primären entstanden und erfüllen keine wichtigen Aufgaben, deswegen sind die auch nicht so mächtig. Und du, mein Lieber, wurdest von einem Heiligem Objekt auserwählt, du besitzt die Heilige Rüstung der Abgabe.“ Cat stand wieder auf und machte einen Schritt auf Flaffy zu. „Du, Flaffy, wurdest erwählt, weil die Rüstung perfekt zu deiner Persönlichkeit passt, deine Seele ist mit ihr verschmolzen, du bist jetzt eine Kombination aus Roboter, Seele und Heiligem Objekt. Wenn eines dieser drei Teile von dir zerstört wird, zerfällst du und stirbst. Du bist aber meine letzte Hoffnung, denn ich habe während meiner Abwesenheit herausgefunden, dass jemand sehr Gefährliches die beiden Objekte hat. Das Problem ist, dass nur Heilige Objekte gegen andere Waffen dieser Klasse bestehen können. Wenn zwei Leute mit diesen Waffen gegeneinander kämpfen, wird das gesamte Universum beeinträchtigt durch die Macht, die sie freisetzen. Flaffy, deine Macht ist es, Energie aufzugeben. Übrigens, deine Rüstung ist ein sehr besonderes System, sie strebt immer nach dem Zustand der Energielosigkeit. Je weniger Energie sie hat, desto mehr stabilisiert sie sich und bietet mehr Schutz. Die abgegebene Energie wird deinem Roboterkern zugeschoben, und du kannst sie dann nach Belieben freisetzen. Wir müssen unbedingt den finden, der die Heiligen Objekte hat, damit wir das Gleichgewicht wiederherstellen. Er kann mit ihnen, auch wenn er nicht der Schöpfer ist, unser Universum aushebeln, er ist eine Bedrohung für alles, was uns wichtig ist. Hilfst du mir?“ Cat hielt ihm die Hand hin: „Ich zähle auf dich.“

Flaffy zögerte, er traute ihm immer noch nicht, aber in seinen lila-schwarzen Augen sah er, dass er es ehrlich meinte. „Ich helfe dir, was müssen wir tun?“ Flaffy schüttelte ihm die Hand.

Cat lächelte ihn an. „Bevor wir anfangen, müssen wir dich erst mal trainieren!“

Für Flaffy begann nun ein Crashkurs in allem, was Cat wusste, technische Details der Titan, Funktionen der Konsolen, alles, was Flaffy wissen musste, um mit Cat die Tiefen des Universums zu erkunden. Er konnte aber nicht ahnen, was er alles mit ihm noch für Abenteuer erleben würde.

Nach einer ersten Einführung in die internen Systeme der Titan musste er nun zum Kampftraining. Flaffy und Cat standen im Holodeck der Titan. Der Raum war riesig, schließlich musste er ein gesamtes Schlachtfeld simulieren. Flaffy stand auf einem Podest. „Flaffy, das ist deine erste Stunde in einer kompletten Kampfsituation. Ich werde dein taktischer Leiter sein, vergiss nicht, du musst einen gewissen Überblick bewahren. Und denk daran, deine Rüstung verliert Härte, wenn du getroffen wirst. Mal sehen, wie du dich hältst. Und los!“

Ein riesiges Schlachtfeld baute sich vor ihm auf. Flaffy rannte los. Hinter dem Hang stand eine gesamte Armee, die in ihrem Display als <Team Flaffy> bezeichnet wurde.

„Flaffy, du bist vom Typ her ein Supporter, dein Platz ist in den Truppen. Im Moment hast du keinen Tank oder Damage Dealer, also musst du dich um deine Truppen kümmern.“

Flaffy stellte sich zwischen den Truppen auf. „Deine Aufstellung ist im Moment eine Standard-Angriffsformationen. Und vergiss nicht, das ist nur eine Simulation, aber die Kugeln tun trotzdem weh.“

Flaffy schaute sich um. Die Standard-Angriffsformation waren fünf Einheiten mit taktischen Abwehrtruppen in der ersten Reihe, die Truppen waren groß und stabil gepanzert. „Die Abwehreinheiten sind sehr schwer, halten aber viel aus, ihre Schwäche ist ihre Rückseite, die können sie nicht gut verteidigen. Wesentlich kleinere Einheiten, die schnell um die großen herumfahren können, richten deswegen aber extremen Schaden an“, meinte Cat.

Hinter denen stand eine Reihe leichter Angriffstruppen. Sie hatten nur eine leichte Rüstung an, aber dafür Waffen wie ein Sturmgewehr, eine Pistole und ein Schwert. „Diese Truppen sind im Gegensatz zu den Abwehreinheiten schnell und wendig, sie werden den Tanks den Rücken freihalten“, fuhr Cat fort.

„Warum haben einige der Truppen noch ein Schwert?“ Flaffy war etwas verdutzt, schließlich war er nicht mehr im Mittelalter.

„Es gibt Situationen, da wird eine gewisse Expertise benötigt, denn der Fortschritt macht einige Gegner immun gegen bestimmte Waffenarten, in diesem Fall können die Truppen immer noch mit dem Schwert weiterkämpfen“, fügte Cat hinzu. An den Seiten der Truppen standen Einheiten, die komplett anders aussahen. Ihre Arme und Beine waren verlängert und sie schienen auf magnetischen Skiern zu stehen. „Die Sprinter, eine etwas markante Einheit, sie sind extrem schnell, aber sie haben keine Verteidigung, sie verhalten sich so wie Streitwagen in der Antike“, fuhr Cat fort.

Hinter Flaffy standen noch zwei riesige Geschütze

„Diese beiden Teile sind zwei der etwas kleineren Geschütze. Sie funktionieren wie eine Railgun, das Problem bei diesem Modell ist, dass es langsam nachlädt, also musst du dir gut überlegen, wie du damit umgehst“, merkte er an. Über einen etwa zehn Kilometer entfernten Hügel konnte er etwas erkennen, es war der Rücken eines Schuppenwesens, nach ein paar Minuten konnte er es komplett sehen, es war ein riesiger Drache, hauptsächlich schwarz mit vielen Stacheln und riesigen Schwingen. Die Aura der restlichen Armee konnte Flaffy nur spüren, aber leider nicht sehen.

„Flaffy, du kannst nicht die gesamte Armee immer ausmachen, du musst auf alles vorbereitet sein“, ergänzte Cat.

Flaffy stellte seine Armee in der Grundformation auf einem Hügel auf, um etwas mehr erkennen zu können. Die feindliche Armee stellte sich auf dem anderen Hügel auf.

Er konnte sie nun sehen. Die ersten drei Garnisonen waren Speerkämpfer oder etwas, das so aussah, direkt dahinter befanden sich drei Garnisonen leichter Truppen mit Maschinengewehren an den Seiten. Hinter diesen standen Einheiten mit langen Waffen, mehr so etwas wie Scharfschützen, hinter allen sechs leichte Geschütze. An den Seiten die Sprinter, sie sahen ähnlich aus wie die von Flaffy, nur waren sie etwas altertümlich gehalten. Aber das, was Flaffy am meisten Angst machte, war die Einheit, die hinter allem stand, es war der Drache, die größte Einheit. Es war beängstigend, wie sie dort darauf warteten, dass jemand den Angriffsbefehl gab. Flaffy schaute sich um, Cat hatte gesagt, er wäre ein Supporter. Aber er hatte doch kaum Fähigkeiten, die ihn als solchen auszeichneten. Er konnte bloß gut mit Waffen umgehen und schnell basteln, im Nahkampf konnte er so gerade bestehen, aber wirklich gut beherrschte er das nicht.

„Achtung, in Stellung gehen!“ Er gab eine Warnung heraus. Die Armee des Feindes setzte sich in Bewegung. Die Einheiten marschierten auf seine zu. Flaffy setzte alle Einheiten in Bewegung. Schon bald sah er die roten Streifen in seinem Display eingeblendet, und es wurden immer mehr. Es waren die Schüsse der Scharfschützen. Noch waren sie zu weit entfernt, um effektiv zu treffen, aber nach einem Kilometer begannen sie schon, seine ersten Truppen zu treffen. Noch zwei Kilometer und sie waren in Reichweite seiner leichten Truppen. Die großen Geschütze standen noch immer da, wo sie zuvor standen. Er konnte sie noch nicht abfeuern, er wusste noch nicht, wie sich die Armee des anderen verhielt. Ihm kam etwas komisch vor, dass er in der feindlichen Arme er keinen Anführer ausmachen konnte. Obwohl sie wahrscheinlich keiner kommandierte, waren sie wohlkoordiniert. Schon bald begannen die Geschütze des Feindes, seine Abwehreinheiten zu bombardieren. Diese aber fingen die Kugeln aus der Luft. Sie waren nicht absolut schädlich, aber nervig. Nicht mehr lange und seine Truppen waren in Reichweite. Sie begannen zu schießen. Die feindlichen Sprinter begannen sich in Bewegung zu setzen. Flaffy ließ seine gegensteuern, sonst würden sie seine Truppen kurz und klein schneiden. Beide Seiten beschossen sich nun und kamen sich immer näher, die Schüsse hatten keine wirkliche Wirkung gegen beide Armeen, nicht mehr lange und sie würden aufeinandertreffen. Die Speere trafen zuerst auf die Verteidigungseinheiten. Sie hielten die Zahnstocher locker auf. Seine Einheiten begannen sie zu attackieren. Nur die Scharfschützen waren nervig geworden, er musste sie irgendwie loswerden.

„Flaffy, wenn du daran denkst, ein Geschütz einzusetzen, brauchst du nur daran denken, viele von meinen Geschützen besitzen eine neurale Kopplung“, kam eine weitere Meldung von Cat.

Flaffy ging jetzt auch an die Front, wie ein Blitz schlug er in die erste Masse ein. Zuerst griff er nach seinen Waffen an dem Gürtel, den er trug. Er riss die Waffe hoch und zielte. Ein Schuss, ein Treffer. Er hatte keine Probleme, sich zu verteidigen, aber seine Truppen fielen wie die Fliegen. Er schaute sich um. Was konnte er tun, um seinen Truppen zu helfen? Sie waren auf mechanischer Basis. Er überlegte sich, er könnte sie doch wieder zusammensetzen. Er musterte sie. Er konnte ihre Mechaniken erkennen. Da lag eine Einheit in zwei Hälften. Sie hatte noch Energie. Er rannte in Richtung der Leiche. Er kniete neben ihr und holte ein kleines Gerät aus der Tasche. In der einen Hand hielt er das kleine Display und die andere hatte er ausgestreckt auf den Roboter. Er konzentrierte sich auf das, was repariert werden musste. Das Metall, aus dem der Roboter bestand, formte zuerst zarte Linien, die sich dann langsam ausfüllten. Sie begannen sich langsam in den Körper einzusetzen und ihn zusammenzubauen, bis er sich wieder zu bewegen begann. Es sah verändert aus, anders als die anderen. Natürlich hatte er den schwarz-blauen Streifen, aber auch noch ein paar andere Upgrades, er konnte zum Beispiel wesentlich schneller rennen, war leistungsstärker und an der reparierten Stelle immun gegen Angriffe. Flaffy schaute eine Sekunde zu, wie er weiterkämpfte. Nachdem scheinbar eine Ewigkeit vergangen war, setzte er sich auch wieder in Bewegung und rannte zum nächsten Körper. Flaffy hockte sich wieder daneben und streckte die Hand aus. Diesmal schien alles viel schneller zu gehen, wie sich die Teile aufbauten und den Roboter wieder zusammenfügten.

Cat schaute sich die Sache mit Vergnügen aus seinem kleinem Kontrollraum an, einerseits war er überrascht über diese Fähigkeit von Flaffy, andererseits amüsierte er sich über Flaffys Vorgehen. Flaffy sprang auf dem Schlachtfeld von Einheit zu Einheit, um sie zu reparieren. Nach einiger Zeit war fast die gesamte Garnison zusammengeflickt. Er sah sich um und sondierte den Feind, der Drache stand immer noch am Ende der Armee, er schien keine Anstalten zu machen anzugreifen. Auf was wartet er bloß? In der Menge aber fiel ihm noch etwas auf, ein Kämpfer in lila-schwarzer Rüstung, sie sah mittelalterlich aus, mit Hörnern und Beschlägen, die aus Metall zu sein schienen. Er sah wesentlich anders aus als alle anderen aus der Einheit und war Flaffy zuerst gar nicht aufgefallen. Der Kämpfer hatte auf dem Rücken einen riesigen Zweihänder, im Gürtel steckten zwei kleinere Schwerter und ein Dolch. Er lief langsam nach vorne. Die Angriffe fügten ihm keinen Schaden zu. Nach wenigen Schritten stand er vor einer der Verteidigungseinheiten, er zog seinen Zweihänder und führte diesen nur mit einer Hand. Die Einheit wollte den Schlag abwehren, aber das Schwert glitt mitten durch sie hindurch. Flaffy erkannte, das musste der Anführer sein und er musste ihn so schnell wie möglich ausschalten. Flaffy riss die Hand hoch, das Signal für die Artillerie, dass sie schießen mussten. Er gab den Befehl durch: „Feuert auf den Kämpfer in der Mitte der Einheiten." Nicht lange und die erste Kanone begann sich zu bewegen, sie zielte und erfüllte den Raum mit einem ohrenbetäubenden Lärm, als die Kugel den Lauf verließ. Flaffy schaute ihr in Zeitlupe zu, wie sie flog, die Zeit schien langsamer zu fließen. Sie flog gradlinig und treffsicher auf den Gegner zu. Und sie traf auch. Eine Staubwolke entwickelte sich. Alles hörte für einen Moment auf zu kämpfen, alles schien sich in diesem Moment auf die Einschlagstelle zu konzentrieren. Nach einigen Sekunden legte sich der Staub langsam, der Anblick ließ Flaffys nicht vorhandenen Atem stocken. Der Kämpfer stand da mit nach vorne ausgestrecktem Arm und an seiner Hand die zerlaufene Kugel. Nach einer kleinen Ewigkeit fiel sie zu Boden. Sofort setzte sich der Drache in Bewegung. Er hatte nur darauf gewartet, dass Flaffy die erste Kugel verschwenden würde. Der hatte jetzt ein Problem, er musste jetzt gegen zwei Monster kämpfen. Der Drache flog gerade auf die beiden Geschütze zu. Er stürzte sich auf eines der beiden Geschütze, aber es war das entladene. Flaffy gab den Befehl, dass das zweite Geschütz das erste zerstören sollte. Der Drache kaute noch auf dem Rohr rum, als das andere seine Position eingenommen hatte und nach ein paar Sekunden feuerte. Eine riesige Explosion entstand. Nun waren beide Geschütze dahingegangen. Der Drache hatte die Kugel voll abbekommen. Er fiel zur Seite, er war wie benommen. Flaffy kehrte gedanklich wieder zum Schlachtfeld zurück. Seine Truppen waren sichtlich weniger geworden. Er wusste, er musste gegen den Anführer kämpfen, damit er noch eine Chance hatte. Seine Armee war in der Defensive gelandet und nur noch die Hälfte der Truppen war einsatzbereit.

Er trat aus der Masse heraus, dem schwarzen Kämpfer gegenüber. Die Schlacht schien zu stoppen, alles achtete auf die beiden. Der Kämpfer, der bedrohlich mit seinem Zweihänder vor Flaffy stand. Erst jetzt fiel Flaffy auf, dass er sogar fast gleichgroß war. Das Schwert war trotzdem riesig. Flaffy starrte ihn an und zog sein Schwert aus der Scheide und begab sich in Angriffsstellung. Beide standen nun so auf dem Schlachtfeld. Beide schauten sich an, es schien so, als würde der der Gewinner sein, der sich am längsten nicht bewegt. Wie ein Blitz bewegte sich sein Gegner auf Flaffy zu. Flaffy konnte ihn nur knapp parieren. Er hatte einen Angriff von rechts gemacht, Flaffy ließ sich fallen, um dem Schwert zu entkommen und zu versuchen, den Gegner ins Wanken zu bringen. Aber damit hatte er schon gerechnet. Er schlug erneut zu, Flaffy versuchte abzuwehren, ganz knapp schlug das Schwert neben ihm ein, sein Schwert wurde in zwei Hälften geschlagen. Flaffy wusste jetzt, dieser Typ konnte keine Simulation sein. Er sprang nach hinten, um ihn etwas auf Distanz zu bekommen. Wie konnte er diesen Gegner angreifen, ohne selbst Schaden zu nehmen? Er überlegte sich etwas, er hatte die Einheiten repariert mit seinem Material, dann konnte er doch auch aus seinem Material andere Objekte herstellen. Er riss die Hand nach oben, so, als würde er eine Waffe halten. Er stellte sich vor, wie sie funktioniert. Sie begann sich zu formen, es dauerte nicht lange, dann hatte er sie in der Hand. Er startete den nächsten Angriff, rannte auf seinen Gegner zu und sprang. Er flog durch die Luft, währenddessen holte er sich noch ein Schwert und griff an.

Flaffy versuchte, seinen Gegner mit immer neuen Waffen zu überraschen, ging auf Distanz, in die Abwehr, dann wieder zum Angriff über. Das Spiel wiederholte sich immer wieder. Nach einigen Angriffen aber begannen ihn die Kräfte zu verlassen, er wollte gerade den nächsten Angriff starten, aber er fiel einfach um. Er konnte sich kaum noch rühren. Er dachte, wenn der Typ jetzt angreift, bin ich erledigt. Er kam näher, stellte sich vor ihn und hob das Schwert. Flaffy dachte: „Jetzt ist es aus!“ Und in dem Moment, als es so schien, dass er zuschlagen wollte, steckte er das Schwert in den Schaft auf seinen Rücken. Er schaute ihn eine Weile an. „Nicht schlecht für das erste Mal in einem echten Gefecht, deine Technik ist ganz gut, aber ohne einen ordentlichen Angreifer ist sie nutzlos.“ Er reichte ihm die Hand.

Cat war derweil auch auf dem Schlachtfeld aufgetaucht. „War sehr interessant, dir zuzusehen, ich hatte nicht erwartet, dass du ein Architekt bist. Ich habe schon lange keinen mehr gesehen, der diese Fähigkeit so gut beherrscht.“

Flaffy musste sich erst einmal sammeln.

„Übrigens, ich habe euch noch gar nicht vorgestellt, das ist Wraith, der letzte übriggebliebene des alten Teams. Er wollte testen, was du so drauf hast …“

Cat sah Flaffy etwas bedrückt an. „In einer solchen Kampfsituation bist du mit deinem momentanen Fähigkeiten absolut nutzlos, vielleicht wird aber noch was aus dir.“ Wraith erwiderte seinen Blick durch seinen Helm herablassend.

Cat sagte: „Flaffy, du musst wissen, zu deiner Rüstung gibt es ein Gegenstück: die Rüstung der Aufnahme. Sie hat die entgegengesetzten Kräfte von deinen, obwohl es ein paar interessante Überschneidungen gibt. Übrigens, Wraith ist im Moment der stärkste Krieger, er ist sogar wesentlich stärker als ich.“

Wraith hatte schon Kriege gewonnen, von denen Flaffy nur träumen konnte.

Flaffy gab ihm die Hand: „Auf gute Zusammenarbeit.“ Wraith schüttelte sie, er hatte einen sehr kräftigen Händedruck: „Auf den Krieg, den wir gewinnen müssen.“

Nach der kurzen Geste drehte er sich um und ging. Flaffy sah Cat fragend an: „Was?“

„Wraith ist etwas speziell, er ist extrem alt, ähnlich wie ich. Er ist ein Hybrid aus Angreifer und Verteidiger, er ist wirklich mächtig. Lass uns hochgehen, wir haben ein Meeting mit deinen Freunden.“

Sie verließen gemeinsam das Schlachtfeld. Flaffy war wirklich erschöpft, er hatte seine gesamte Energie in dem Kampf verbraucht. Sie begaben sich gemeinsam in einen Konferenzsaal. Dort warteten schon Anthony und Chantal auf die beiden. Flaffy begrüßte Chantal und Anthony: „Hallo, ihr Zwei, lange nicht gesehen.“

Es war schon eine Weile her, seitdem Cat ihm die Titan gezeigt und trainiert hatte. „Hallo ihr beiden, wir haben uns wirklich eine Weile lang nicht mehr gesehen“, freute sich Anthony.

„Die beiden haben auch etwas gelernt in der Zeit, in der sie hier waren, die beiden sind als Team als taktische Einsatztruppe ausgebildet worden, natürlich haben sie noch einiges zu lernen, aber bis jetzt schlagen sie sich gut.“ Cat lächelte schräg: „Ich würde sagen, wir essen erst mal etwas zusammen. Ich glaube, wir sollten unsere Sorgen einen Moment beiseiteschieben.“

Das Leben auf der Titan war total losgelöst von Kapitalismus und Machtgier, es gab eine feste Hierarchie: Cat stand ganz oben, er hatte alle Fäden in den Händen. Cat hatte immer eine sorglose Ausstrahlung und wusste immer, was auf seinem Schiff geschah, aber er verhielt sich nicht wie ein Diktator, sondern den anderen, die auf dem Schiff arbeiteten, gegenüber wie ein Kamerad. Cat half sogar manchmal in der Reparatur mit, bei den Trupps, die die Titan wieder voll einsatzbereit machen sollten. Trotz der automatischen Reparatursysteme der Titan war das Schiff einfach viel zu groß, um es in ein paar Jahren wieder voll einsatzbereit zu machen. Nach Cat kam Flaffy, er war von Anfang an die Nummer zwei auf dem Schiff, er war hauptsächlich mit Cat unterwegs, um von ihm zu lernen. Er hatte ein besonderes mechanisches Verständnis, weswegen er öfter mal in die Forschungsabteilung ging, aber den größten Teil seiner Zeit verbrachte er mit Lernen und mit Austesten von Dingen, die ihm in den Kopf kamen. Aber manchmal vergaß die Obrigkeit für einem Moment ihre Pflichten und gönnte sich mal ein bisschen Spaß an der

Konsole. Flaffys Favoriten waren Sandbox-Games, Cat freute sich eher darüber, wenn er in einem Explorer-Game etwas Schönes gefunden hatte.

Wraith, der dritte im Bunde, ließ sich eher selten sehen, er hatte sein eigenes Schiff mit seinem eigenen kleinen Bataillon und war die meiste Zeit auf der Suche nach Planeten, um sie zu katalogisieren und in die Karten einzutragen. Was er aber am meisten liebte, war es, in Kämpfe und Kriege auf den Planeten einfach reinzuplatzen und den Oberboss raushängen zu lassen.

Kurz nach ihm kamen Chantal und Anthony, sie waren wie Flaffy auch in der Ausbildung, nach den ersten Wochen intensivem Training, in denen sie Flaffy nicht gesehen hatten, wurde die Situation etwas lockerer, sie konnten sich jetzt immer mal treffen. Aber man merkte es, die beiden hatten irgendwie Sehnsucht nach Hause, nach der Erde, obwohl sie es auf der Titan sehr schön fanden, aber der Gedanke, dass die Erde ihnen immer folgen würde, was auch immer sie taten, sie war hinten im Frachtraum, ließ die beiden nie vergessen, wie schön es dort war. Es gab Dinge, die sie vermissten, die es auf der Titan nicht gab, aber es gab auch solche, die sich die beiden niemals im Traum ausmalen konnten. Cat konnte auf der Titan fast alles für die beiden möglich machen, Experimente jeglicher Art. Was er ihnen bis dahin nicht geben konnte, waren ihre alten Familien. Flaffy schien das nicht zu stören, er war glücklich auf der Titan, er hatte hier eine neue Familie gefunden. Er fühlte sich nicht mehr als Mensch, er war etwas, das nicht auf die Erde gehörte. Er war etwas anderes, er war alleine, besonders für so jemanden war die Titan wie geschaffen.

Das alte Team

Die Zeit auf der Titan verrann wie im Flug, die drei waren mittlerweile gut ausgebildet. Flaffy hatte noch weitere tolle Fähigkeiten gefunden, die er einsetzen konnte. Chantal und Anthony unterstützten ihn, wo sie konnten. Zusammen waren sie ein gutes Team geworden. Flaffy musste trotzdem immer an Wraiths Worte denken: „Auf den Krieg, den wir gewinnen müssen." Von Krieg hatte Flaffy hier auf der Titan noch nicht viel mitbekommen, aber er war auch lange schon nicht mehr draußen gewesen. Bis jetzt hatten sie von Tag zu Tag Kriegssituationen studiert, aber in einem wahren Kampf war Flaffy noch nicht, er hatte auch Cat noch nie kämpfen sehen, wie er mit seinem Schwert umging oder was seine Fähigkeiten waren. Er hatte sich mittlerweile ein kleines Projekt ausgedacht, das ihm vielleicht später helfen könnte. Er bastelte in der Freizeit in der Forschungseinrichtung an etwas herum. Er baute einen kleinen Flieger, nicht sehr groß, gerade groß genug, damit zwei Personen darin Platz hatten. Die Kapsel war länglich, vorne abgeschrägt und hinten war eine Art kleiner Reaktor, an den Seiten waren vier kleine Triebwerke mit dünnen langen Flügeln, die sich in alle Richtungen drehen konnten. Er war noch nicht fertig. Irgendwie sah das Teil noch etwas provisorisch aus, aber er war schon ein paar Runden damit geflogen. Nicht lange, dann war er fertig. Er hatte den Reaktor noch schön verpackt an das Heck des Flugzeuges geschraubt.

Es war fertig, es war sein erstes richtiges Fahrzeug, das er auf der Titan gebaut hatte, dazu ließ es sich sehr einfach steuern. Es konnte sich frei in alle Richtungen bewegen, es war schnell und hatte ein paar einfache Waffen. Flaffy freute sich wie ein Zaunkönig darüber, dass er seinen kleinen Supportflieger endlich fertig hatte. Er wollte sofort zu Cat laufen, um ihn zu präsentieren, denn er wusste von seinem Experiment nichts. Cat war manchmal schwer zu finden auf diesem riesigen Schiff. Flaffy musste ihn jedes Mal suchen, wenn er ihn nicht über den Comlink erreichte, obwohl er über dieses Gerät immer erreichbar sein wollte. Flaffy wusste aber mittlerweile, wo er sich immer rumtrieb, er war oft auf der Kommandobrücke der Nano-Titan, von dort aus hatte er einen umfassenden Überblick auf alles. Flaffy wollte gerade die Türen öffnen, aber als er den Knopf drücken wollte, hörte er Cat mit jemanden sprechen: „… du weißt, was auf dem Spiel steht, wenn das die anderen erfahren, geht alles den Bach runter." „Ich weiß, du kannst auf mich zählen." Flaffy brauchte einen Moment, bis er die tiefe Stimme erkannte. Es war Wraith, Flaffy wusste gar nicht, dass er wieder auf dem Schiff war, denn sonst war er immer auf seinem Schiff in der Folterkammer oder im Gefängnisdistrikt. Cat fuhr fort: „Sie dürfen nicht erfahren, was wir machen, mindestens so lange nicht, bis wir das erledigt haben. Ich hoffe, dass meine Vermutung sich nicht bestätigt, denn wenn ja, dann haben wir alle ein Problem und …" „Stopp, wir werden belauscht! Hinter der Tür ist jemand!" Flaffy klingelten die Ohren, er musste weg, so schnell es ging, wenn ihn Wraith jetzt erwischte, war er garantiert dran. Die Tür ging auf, er schaute sich um, aber er konnte niemanden sehen, er schaute Cat wieder an und schüttelte den Kopf. Der blickte ihn streng an: „Halt dich an den Plan, wenn er angreift, muss alles sehr schnell gehen. Wir sehen uns nachher zum Briefing." Beide nickten sich noch einmal vertrauensvoll zu und verließen die Brücke. Flaffy saß in einer kleinen Nische neben der Tür, dort konnte man ihn kaum sehen, denn er passte sich an dieser Stelle perfekt der Tür an. Flaffy stand auf und ging. Er hatte zwar nicht das gesamte Gespräch angehört, aber es schien, als hätte Cat etwas anderes vor als das, was er immer predigte. Aber Flaffy konnte da viel reininterpretieren, deswegen entschloss er sich, bevor er mit Cat sprechen wollte, etwas zu recherchieren. Flaffy ging Cat aus dem Weg, jetzt wurde er gesucht, wenn Cat ihn treffen wollte. Zumindest wusste Flaffy, dass sie ihn nicht erkannt hatten, aber er musste unbedingt herausfinden, was Cat wollte, schließlich durfte er es nach seinen Worten nicht erfahren. Flaffy wollte gerade um eine Ecke biegen, da hörte er Schritte. Es war Cat mit Chantal und Anthony, sie suchten Flaffy gerade, er musste schnell weg. Er rannte zu einer Konsole, um sich durch ein Portal zu verdrücken, in sein Apartment konnte er nicht gehen, da würden sie jetzt nach ihm suchen, er machte sich auf den Weg zurück auf die Brücke, gut, dass das Schiff so riesig war, sodass man sich gut darauf verstecken konnte. Auf der Brücke angekommen machte er noch einen Check-up, wo die anderen waren, er konnte sie sehen, sie waren wirklich auf dem Weg zu seinem Apartment, also hatte er etwas Zeit, bis sie ihn finden würden: „Titan?“ „Ja, Flaffy, wie kann ich dir helfen?“, hinter ihm tauchte Titan auf. „Wirst du den anderen sagen, wo ich bin?“ Flaffy war etwas zurückhaltend.

„Nein, warum?“

„Ich brauche Informationen über Cat, kannst du mir da helfen?“

„Ja klar, was willst du wissen?“

„Wie alt ist Cat eigentlich?“

„Ich kann dir nur sagen, er ist älter als ich, und zwar in jeglicher Hinsicht.“

„Zu welcher Art von Lebewesen gehört er?“

„Ich habe darüber keine Daten im Speicher.“

„Auf welcher Grundlage basiert seine Lebensform?“

„Ich habe mir diese Frage auch schon gestellt und ihn unter die Lupe genommen, ich bin aber nicht zu einem verwertbarem Ergebnis gekommen.“

„Okay, was war Cat, bevor er dich gebaut hat?“

„Nach meinen Informationen war er vor langer Zeit der meistgeachtete Ingenieur, den es gab, bevor er dann zum Friedenswächter aufgestiegen ist.“

„Okay, was für Informationen über Cats Leben hast du noch, was war, bevor er der Friedenswächter wurde?“

„Nur unwichtige Kleinigkeiten, ich kann dir hier auch nicht weiterhelfen.“

„Naja, sehr dürftig, kannst du mir freundlicherweise ein Portal öffnen, das mich zu Cat führt? Danke für deine Hilfe.“

„Brauche ich nicht, er wird gleich hier sein.“

Schon ging die Tür auf, Cat, Anthony und Chantal schritten hindurch. Cat begrüßte ihn: „Flaffy, wir haben dich schon gesucht.“

Ob er es doch mitbekommen hatte? Flaffy kam sich komisch vor, aber Cat verhielt sich nicht anders als sonst. Zusammen begaben sie sich dann in einen Konferenzsaal. Cat hatte einige Sachen mit Flaffy zu besprechen. Er rief alle zusammen. Anwesend waren Cat, Flaffy, Chantal, Anthony, Wraith, Titan, einige Kommandeure und Mechaniker. Cat begann zu reden: „Danke, dass ihr alle hier seid, ich habe eine Ankündigung zu machen. Wir werden aber jetzt wieder etwas für Ordnung sorgen. Als ich weg war, sind einige Dinge aus dem Ruder gelaufen, die wir jetzt wieder ins Lot bringen müssen, es sind viele interplanetarische Kriege entstanden, die wir uns geschworen haben zu verhindern. Wir haben einen Eid geschworen, als wir dieses Schiff bauten. Wir sollen unparteiisch im Universum für Recht und Ordnung sorgen, um die Vielfalt dieses Universums zu schützen, bitte vergesst nicht, was unsere Aufgabe ist, ich möchte euch jetzt dazu aufrufen, wieder aktiv zu werden, wir werden wieder Ordnung im Universum schaffen, wer hilft mir!“ Cat stand stramm vor dem Tisch in seiner Uniform, sie war nicht überladen mit Orden, sie war schlicht gehalten in Schwarz, er hatte wie immer sein Schwert an der Seite, das alleine schon seinen Status symbolisierte. Cat strahlte eine wirklich starke Aura aus. Seine Augen waren auch jetzt tief-orange, er war sich seiner Sache sehr sicher. Cats Augen verrieten viel über seinen Gemütszustand. Alle Offiziere standen auf, um vor Cat zu salutieren. „Bitte bereitet euch darauf vor, dass wir bald einen Einsatz fliegen. Nähere Einzelheiten erhaltet ihr dann, wenn es soweit ist.“ Cat setzte sich wieder hin, alle anderen drehten sich um und begannen, sich fertig zu machen. Die anderen saßen noch da. Cat schaute sie an: „Ich möchte mit euch darüber reden, wie wir als Nächstes vorgehen. Wir müssen uns bereithalten, angesichts der Lage kann es sein, dass wir angegriffen werden, wir müssen darauf gefasst sein, dass wir Besuch bekommen, ich möchte euch deswegen auf den Einsätzen dabeihaben, damit ihr etwas Übung bekommt.“

Die drei schauten ihn fragend an, bis Anthony das Wort erhob: „Was für eine Schlacht wird das sein?"

„Die meisten interplanetarischen Schlachten werden im Weltall abgehalten", sagte Cat. „Um die Opferzahlen so gering wie möglich zu halten, werden wir nicht mit der Titan direkt hinfliegen, sondern zuerst mit einem Transporter Stellung nehmen und von dort aus eingreifen. Flaffy, Chantal und Anthony, ihr werdet zusammen einen Bomber nehmen. Von dem habt ihr einen guten Überblick über den Raum."

Bomber waren an sich eiförmige Scheiben mit einer Kanzel vorne und zwei hinten, in der Mitte ein Loch, auf dem Ring waren zahlreiche Geschütze, die Granaten verschießen konnten. Außerdem hatten sie noch sechs Raketenrohre, sonst wären sie ja keine Bomber. „Wir haben noch ungefähr drei Stunden Zeit bis zum ersten Einsatz, ich muss noch einige Sachen vorbereiten, aber ihr könnt euch noch etwas ausruhen." Und Cat verschwand wieder hinter der Tür.

Flaffy sah die anderen an. „Titan?"

Die Stimme kam aus dem Nichts: „Ja, Flaffy? Wie kann ich dir helfen?"

„Kann uns in diesem Moment jemand zuhören?" Flaffy hörte aufmerksam auf Titan.

„Nein, Flaffy im Moment kann euch keiner zuhören."

„Was hast du vor?", fragte Anthony.

„Ich habe vorhin ein besorgniserregendes Gespräch von Cat und Wraith miterlebt."

Chantal zog die Augenbrauen hoch. „Du hast Cat nachspioniert?"

„Nein, ich habe es, als ich zu Cat wollte, mit angehört, anscheinend verheimlicht er uns etwas. Und stellt ihr euch nicht auch langsam die Frage, was er eigentlich ist?“ Flaffy war ernst, die Atmosphäre war angespannt.

„Stimmt, er hat nie etwas aus seiner Vergangenheit erzählt, hast du schon Titan nach Infos gefragt?“ Anthony war zuversichtlich, dass Titan einige Antworten hatte. „Aber um was ging es denn eigentlich bei dem Gespräch?“

„Er hat mit Wraith darüber geredet, dass niemand von uns erfahren darf, wer er eigentlich ist und, um ehrlich zu sein, scheint mehr hinter Cat zu stecken, als er uns erzählt hat. Irgendwie kaufe ich ihm die Geschichte mit den Heiligen Objekten nicht ab, denn es gibt noch andere Faktoren als Material, Form und Energie.“ Flaffy war misstrauisch geworden. „Und ist euch eigentlich aufgefallen, dass alle, die hier auf dem Schiff arbeiten, Cat ähnlich sind?“

„Und was willst du unternehmen, denn – im Moment sind wir von ihm absolut abhängig und bis jetzt war er immer freundlich“, gab Chantal zu bedenken. „Machen wir es so: Wir beobachten die Situation und greifen dieses Gespräch nochmal auf, wenn wir mehr Infos haben als jetzt, denn wir haben nichts, aber ich verstehe, was du meinst, Flaffy.“

„Okay, so machen wir es“, stimmte Flaffy zu, „also bereiten wir uns auf den nächsten Einsatz vor. Deid ihr schon mal mit einem Bomber geflogen?“

Beide antworteten wie im Chor: „Nein, wir hatten bis jetzt nur Simulationstraining.“

Damit war das Gespräch beendet, zusammen machten sie sich auf den Weg zum Hangar, wo die Schiffe waren.

Der Anzahl der Schiffe, die sie hatten, war überschaubar. Cat lag noch unter einem Schiff, um etwas zu reparieren. „Hi, ihr seid früh dran.“

„Ja, wir wollten uns etwas mit der Technik vertraut machen, bevor wir fliegen“, sagte Flaffy. Die drei freuten sich schon auf ihren ersten Außeneinsatz.

„Na klar, fragt bitte den Ersten Offizier, wo euer Schiff steht, ich muss hier noch was reparieren.“ Und schon war er wieder unter dem Schiff verschwunden. Von einer anderen Seite kam einer der Offiziere auf sie zu. Er zeigte Chantal, Anthony und Flaffy das Schiff, mit dem sie fliegen sollten. Der Bomber war etwas anderes als alle anderen, Cat hatte Flaffys kleinen Supportflieger an das Schiff montieren lassen, als Rettungskapsel, es klebte euch ein Zettel daran. <Nicht schlecht für dein erstes Projekt. LG Cat.> Flaffy war erstaunt, dass er das mitbekommen hatte, dass er ein eigenes Schiff gebaut hatte. Offenbar wusste Cat auch genau, dass es funktionierte. Sie machten sich nun fertig, bereiteten sich vor und begannen, alle Checkups durchzuführen.

Nur noch eine halbe Stunde bis zum Start. Cat kam nochmal zu ihnen: „Ich muss euch noch vorwarnen. Wenn wir auf einen von meinen alten Team treffen, kann es etwas haarig werden. Außerdem, ich fliege das Schiff dort drüben.“ Er zeigte auf einen Fighter, er war lang gestreckt und vorne wie ein Pfeil geformt. Das Cockpit war hinten und daran zwei Triebwerke. Auch an den Enden der beiden Seiten der Spitze waren Triebwerke. Irgendwie hatte das Schiff schon irgendetwas Skurriles, aber was auf diesem Raumschiff war schon normal?

Cat schaute die drei an, bevor er ging: „Viel Glück.“ Nach diesen Worten drehte er sich um und ging zu seinem Schiff. Er setzte sich hinein, es hatte überhaupt kein Cockpit oder irgendwelche Steuersysteme, nur zwei Griffe, an denen man sich festhalten konnte. Cat setzte sich hinein und wenige Sekunden später kamen die acht Lanzen angeschwebt, sie kamen durch einen Schacht, der nur dafür gebaut worden war. Sie waren der Antrieb des Schiffes. Cat lächelte sie noch einmal an und das Schiff hob ab, um dann wie ein Pfeil abzuzischen. Nicht weit entfernt wartete der Transporter auf die Truppe, um sie aufzusammeln. Nachdem Cat gestartet war, starteten auch alle anderen Schiffe, um ihm zu folgen. Flaffy und die anderen beiden machten den Schluss mit den anderen Bombern. Es dauerte nicht lange, bis sie bei dem Transporter waren. Die Schiffe dockten an der Außenseite an, um dann im Krisengebiet schnell eingreifen zu können. Cats Schiff klinkte sich auf der Oberseite des Transporters ein. Er steuerte nun die gesamte Flotte Richtung Krieg. Er schien keineswegs besorgt zu sein, aber Flaffy konnte immer noch nicht vergessen, was er gesagt hatte: „Sie dürfen nicht erfahren, wer ich wirklich bin.“ Deswegen fragte er sich die ganze Zeit: Wer ist er bloß?

Aber im Moment gab es Wichtigeres, als diese Frage zu beantworten, sie mussten einen Krieg beenden. Der Transporter begann sich auszurichten, bis er die Richtung hatte, in die sie mussten. Alle machten sich bereit und das Schiff startete. Lichter flogen an ihnen vorbei, die Sterne waren wie Lichtstreifen, die an ihnen vorbeiströmten, aber sie spürten keine Beschleunigung. Cat saß dort oben in seinem

Schiff. Wie er das Schiff ohne Konsolen steuerte, war ihnen schleierhaft, aber er konnte es.

Es dauerte nicht lange, dann waren sie dort. Vor ihnen bildete sich ein Loch. Man konnte in das Weltall schauen. Bald konnte man auch einen Planeten erkennen, dann ein Schiff und eine riesige Explosion. Sie entschleunigten. Alle schienen angespannt zu sein, aber Cat schien locker und leicht zu sein, als wäre das alles ‚nichts. „Auf mein Kommando ausklinken und Deltaformation einnehmen, drei …, zwei …, eins …, Start!“, befahl Cat. Alle Einheiten lösten sich von dem Transporter und formten ein Dreieck. Cat musste sein Schiff zuletzt abdocken, da er den Transporter gesteuert hatte. Sobald alle einsatzbereit waren, setzte er sich an die Spitze: „Vergesst nicht, wir sind nur eine kleine Einheit im Gegensatz zu den konkurrierenden Mächten, aber wir sollten das ohne größere Verluste schaffen. Flaffy, du und die beiden anderen haltet euch im Hintergrund, die Bomber sind nicht so gut gepanzert, können dafür aber richtig austeilen, ich werde ein Auge auf euch haben.“

Zuerst kam Flaffy das Schlachtfeld oder besser gesagt der Raum etwas chaotisch vor, aber es dauerte nicht lange, bis er das System dahinter verstanden hatte. Die beiden anderen Mächte hatten extreme Kampfkraft aufgefahren. Die Schiffe waren riesig, natürlich – gegen die Titan waren sie immer noch Peanuts, aber für die Einheit waren sie wesentlich größer. Cat hatte einen Plan, sein Trupp war von der Seite gekommen, an den beiden Seiten waren die konkurrierenden Mächte. Die eine Seite sah eher kubisch aus, die andere hatte etwas Geschwungenes.

„Verbindungsaufbau zum Hauptrechner der Titan.“ Chantal verband den Bomber mit der Titan, damit sie besser an

Informationen kommen konnte. Anthony begann, die Feinde zu analysieren. Die eine Seite hatte ihre Schiffe auf einer biologischen Basis aufgebaut. Die anderen waren technischer ausgerichtet. Die Anspannung in der Truppe stieg, je näher sie dem Raum kamen. Cat schien immer etwas in sich hineinzumurmeln, aber er war entschlossen. Er beschleunigte, um durch die Schlacht hindurchzurauschen, ohne Schaden zu nehmen.

Sie flogen gerade durch das Schlachtfeld hindurch. Alles schien für einen Augenblick stillzustehen.

„Hier spricht Cat. Wir wollen einen Krieg vermeiden, deswegen, wer angreift, der kämpft gegen uns, nicht gegen den anderen."

Die biologische Lebensform schloss alle Schächte, blieb aber in Bereitschaft. Cat murmelte in sich: „Die erinnern sich noch an uns."

Die anderen machten zuerst gar nichts. Sie überlegten und ließen es drauf ankommen, sie dachten wohl, dass sie es einfach so mit dieser kleinen Einheit aufnehmen konnten, ein Warnschuss sollte Cat vertreiben, was ihn aber nicht wirklich interessierte. Cat war sauer, man konnte es spüren, obwohl fast zwei Kilometer zwischen ihnen lagen, konnte man seine Aura spüren. Sie war um ein Vielfaches stärker geworden. Sein Schiff schoss nach vorne, direkt auf einen Kreuzer zu: „Sie wollen einen Kampf, den sollen sie bekommen."

Die vier Speere lösten sich von dem Schiff und begannen, Gegner zu durchbohren, die Cat angreifen wollten. Sie schützten ihn. Kurz vor dem Kreuzer formten sie einen Art Bohrer. Er flog gerade in das gegnerische Schiff hinein, ohne einen Funken Angst zu zeigen. Die drei in dem Bomber konnten nur erstaunt zusehen. Der Kreuzer begann jetzt, sich langsam zu drehen und abzusacken in Richtung eines Planeten, der in der Nähe war. Ein Pfeil kam nun aus dem Heck herausgeschossen. Mit den acht Lanzen im Schlepptau war Cat wieder herausgekommen. „Flaffy, ich brauche euch, folgt mir, ich eskortiere euch zu dem Kreuzer." Es kam ein Funkspruch von Cat, aber es hatte überhaupt nicht den Anschein, als würde er Hilfe benötigen. Flaffy machte sich auf, um Cat zu folgen. Er flog voraus, damit Flaffy ihm folgen konnte. Alle Feinde hatten es auf Cat abgesehen. Es dauerte nicht lange, bis sich ein Feind zwischen Cat und Flaffy drängelte. Sie schienen sich überhaupt nicht für den Bomber zu interessieren. Cat machte einen Schwenker und nahm einen der Feinde gleich ins Visier. Einer kam noch von oben, sie schienen ihn in die Mangel nehmen zu wollen. Cat drehte sich kurz zu Flaffy um und drückte ein Auge zu. Er feuerte ein paar Schuss ab, zog seine Kiste hoch, sodass sie sich während des Fliegens drehte, erledigte die Schiffe über sich, um gleich danach den Kreuzer zwischen ihm und Flaffy zu eliminieren, zu guter Letzt schoss er nach unten weg, um gleich den nächsten zu verfolgen. Flaffy versuchte, mit seinem Tempo mitzuhalten, aber Cat hatte schon wesentlich mehr Erfahrung mit so etwas. Er zog noch öfter solch eine Show ab. Er hatte einen sehr imposanten Flugstil, der den Passagieren von Flaffy etwas auf den Magen schlug. Die beiden hielten sich an einer Türe fest, um nicht aus dem Schiff zu fliegen, sie hatten damit eindeutig ein Problem. Flaffy hatte andere Sorgen, er musste Cat folgen, der mit voller Kraft auf das Kommandoschiff der Gegner zusteuerte. „Flaffy, Chantal, Anthony. Bereit machen, um nicht materielle Bomben abzuschmeißen, auf mein Zeichen." Es dauerte nicht mehr lange. „Drei zwei eins jetzt!" Cat zog sein Schiff nach oben, um die beiden Energiekugeln durchzulassen. Sie zischten vorbei und schlugen mit einer extremen Durchschlagskraft in das Schiff ein. „Begebt euch zurück zum Transporter, ich werde ihnen den Rest geben." Cat flog einen Looping und war dann verschwunden, in dem Schiff gab es viele Explosionen.

Flaffy machte sich auf den Weg zurück.

„Wollen wir den anderen etwas helfen?", fragte Chantal in die Runde.

„Warum nicht?", fragte Anthony zurück.

„Festhalten, wir helfen den anderen noch etwas." Flaffy zog das Steuer herum. Anthony und Chantal übernahmen jeder jeweils fünf Geschütze, damit Flaffy sich auf das Fliegen konzentrieren konnte. Sie holten einen nach dem anderen. Der Bomber konnte austeilen, aber Cat hatte sie gewarnt. Sie wurden getroffen. Ein Schuss hatte ihren Treibstofftank erwischt. Flaffy schaute sich um und drückte den Evakuierungsbutton. Chantal und Anthony wurden in Flaffys Supporter gehoben. Und der Kleine schwirrte ab, er war extrem wendig, hatte aber kaum Bewaffnung. Das Schiff von Flaffy explodierte, er wurde ins All geschleudert, aber ihm machte das nichts aus. Aber wie wollte er wieder zurückkommen? Nun flog er dort so langsam aus dem Schlachtfeld raus. Er konnte schon den Transporter sehen. Cat dockte gerade an. Als er sich umdrehte, sah er, wie die letzten Schiffe explodierten. Wie konnte Flaffy nun wieder zum Schiff zurückkehren? Er konzentrierte sich darauf zu fliegen und es klappte, er entschleunigte und begann, sich auf Cat zuzubewegen. Er schlug voll auf Cats

Scheibe auf. Cat schaute ihn mit Augen an, so groß wie Untertassen. Er öffnete das Fenster, um ihn hereinzulassen: „Der Rückweg ist wohl nicht so ganz gut gelaufen, oder?“

„Naja …“, Flaffy wusste nicht, was er sagen sollte, aber Cat hatte ihn schon durchschaut, er lachte nur: „Nicht so schlimm, Chantal und Anthony habe ich schon eingesammelt, sie sind unten im Hangar. Das Schiff ist sehr praktisch, leider ist die Lebenserhaltung für zwei Personen etwas zu klein. Die sind bewusstlos geworden, aber leben beide noch.“

Flaffy atmete auf. „Und was hast du erreicht?“

„Ich habe einen Botschafter hingeschickt, der die Umstände erklären soll und die Fraktionen dazu zwingen wird, sich nicht mehr zu bekriegen. Die biologische Lebensform ist sofort auf das Angebot eingestiegen, aber die anderen haben ja weiter angegriffen. Sie sind jetzt nicht mehr in der Lage, interplanetarische Kriege zu führen. Das soll der Botschafter weiter aushandeln, er ist sehr kompetent.“ Cat lächelte stumpf.

Die Freude wurde durch einen beunruhigenden Funkspruch von der Titan unterbrochen: „Cat, wir haben ein Problem. Wir haben hier jemanden, der auf dich wartet, es ist Haydon. Bitte komm schnell, wir sind im Saal.“

Cats Miene wurde düster: „Los jetzt, schnell, wir müssen auf die Titan!“

Alle waren angedockt. Schon beschleunigte der Transporter, Cats Augen waren nun rot, aber nicht das Rot der Liebe, sie brannten vor Wut, sie waren feurig. Es dauerte nicht lange, bis sie angekommen waren. Cat packte Flaffy am Kragen, er schoss aus dem Cockpit heraus und flog in ein

Portal. Sie waren nun in dem Saal. Titan stand bereits da, auf dem Stuhl saß ein roter Kerl mit einem Degen.

„Flaffy, wenn ich vorstellen darf, Verräterschwein Charles Haydon!“ Cats Stimme war voller Verachtung. „Hallo Cat, schön, dich mal wieder in voller Größe zu sehen, wir haben uns ja ewig nicht mehr gesehen.“ Er war ruhig, so, als könnte die Welt ihm nichts anhaben.

„Was willst du? Du hast hier nichts verloren.“

„Ich will mir deine restliche Macht nehmen. Ich habe mir ja schon den größten Teil genommen, aber ich brauche noch den Rest. Du bist im Moment der Einzige, der genügend Macht hat, um Einfluss auf ein Heiliges Objekt zu nehmen.“ Haydon zog eine Art Stab aus der Tasche, er bestand aus Diamanten und anderen Edelsteinen.

Cat musterte ihn, „Du hast ihn also, den Drei-Herzen-Diamanten.“

„Ja, natürlich habe ich ihn, sonst hätte ich dich damals nicht besiegen können, und ich werde dir den Rest deiner Energie jetzt nehmen.“ Er war sich so sicher, dass er die Macht bekommen würde und richtete den Kristall auf Cat, der versuchte, sich dagegen zu wehren, aber er hatte keine Möglichkeit, denn auch er konnte sich dem Willen der Heiligen Objekte nicht entziehen und in dieser Situation konnte ihm auch das Schwert nicht helfen.

Flaffy wusste nicht, wie er reagieren sollte. Eine lilafarbene Energieverbindung baute sich auf. Er dachte nach, er hatte das Heilige Objekt der Abgabe. Er streckte die Hand aus, die Energieübernahme schien zu stoppen. Flaffy hielt die Energie fest, er stoppte mit seiner Macht die Übertragung: „Du hast etwas vergessen, ich habe durch mein Heiliges Objekt die Macht, die Energieabgabe zu kontrollieren. Auch wenn sich Cat nicht gegen dich wehren kann, kann ich ihn verteidigen."

Haydon machte einen Schritt zurück, Cat war mittlerweile in die Knie gegangen. Er keuchte vor Anstrengung. Flaffy schaute ihn an. Obwohl er Cat nicht mehr vertraute, rettete er ihn.

„Nimm das Schwert, dann hast du vielleicht eine Chance gegen ihn", sagte Cat. Er reichte Flaffy seine Waffe. Flaffy sah sie jetzt zum ersten Mal aus der direkten Nähe.

„Ich vertraue dir, bitte verliere sie nicht."

Flaffy nahm sie: „Ich gebe acht." Als er sie anfasste, konnte er spüren, wie extrem die Macht des Schwertes war. Sie war gewaltiger als alles, was er sich je erträumen konnte, obwohl es immer noch in seiner Hülle steckte. Er schaute wieder zu Haydon, der grinste ihn an: „Du weißt doch gar nicht, wie du mit solch einem mächtigem Objekt umgehen musst und ich habe mir deine Kampftechnik angesehen, sie ist so was von miserabel."

Flaffy griff nun das Schwert richtig und begab sich in Kampfstellung. „Oh schön, du bist noch nicht zusammengebrochen."

Haydon klatschte verächtlich in die Hände. „Lust auf ein Duell?"

„Ich spiele mit." Flaffy rannte auf ihn zu, von einem Moment zum anderen hatte Haydon unzählige Kristall-Krieger beschworen. Flaffy sprang und zerschnitt drei mit einem Hieb. Das Schwert war wirklich so scharf, dass es alles schneiden konnte, selbst durch die Hülle hindurch war es scharf. Er zerschlug einen nach dem anderen. Sein Gegner versuchte, ihm die ganze Zeit Energie abzuzapfen, was ihm nicht gelang, weil Flaffy sie einfach nicht abgeben wollte. Flaffy war aber nicht schnell genug, um besser an Haydon heranzukommen. Sie rannten mehr oder weniger immer nur im Kreis. Flaffy überlegte, wie er die Situation zu seinen Gunsten wenden konnte. Im Moment verbrauchte er seine Energiereserven langsamer, als Haydon die Schergen beschwor. Er musste nur so lange durchhalten, bis Cat wieder kampffähig sein würde. Es dauerte nicht lange, bis sein Gegner seinen Plan durchschaute hatte, Zeit zu schinden. Er begann nun, Cat zu attackieren. Flaffy musste ihn verteidigen. Er hatte die Macht, Energieströme zu kontrollieren. Haydon schuf immer neue Kämpfer, Flaffy konzentrierte sich auf den Kristall, er war im Moment mächtiger als das Schwert, das heißt, er konnte keine Energie abzapfen. Aber er konnte sicher während der Beschwörung Energie übertragen. Er zapfte eine an und leitete die Energie an Cat weiter und obwohl es keinen großen Unterschied machte, ging es ihm besser. Er versuchte es noch ein paar Mal, Cat war nun wieder kampfbereit. „Nicht schlecht“, sagte dieser.

„Ich muss doch dafür sorgen, dass es meinem Team immer gut geht.“

„Ein geborener Supporter. Lass uns dem endlich in den Arsch treten.“

Flaffy gab Cat sein Schwert wieder uns sagte: „Verpassen wir diesem Typen einen ordentlichen Tritt in seinen Allerwertesten, dass er sich in hundert Jahren noch dran erinnert!“

Cat und Flaffy in einem Team zusammen kämpften wie Götter. Cat teilte aus, und zwar nicht schlecht, während Flaffy Energie abfasste, um Cat wieder auf die Höhe zu bringen. Langsam musste sich Haydon auch Gedanken machen, denn sie kamen ihm immer näher. Seine Erfolgschancen waren in den einstelligen Bereich gerutscht. „Mist, ich hatte nicht damit gerechnet, dass die beiden so gut zusammenarbeiten.“ Er murmelte vor sich hin, nach einigen Augenblicken standen nur wieder die drei in diesem riesigen Saal. „Und willst du dich ordentlich stellen?“, fragte ihn Cat.

Haydon begann zu schreien: „Ich werde mich schon noch rächen, Cat Steloun!“ Und er verschwand, er löste sich in Rauch auf, so als wäre er verpufft.

„Er war schon immer ein Angsthase“, sagte Cat. „Ich hatte gehofft, dass er flieht. Er war etwas überrascht, dass ihm jemand entgegentreten konnte. Hätte er sich besser vorbereitet, hätte er uns locker schlagen können.“

„Was ist damals vorgefallen? Wrzähle es mir, ich will endlich wissen, was hier vor sich geht.“ Flaffy wollte endlich wissen, was es mit diesem Typen auf sich hatte.

„Damals waren wir ein Team aus sechs Leuten, wir waren ein eingespieltes Team. Jeder hatte seinen Platz in der Truppe. Unsere Aufgabe war es, Kriege zu entscheiden, wir hatten bis zu dem Tag immer Erfolg. Doch der Feind, dem wir nun entgegentreten sollten, war eine andere Hausnummer. Wir wussten nicht, wie viele den Urknall überlebt hatten. Unsere Gegner hatten ihn überlebt und hatten noch Technik aus den alten Zeiten, sie haben uns ordentlich den Arsch aufgerissen. Wir standen vor der finalen Schlacht, an sich war es ein Abnutzungskrieg. Generell hatten wir die besten Chancen mit dem Inventar der Titan. Doch ein gewisser Herr hatte kein Vertrauen zu uns. Also hat er das Team gegen mich aufgewiegelt und eine Meuterei angezettelt. Ich habe es nicht früh genug erkannt. Während der

Schlacht wurde ich von meinen eigenen Leuten angegriffen. Sie haben mich eingekesselt, mich in dieser Maschine gefesselt und mich auf der Erde deponiert. Wraith hatte glücklicherweise den Einfall, mir die Roboter zukommen zu lassen. Wenn er direkt eingegriffen hätte, hätten sie auch ihn attackiert. Dort hatte ich dann darauf gewartet, dass ein passender Träger für die Heilige Rüstung geboren wurde, und das warst du." Cats Augen wurden trüb: „Ursprünglich hatte ich nicht erwartet, dass wir uns so gut verstehen würden."

„Klar." Flaffy war nicht gerade begeistert von der Antwort. „Dass du mir die Rüstung verschafft hast, war purer Eigennutz."

„Ja, da hast du recht, zuerst war das so. Aber es ist alles anders gekommen, als ich es gedacht hatte, ich habe mir wirklich Mühe gegeben, eine Freundschaft aufzubauen, was mir auch nicht schwergefallen ist. Ich weiß, ich bin schwierig, meine Methoden sind nicht immer ganz so schön. Ich hatte einfach nicht gedacht, dass ich bei meiner Rückkehr einen Freund finden würde."

Cat senkte den Kopf. Seine Aktion war sehr auf Eigennutz aufgebaut, aber Flaffy konnte es ihm nicht übel nehmen.

Titan unterbrach das Geständnis von Cat: „Ich unterbreche ja euer Gespräch nur ungern. Cat, hast du das auch mitbekommen, seine Aura war komisch. Er hatte ihn zwar nicht dabei, aber er hat ihn."

„Wie ich es befürchtet hatte. Flaffy, es tut mir leid, dass ich das getan habe, aber ich brauche dich, wirklich. Er hat den Würfel der Formen, er hat zwei der wichtigsten Heiligen Objekte, ich weiß nicht, was noch hinter ihm steht."

Flaffy schaute ihm in die Augen, er war ehrlich, man konnte es sehen: „Cat, es hat mir nichts ausgemacht, du hast mir das größte Geschenk gemacht. Was hast du nun vor?“

Cat lächelte. „Wir brauchen ein neues Team, machen wir uns auf die Suche. Zum alten Team gehörten Haydon, Sykes, Mitchel, Kryon, Wraith und ich. Wo Sykes, Mitchel und Kryon abgeblieben sind, wissen wir nicht. Wenn wir ein neues Team aufmachen wollen, müssen wir das alte erst wiederfinden. Bis jetzt sind wir zusammen vier. Wenn wir Chantal und Anthony mitzählen, sind wir sechs. Haydon könnte immer noch mit den anderen zusammenarbeiten.“

Sykes war Cats alter taktischer Berater, er war der Beste, den er finden konnte, Haydon war damals der Krieger, mit dem Cat an der Front kämpfte, Mitchel war der ehemalige Aufklärer und Kryon der Tank, außerdem war Sykes noch für die Technik zuständig.

„Bevor wir gegen Haydon bestehen können, müssen wir erst die anderen finden, es sind ja nur drei, die sich im gesamten Universum verstecken können. Ich werde alle anderen anweisen, nach ihnen zu suchen. In der Zeit werden wir uns darum kümmern, eine Hochleistungsantenne zu bauen.“

Titan schaute Flaffy schief an. Flaffy wusste, was er fragen sollte, aber er wollte Cat nicht nach seiner Herkunft fragen oder was er eigentlich war.

Alles lief an, fast die gesamte Energie des Schiffes ging in die Antennen, um die anderen aufzuspüren. Titan und die Mannschaft suchten nach Anomalien. Cat und Flaffy begannen, eine Antenne zu bauen, die wesentlich leistungsfähiger war als alles, was die Titan bis dahin gesehen hatte.

Chantal und Anthony erholten sich auf der Krankenstation. Wraith traf erst nach der großen Aufregung auf dem Schiff ein. Was er auf seinem Schiff die ganze Zeit gemacht hatte, war Flaffy schleierhaft und eigentlich wollte er es auch nicht wissen. Bei dem Typen konnte es auch nur foltern sein, so, wie der aussah. Flaffy besuchte seine beiden Freunde oft auf der Krankenstation. Die medizinische Einrichtung auf der Titan war zwar hervorragend, aber das System auf Menschen abzustimmen, dauerte extrem lange. Alles auf der Titan arbeitete auf Hochtouren, jeder hatte eine Aufgabe. Schiffe mussten gebaut werden, denn bei der Zerstörung der Titan war nahezu der gesamte Bestand vernichtet worden. Die Titan war dabei wie Phönix aus der Asche wieder auferstanden.

Es dauerte nicht lange, bis sich die Nachricht im intergalaktischen Raum herumgesprochen hatte, dass Cat wieder da war. Sie verbreitete sich wie ein Lauffeuer und war nicht aufzuhalten. Einige hatten Angst, andere gingen auf Konfrontation, um zu testen, was sich verändert hatte. Aber eines war klar, alle hatten sie Ehrfurcht vor diesem riesigem Schiff. Flaffy war sehr fasziniert, wie die Titan arbeitete, aber viele dieser Vorgänge waren physikalisch nicht erklärbar, ihm stellten sich Fragen: Wie wird sie angetrieben oder warum kollabiert sie nicht durch ihre eigene Größe und ihr Eigengewicht? Wie war es möglich, dass man nur die normale Erdanziehungskraft fühlte und nicht mehr oder weniger? Alles basierte auf Regeln, die für Flaffy nicht logisch waren, aber er nahm es so hin, wie es war, denn es funktionierte. Aber letztendlich musste er doch mal nachhaken: „Cat, hast du mal ein paar Minuten für mich, du musst mir mal was erklären."

Cat grinste ihn an. „Ich glaube, ich weiß, was du mich fragen möchtest, aber was ist?"

„Wie genau funktioniert dieses Schiff, also, ich meine, wie kann es sein, dass die Titan nicht unter ihrem eigenen Gewicht kollabiert? Kannst du mir das erklären?"

„Die Antwort ist einfach. Als du das Schiff gefunden hast, ist euch sicher die Gravitation aufgefallen. Das war aber keine, es war das Magnetfeld des Schildes, das die Titan verwendet. Dieser Schild ist auch der Grund, warum die Titan sich nicht selbst zerstört. Der Schild funktioniert wie eine Abschirmung, er erzeugt eine eigene Blase, einen Raum, in dem man unter bestimmten Bedingungen das extreme Eigengewicht der Titan aufheben kann. Aber auch ohne dieses Feld würde die Titan unversehrt bleiben, nur müssen dann alle, die in ihr leben, in Schutzräume oder bestimmte Anzüge tragen, um nicht zerquetscht zu werden. Die Planeten im Lager sind davon ausgenommen. Sie bekommen bei der Einlagerung einen eigenen Schild."

Flaffy war etwas erstaunt über die Mechanik: „Und wie ist das eigentlich mit den Planeten? Wissen die Bewohner überhaupt, dass sie in der Titan sind?"

„Schlicht und einfach, sie wissen es nicht, sie merken noch nicht einmal, dass sie aus ihrer eigentlichen Umgebung herausgerissen wurden. Alles, was außerhalb des Planeten passiert, wird, naja, simuliert, und wenn sie wirklich interplanetarische Reisen machen wollen, lässt sich das auch einrichten, zum Beispiel über das Portalsystem, Raumverzerrung oder andere Dinge, wir haben genügend Möglichkeiten."

„Okay, wie ist das mit der Außenhaut der Titan? Ich habe gesehen, dass auf ihr die ganze Zeit kleine Roboter hin und her fahren. Was für eine Aufgabe haben sie?“

„Die kleinen Biester sind Reparaturroboter. Außerdem wird die Titan durch eine besondere Art von Stoff geschützt. Das ist der Grund, warum wir auch hier so sicher sind. Wenn man ein Portal überlädt, gibt es einen speziellen Effekt, alle Objekte, die sich unmittelbar vor dem Portal befinden, werden härter und lassen sich nicht mehr zerstören. Sie entziehen ihnen Energie, doch dazu später mehr. Diese Stoffe verlieren diese Eigenschaft wieder, wenn sie die verlorene Energie wieder ausgeglichen haben. Deswegen muss die Außenhaut auch immer mal wieder erneuert werden, die Stoffe behalten aber ihre grundlegenden Eigenschaften.“

Cat erklärte Flaffy einige Dinge, wie die Titan arbeitet oder nach welchen Gesetzen sie funktioniert, aber er verlor kein Wort über die Energieform oder die Energieversorgung. Auf diesem Schiff gab es Tausende Geheimnisse, die gelüftet werden wollten. Obwohl Flaffy alle Berechtigungen über das Schiff hatte, konnte er einigen Geheimnissen nicht auf die Spur kommen. Egal, wie sehr er sich auch mit Titan oder den anderen, die schon länger auf dem Schiff waren, beschäftigte, er bekam keine Antwort auf die Fragen. Wie wird die Titan mit Energie versorgt oder was ist Cat? Er schien in jedem Fall älter als alle anderen. Flaffy fand heraus, dass die Nano-Titan schon vor der Hülle existiert hatte. Alle, die noch aus der Zeit des Baus der Titan übrig waren, erzählten, dass Cat schon damals in der Nano-Titan umhergereist war, um Konflikte zu beseitigen. Er war der Botschafter des Verbundes der Vereinten Planeten.

Selbst zu der Zeit musste er wohl im Universum gefürchtet worden sein. Aber niemand wusste, wo er herkam oder wie er entstanden war. Er war älter als alle anderen. Es schien auch so, als würden alle von einer Spezies abstammen, die hier auf der Titan arbeitete. Was Flaffy aber stutzig machte, war, dass es keine Kinder gab. Er suchte auch in der Bibliothek nach Informationen, sie war ein Hybrid aus technischen Systemen und alten Büchern, die schon fast verfielen. Er war jetzt im Lehrsektor der Titan, wo es Schulen, Universitäten und vieles mehr zum Thema lehren und lernen gab. Flaffy verbrachte nach den langen Stunden der Forschung dort viel Zeit, um etwas über Cat und das alte Team herauszufinden. Er bekam nach intensiver Suche etwas heraus. Kryon liebte die Kälte, er war ein Riese im Vergleich zu den anderen in der Truppe, und kämpfte mit Eis. Er selbst schützte sich mit einem Exoskelett, das wie eine Rüstung aufgebaut war. Er selbst griff mit an, indem er Eis entstehen ließ. Je mehr Wasser oder Eis in der Nähe war, umso stärker wurde er. Mitchel war sein Partner als Verteidiger, er war genauso groß wie alle anderen auch und durch eine leichte Rüstung geschützt. Er selbst hatte kaum Waffen, nur zwei Schilde aus alten Zeiten, durch diese war seine Verteidigung nahezu undurchdringlich. Sykes, ein eigenartiger Typ, war der taktische Berater von Cat, er selbst machte immer die Berichterstattung und seine Vorliebe war das Bauen von neuen Waffen. Seine Fähigkeiten im Kampf waren: extreme Voraussicht und Aufklärung über große Distanz. Haydon war vor seinem Verrat die rechte Hand von Cat gewesen, er war etwas kleiner als der Rest der Truppe, er selbst trug nur eine Robe. Seine Waffen waren ein Messer und ein degenartiges Schwert. Er wurde damals auch als der silberne Blitz bezeichnet wegen seiner extremen Geschwindigkeit. Zum Schluss noch Wraith, er war der älteste Kämpfer aus Cats Reihen, treu und ergeben folgte er Cat überall hin. Er selbst war nicht direkt auf der Titan unterwegs, er hatte sein eigenes Schiff, das in der Größe der Nano-Titan ähnelte, aber größer war. Wraith war ein Soziopath und Psychopath. Er war gemessen an den anderen Mitgliedern der stärkste Krieger von Cats Truppe. Seine Defensivkraft war durch die Rüstung der Aufnahme abnorm hoch. Er selbst war, was den Kampf angeht, ein Allrounder, mit seiner Truppe aus 1313 Mann mit allen Arten von Kämpfern. Seine Spezialität war das Entern von Planeten. Im Weltraum hatte er kaum Angriffskraft, weswegen er Cat auch damals bei der Rebellion nicht helfen konnte. Cat selbst war damals die mächtigste Person, er hatte dieselben Befugnisse wie der damalige Kaiser. Die Titan bildete eine eigene neutrale Partei mit Cat an der Spitze. Er selbst war gefürchtet wegen seiner Macht, die Gravitation zu manipulieren, und der Macht, die Gravitationssperre zu nutzen. Er hatte keine Verteidigung, war aber gegen normale Angriffe immun. Seine Waffe war damals schon das Schwert der Unendlichkeit als Symbol der Macht, um jeden Konflikt zu beenden.

An sich war die Truppe ein eingespieltes Team, bis es sich gespalten hatte in Cat und Wraith und die anderen. Bevor Cat versteinert wurde, gab er noch den Befehl, Wraith solle die Selbstzerstörung der Titan aktivieren. Flaffy überlegte: „Wenn die Titan viertausend Jahre an dieser Stelle zerstört lag, kann doch keine Sonne entstehen, das dauert ja Jahrmillionen. Und woher kommt diese Masse an Wasserstoff? Wie können alle so extrem alt werden, wie funktionieren diese Objekte?“ Flaffy fand viel über die alte Truppe heraus, aber mit diesen Informationen kamen auch neue Fragen hinzu.

Ein Signalton erschallte, gefolgt von einer Durchsage der Titan: „Flaffy, bitte komm schnell in die Kommandozentrale, wir haben ein Teammitglied gefunden.“

Flaffy schlug das Buch zu, das er gerade in den Händen hielt, stellte es zurück in das Regal und machte sich auf den Weg zu Cat. Wenn die Titan die Durchsage machte, musste er schon alles vorbereiten. Flaffy rannte Richtung Ausgang der Bibliothek. Nicht weit weg war ein Portal. Er rutschte eine ellenlange Leiter nach unten und bog noch einmal in dem runden Schacht ab, um dort in einem Raum das bereits geöffnete Portal zu sehen. Er stand sofort auf der Brücke der Nano-Titan, wo sich schon Cat, Wraith, Chantal und Anthony versammelt hatten.

„Was gibt es, wen haben wir?“, stürzte Flaffy durch das Portal.

„Wir haben Mitchel, er ist auf einem wenig besiedelten Planet der Klasse M“, berichtete Cat. „Der Planet ist bereits in der Datenbank registriert als ‚angriffslustig‘, wir können nicht mit der Titan dorthin fliegen, da er uns sofort bemerkt, wir müssen diesen Typen überraschen, es kann aber auch sein, dass er uns schon erwartet.“ Cat hatte bereits einen Plan, um ihn zu treffen. „Mitchel mag es eher warm, er ist nicht so der Typ, der Kälte mag, deswegen wird er sich eher in den gemäßigten Klimazonen aufhalten.“

„Und was ist das Besondere an dem Typen?“, fragte Chantal.

„Wenn du so anfängst, dann gibt es ein Problem.“

Flaffy schaltete sich ein, bevor Cat etwas sagen konnte: „Ja, gibt es, Mitchel ist mit zwei Schilden ausgestattet, die nahezu unzerstörbar sind, seine Defensivkraft ist extrem hoch."

„Die Schilde sind eine abgewandelte Form des Magnetschildes der Titan", ergänzte Cat. „Der Name kommt daher, dass er magnetisch ist, der Schild der Titan ist ein Blasenschild, der von Mitchel ist wie ein Kriegsschild aufgebaut, das Schild der Titan kann Löcher durch extrem schnelle Stöße bekommen, wenn sie an die Frequenz der Generatoren angepasst sind. Diese kleine Schwachstelle haben die Schilde von Mitchel nicht. Selbst wenn neben ihm eine Bombe einschlägt, kann er sich hinter seinem Schild verstecken."

„Das heißt aber auch, er kann sich nur effektiv nach zwei Seiten verteidigen", gab Flaffy zu bedenken. „Unser Nachteil ist, dass wir auf dem Planeten keine Verstärkung anfordern können. Außerdem wissen wir nicht, was er an Kampfmitteln mittlerweile angehäuft hat."

„Woher weißt du das alles über Mitchel?" Anthony musste auch mal etwas beitragen.

„Ich habe in der Bibliothek ein paar Nachforschungen betrieben und bin über ein paar nützliche Infos gestolpert", erklärte Flaffy. „Und wie gehen wir vor?"

„Ich werde einen Transport organisieren, wir werden in Teams suchen, immer zu dritt. Wraith wird nicht mitkommen." Cat stellte gleich fest, wer bei der Mission dabei sein sollte.

Flaffy musste nachhaken: „Warum nicht? Im Moment ist er doch unser stärkster Mann?"

„Das Problem ist, wenn wir Wraith mitnehmen, wird Mitchel uns sofort bemerken, dann haben wir noch schlechtere Chancen, ihn zu finden, aber Wraith wird als Ersatzmann in Funkreichweite bleiben“, beantwortete Cat die Frage.

Es wurden noch einige taktische Details ausgetauscht, damit die Mission bald beginnen konnte. Ein Team wurde von Flaffy gebildet, mit Anthony und Chantal, das andere von Cat und Titan. Beide sollten parallel auf dem Planeten suchen, um Mitchel möglichst effektiv zu finden. Sie hatten mehrere Zonen ausgemacht, in denen er sich aufhalten könnte, aber es waren sieben Stück, die Landschaft kam ihnen glücklicherweise entgegen, Wüste, flache Ebenen. Was aber weniger gut war, war die Spezies, die auf dem Planeten lebte, sie war ähnlich weit wie die Menschen, hatte noch nicht die Kennung für die interplanetarische Spezies erhalten, aber Raumfahrt war schon vorhanden. Titan wies auch nochmal deutlich darauf hin, dass diese Bewohner des Planeten sehr feindselig gegenüber Fremden oder außerirdischen Lebensformen waren, sie mussten aber schon mal Kontakt gehabt haben. Flaffy dachte daran, wenn sie so verstört waren, konnte sie nur Wraith angegriffen haben. Cat konnte den Gedanken erahnen: „Hätte Wraith sie angegriffen, wäre von dem Planeten nicht viel mehr übrig als ein Klumpen Dreck, also nein, wir waren noch nicht hier.“

Wraith hatte sich eigentlich schon auf etwas Gemetzel gefreut, daher ließ er den Kopf hängen. „Wieder kein Morgensport.“

„Tut mir leid, Alter. Solange wir nicht entdeckt worden sind, können wir dich nicht gebrauchen.“

Wraith trottete ab. „Jaja, ich halte mich bereit, falls ihr mich braucht, ihr erreicht mich in der Folterkammer, ich habe viel zu schaffen.“

Cat beugte sich zu Flaffy und flüsterte ihm zu: „Nicht umsonst ist er alleine unterwegs.“

„Ja, an die Schreie gewöhnt man sich so schlecht“, entgegnete Flaffy ihm.

„Jeder braucht seine besondere Macke, obwohl seine schon wieder zu speziell ist.“ Cat grinste und drehte sich zu den anderen. „Wir machen uns jetzt fertig, damit wir uns morgen auf einen längeren Einsatz machen können. Ich und Titan. Flaffy, Anthony und Chantal, nehmt genügend Verpflegung mit, wir können keine Versorgungslieferung von der Titan anfordern, wir würden auffliegen.“

Alles begann sich zu drehen, jeder packte seine Sachen, wie es ihnen beigebracht worden war. Cat und Titan nahmen nicht mal einen Rucksack mit. Die andere Gruppe nahm allerhand Sachen mit, das meiste war aber etwas zu essen, ein Zelt, Waffen und Panzerungen. Flaffy hatte in dieser Gruppe eindeutig das meiste zu tragen, aber auf dem Planeten sollten sie nicht zu Fuß unterwegs sein, denn Cat hatte schon die passenden Fahrzeuge bereit gemacht.

Mitchel

Cat führte seine Teammitglieder in einen der Hangars, wo die Fahrzeuge und die gesamte Ausrüstung standen. Für Flaffy, Anthony und Chantal stand ein kleines panzerartiges Fahrzeug bereit, die Ketten waren nicht sehr breit, der gesamte Innenbereich war frei, um die Insassen gab es nur eine Art Überrollkäfig, vorne war er spitz zulaufend und hinten konnte man den offenen Motor sehen, er war aber von einer Panzerglasscheibe geschützt. Alle drei saßen hintereinander und konnten gerade über den Vordermann drüberschauen. Der Minipanzer hatte auch kein Geschütz, es war mehr ein Sprinter zum Aufklären. Cat und Titan hatten etwas sehr Spezielles, ein Gefährt ähnlich wie ein Quad, nur dass es wesentlich größere Räder hatte, man lag förmlich auf dem Fahrzeug und es hatte statt vier Rädern sechs.

„Kurz zu der Vorstellung, ich habe mich gestern etwas hingestellt und die Teile hier gebaut, damit wir auch etwas haben, um uns schneller fortzubewegen. Beide sind mit einer Antenne ausgestattet, die in der Lage ist, die Titan zu erreichen. Auf dem Planeten reichen unsere Funkgeräte. Flaffy, der Kleine schafft bis zu achtzig Meter pro Sekunde, das ist für ein Fahrzeug dieser Klasse echt schnell. Außerdem habe ich es so gebaut, dass dein kleiner Supporter noch reinpasst, als Notfallplan. Mein Quad hingegen kommt auf bis zu hundert Meter pro Sekunde, dafür kann ich nicht viel mitnehmen. Wir werden mit einem Tarnkappenbomber bis zur Erde reisen und in einer Höhe von zirka zweihundert Kilometern Abstand abspringen“, stellte Cat seinen Plan vor.

„Du meinst hoffentlich, dass wir in einer Entfernung von zweihundert Kilometern Abstand von der Bevölkerung abspringen?“ Anthony war sich nicht sicher, was Cat nun meinte.

„Nein, ich meine aus einer Höhe von zweihundert Kilometern. Wir werden ganz sanft landen“, versprach er ihm.

Flaffy fasste sich nur an den Kopf. Er wusste nun, warum Cat in der alten Welt solch ein hohes Tier gewesen war, seine Aura schien alle zum Schweigen zu bringen, ob es einem passte oder nicht. In seiner Gegenwart konnte man nichts gegen ihn sagen, so, als würde er alles unterdrücken. Man konnte seine Macht förmlich spüren, aber Cat schien das nicht mit Absicht zu machen. Obwohl er immer etwas heiter und lustig erschien, hatte er doch eine Menge Verantwortung zu tragen. Obwohl Flaffy ihm immer etwas skeptisch gegenübergetreten war, hatte er nie das Gefühl, als würde er etwas planen. Cat war auch immer auf dem neusten Stand, er hatte Informationen von Flaffy, die er noch nicht einmal selbst zu Ende gedacht hatte. Wie machte er das, dass er alle Informationen vor allen anderen hatte, oder wie konnte er dieses Schiff steuern, ohne mit Titan geredet zu haben? Cat war ein wandelndes Geheimnis, und Flaffy hatte sich zum Ziel gemacht, es zu lüften. Vor allem die Frage, wer er war, denn was er ihnen erzählte, war immer nur ein Bruchstück der Geschichte. Auf jeden Fall hatte Cat die Fähigkeit, solche Fahrzeuge in kürzester Zeit zu bauen.

Alle begannen, sich fertigzumachen und auf den Flug vorzubereiten. Vorher gab es immer noch ein großes gemeinsames Essen in einem Konferenzsaal. Das war für die Mannschaft das Ritual, die Mission zu beginnen. Der

Bomber, den sie nahmen, gehörte zu Cats Spezialstaffel, geflogen nur von den Besten der Besten, damit auch ja nichts schiefging. „Leute, wenn wir die Fünfzig-Kilometermarke überqueren, müsst ihr den Fallschirm auslösen, dann landet ihr ganz sachte auf dem Boden. Ihr werdet zuerst abspringen, ich und Titan siebentausend Kilometer weiter östlich. Wir reisen beide parallel nach Osten im Zickzack-Muster“, machte Cat nochmal die Lage klar.

Es dauerte nicht lange, bis die Titan in einer akzeptablen Distanz zum Sonnensystem war. Mitchel durfte auf keinen Fall mitbekommen, dass Cat ihn suchte. „Noch ein letzter Hinweis, seht euch vor, ich weiß nicht, wie er auf uns reagieren wird. Der Bomber bleibt im Orbit, um ihn gegebenenfalls abzufangen. Aber hier auf dem Planeten gilt: tot oder lebendig. Ich habe mit meinem alten Teamkameraden sowieso noch ein Hühnchen zu rupfen.“

Alle zusammen betraten den Bomber, der aussah wie eine lang gezogene Nadel, man sollte ihn ja auch eigentlich nicht sehen. Alle saßen in ihren Fahrzeugen und machten sich für den Sprung bereit. Der Bomber hob ab und schoss Richtung Planet, er brauchte auch nicht lange bis zu den Koordinaten für den Absprung. Alle saßen sie angespannt dort und hielten ihre Fahrzeuge fest, nur Cat war gut drauf, wahrscheinlich, weil er sich auf die Jagd freute, aber so richtig wusste das auch keiner. Der Zeitpunkt rückte näher und der Pilot begann runterzuzählen: „Zehn … neun … acht …“ Alles war startklar, um auf den Planeten zu springen. „Drei … zwei … eins … los.“ Und die Luke öffnete sich. Flaffy beschleunigte mit seinem Panzer, er musste so schnell wie möglich abspringen, damit der Bomber nicht erkannt wurde, denn wenn er die Luke geöffnet hatte, war er auf dem Radar zu sehen. Er sprang aus dem Raumschiff. Flaffy war froh, dass er noch ein paar Gyroskope eingebaut hatte, sonst könnte er das Fahrzeug nicht so gut in der Luft halten. Er wurden immer schneller, bis sie ihre maximale Fallgeschwindigkeit erreicht hatten.

Flaffy löste nach hundertfünfzig Kilometern seinen Fallschirm aus. Er sah irgendwie anders aus als die, die er kannte. Er war auch übersät mit blauen, leuchtenden Streifen. Einen Signaleffekt hatten sie wohl nicht, sie dienten dem Auftrieb. Wie Cat versprochen hatte, landeten sie butterweich auf dem Boden in der Wüste. Es war extrem heiß, bis an die 60 Grad Celsius und eindeutig zu warm für Chantal und Anthony. Flaffy hatte damit kein Problem.

Schon bald kam der Funkspruch von Cat, wie es ihnen gehe und ob sie gut gelandet seien. Sie hatten das Sonnenverdeck vorgezogen, damit sie zumindest im Schatten sitzen konnten. Und die Reise begann, sie hatten die Anweisung, Richtung Süd-Ost zu fahren. In dieser Richtung waren Schluchten, in denen man sich gut verstecken konnte. Sie waren ein Punkt von sieben, an denen sich Mitchel verstecken konnte. Flaffy gab Vollgas. Er wollte nicht länger als nötig in dieser Wüste bleiben. Gut, dass sie genügend Treibstoff dabeihatten, um ohne Probleme durch die Wüste zu kommen. Mit normalem Kraftstoff wäre das unmöglich gewesen. Cat und Titan waren derzeit auch auf dem Planeten angekommen. Er war in einem Tropenwald gelandet und hatte mehr Schwierigkeiten als Flaffy, voranzukommen. Gut, dass die beiden unempfindlich gegenüber Wärme und Wasser waren, denn dort war es feucht und warm, eine noch schlimmere Kombination als in der Wüste. Beide hatten ihre Probleme, aber das Vorankommen war es nicht. Die Fahrzeuge, die Cat gebaut hatte, waren echt gut für den Einsatz geeignet. Flaffy hatte Cat gegenüber den Vorteil, dass er das Teil in der Wüste mal ausfahren konnte, Cat hatte damit zu kämpfen, überhaupt voranzukommen. Aber primär galt es, unauffällig zu bleiben. Beide durften nicht entdeckt werden, aber bis jetzt gab es keine Anzeichen, dass man von ihnen wusste. Vorwiegend sollten sie auch nachts reisen, um nicht entdeckt zu werden. Alles hatte seine Vor- und Nachteile. Flaffy begab sich so schnell als möglich zu der Schlucht, um dort auf die Nacht zu warten und hoffte darauf, dass diese Mission so schnell wie möglich zu Ende ging. An sich waren neun Tage für die gesamte Geschichte veranschlagt worden. Aber das konnten sie schlecht schaffen. Ansonsten standen sie weiter nicht unter Zeitdruck.

Der erste Punkt war nur noch dreihundert Kilometer entfernt und Flaffy gab Vollgas, was das Teil hergab. Das Motto in dem Minipanzer war: geschüttelt, nicht gerührt, die Federung schafft das schon. Sie hatten die Anweisung von Cat bekommen, absolute Funkstille zu halten, außer es gebe ein ernsthaftes Problem.

Sie konnten die Klippen schon sehen, diese riesige Schlucht, in der sie nach Mitchel suchen sollten. Flaffy bremste langsam ab, bis das Gefährt langsam zum Stehen kam: „Macht euch bereit, Geschütze fertig machen, wir müssen auf alles vorbereitet sein.“ Beide antworteten mit einem: „Jawohl!“ Flaffy fuhr nun in die Schlucht hinein, Anthony und Chantal waren angespannt. Sie schauten sich um, sie wussten nicht, nach was sie suchen sollten, aber wenn sie es sehen würden, würden sie es erkennen. Flaffy war sich nicht sicher, ob Mitchel hier war, aber er wurde das Gefühl nicht los, das sie am falschen Ort suchten. Hier war nichts Verdächtiges zu sehen, Flaffy konnte auch keine Besonderheiten entdecken, auch wenn er wesentlich mehr sah als Menschen. Die Wände waren absolut normal. Sie suchten noch eine Weile nach Anomalien, konnten aber keine finden. Nach einigen Stunden sinnlosen Hin- und Herfahrens beschlossen sie, etwas zu essen und sich auf die Nachtfahrt vorzubereiten. Flaffy hatte einen Grill mitgebracht, in seinem Fahrzeug hatte er auch genügend Platz dafür. Auch wenn es nur ein kleiner Mitnahmegrill war, war es doch lecker, er hatte sich von Titan extra Bratwürstchen machen lassen, sie waren handgemacht und nicht aus der Retorte, obwohl das Fleisch daraus auch nicht schlecht schmeckte. Flaffy freute sich schon auf das Essen, er brauchte es zwar nicht, mochte aber den Geschmack, von dem konnte er sich nicht lösen.

„Und ihr zwei? War es eine so schlechte Entscheidung, auf die Titan zu reisen?“ Flaffy biss herzhaft in sein Essen.

Chantal überlegte einen Moment: „Ich vermisse die Erde sehr und vor allem meine Eltern und meine alten Freunde, aber es lohnt sich, alles das hinter sich zu lassen und auf die Titan zu gehen. Das Einzige, was ich schade finde, ist, dass wir so wenig Zeit miteinander verbringen können. So sind wir schließlich erst dorthin gekommen.“

Flaffy grinste. „Und du Anthony, was denkst du?“

„Naja, ich vermisse nicht viel auf der Erde, ich weiß, dass sie sicher im Lager liegt und das reicht mir, wir können sie immer besuchen, egal, wohin wir mit der Titan fliegen. Mich stört das nicht, denn auf ihr können wir alles machen, Games spielen, Sport treiben, entspannen und vor allem lernen. Cat meinte zu uns, als wir mit dir auf die Titan zurückgekehrt sind, wenn wir uns gut anstellen, werden wir zu Administratoren, du musst dir darüber ja überhaupt keine Sorgen machen, du warst ja von Anfang an einer und vor allem auch noch ein so hoher. Er hat auch gesagt, Administratoren sterben nicht mehr eines natürlichen Todes, die Unsterblichkeit ist das, wonach sich die Menschheit sehnt, und wir dürfen sie erleben.“ Anthony wollte gar nicht mehr aufhören zu reden.

Flaffy lachte: „Wisst ihr das noch nicht, ihr seid schon Administratoren der Klasse sieben!“

Beide begannen zu feiern, sie konnten es gar nicht glauben, dass sie schon Administratoren waren. Sie waren es schon seit dem Moment gewesen, als sie mit Cat zurück auf die Titan gekommen waren. Nach einer Weile waren sie auch wieder runtergekommen. Anthony hatte da aber noch eine Frage: „Nun erzähl mal, Flaffy, was haben Cat und du eigentlich den ganzen Tag gemacht, als ihr trainiert habt?“

Flaffy überlegte einen Moment: „Wir habe eigentlich nichts Besonderes gemacht, aber das Training mit ihm ist brutal, für meine erste simulierte Schlacht hat er doch tatsächlich einen echten Krieger mit eingeschleust. Der alleine hätte meine gesamte Armee plattgemacht, ohne sich anstrengen zu müssen.“

„Nicht dein Ernst, oder?“ Anthony war erstaunt.

„Doch, mein voller Ernst, aber ich habe eine Fähigkeit entdeckt, die ich nutzen kann, ich bin halt nach Cats Definition ein Supporter. Und was habt ihr alles gemacht?“

Chantal antwortete: „An sich gehen wir weiter in die Schule, wo auch alle anderen ausgebildet werden. Wenn es solch eine Schule auch auf der Erde geben würde, würden

95 Prozent der Schüler durchfallen. Auf der Titan ist alles geordnet, jeder hat seinen Platz in der Gesellschaft. Eine von unseren Schulstunden auf der Titan entspricht vier auf der Erde. Wir arbeiten praktisch eine Stunde und am Anfang der nächsten gibt es einen Test. Hier ist der Unterricht auch von Anfang an bezogen auf die Arbeit, die man später macht.“

Flaffy unterbrach sie an dieser Stelle: „Wie sehen die anderen Schüler denn aus?“

„Hast du noch keine gesehen? Halt wie Cat auch, nur kleiner, kleine Katzen eben“, beantwortete Anthony seine Frage.

„Nein, ich habe nicht gewusst, dass es auch kleine gibt.“ Flaffy war etwas verdutzt.

Der Abend war noch lustig, sie unterhielten sich darüber, was sie alles schon auf der Titan erlebt hatten, was sie gelernt und dass sie auch neue Freunde gefunden hatten. Die Welt der Titan war so groß, dass man wirklich die Unsterblichkeit brauchte, um sie zu erkunden. Zumindest die ersten fünf Millionen Jahre. Sie hatten auch schon mal einen Planeten besucht und auch ein Weltraumtraining absolviert. Flaffy hatte gedacht, dass sie irgendwann die Erde vermissen würden, aber dem war nicht so. Auf der Titan konnte man viele Dinge machen, die man auf der Erde nie hätte machen können, die durch Gesetze verboten waren. Auch so was wie mit einem Minipanzer durch die Wüste zu fahren, hätte man auf der Erde nicht machen können. Ihr Leben hatte sich extrem gewandelt.

Das Feuer ging aus, die Nacht brach an und sie mussten sich auf die Weiterfahrt vorbereiten. Bevor sie losfuhren, musste Flaffy noch was loswerden: „Leute, ich brauche eure Hilfe, wenn wir Mitchel gefunden haben, muss ich ihn noch etwas über Cat fragen, bevor ihr Bescheid gebt, dass wir ihn haben. Okay?“ Beide nickten stumm und stiegen in das Fahrzeug ein. Der nächste Punkt war eine Oase, sie war nur ungefähr tausendzweihundert Kilometer entfernt. Es waren die einzigen beiden Punkte, die so nah beieinander waren. Flaffy hatte richtig Spaß am Fahren, natürlich wechselten sie sich zwischendurch auch ab, damit jeder mal Fun haben durfte. Die Anspannung von dem ersten Punkt war irgendwie verschwunden. Die Suche kam ihnen eher wie ein Urlaub vor, mit einem gewissen Faktor an Gefahr. Auf einem fremden Planeten, auf dem sie nicht entdeckt werden durften, nach einem Erzfeind von Cat zu suchen, das hatte einen gewissen Reiz. Gut, dass die ersten beiden Orte nicht weit voneinander entfernt waren, so konnten sie die Streckte innerhalb eines Tages zurücklegen. Der Bereich, den sie absuchen mussten, war auf jeden Fall größer als beim ersten Platz. Der See dieser Oase war riesig. „Dann müssen wir doch die Fische besuchen“, entschied Flaffy. „Den ersten Tauchgang mache ich und schaue, ob es für euch auch sicher ist. Okay?“

Flaffy suchte noch einen schönen Platz, um das Fahrzeug zu verstecken. Sie tarnten es als Sandhügel, in der Wüste, natürlich mit einem Sender, sonst würden sie es nicht wiederfinden. Es waren von dort aus nur wenige Meter bis zum Wasser. Flaffy ging geradewegs in das kalte Nass. Die Unterwasserwelt dort war nicht so berauschend, sie war öde und Flaffy konnte nicht weit sehen, er schwamm noch weiter raus. Nach einigen Metern entdeckte er eine Klippe, sie war nicht aus Sand, sondern aus Stein. Ungewöhnlich in der Wüste. Es interessierte ihn irgendwie, was weiter unten war. Flaffy schaute sich um und fand eine Kapsel, die alt aussah. Er umschwamm sie mit einigen Zügen und bemerkte, dass es von ihr aus einen weiteren Gang gab. Er suchte sich ein Fenster, durch das er hineinschauen konnte. Die Kapsel hatte noch kein Leck geschlagen, aber es gab kein Licht. Flaffy setzte einen Sender und drehte wieder um. Zuerst ging es nach oben, damit er sich orientieren konnte. Schließlich war die Oase Kilometer groß. Flaffy schaute nach den Palmen, in deren Nähe sie geparkt hatten. Dort standen Anthony und Chantal. Sie hatten ihn schon gesehen, sie standen dort am Strand und winkten hektisch. Er schwamm los, um so schnell wie möglich dort zu sein. Nur ein paar Augenblicke brauchte er für den Weg:

„Was habt ihr?“, fragte er die beiden aufgeregt. Anthony zeigte nach Osten: „Eine Karawane ist auf dem Weg zu uns und die sehen nicht gerade friedlich aus!“ Er war ganz aufgeregt.

„Woraus könnt ihr das schließen?“, fragte Flaffy.

„Aus dem Panzer, der sie begleitet!“, schrie Anthony ihn an.

Flaffy ging auf die Düne. Sie waren keine fünfhundert Meter mehr entfernt. Es waren mehrere Autos, einige Sprinter und ein Panzer. Flaffy entschied: „Ihr zieht euch jetzt schnell die Taucherklamotten an, wir gehen auf Tauchstation.“

Die drei machten sich fertig und Flaffy gab den Befehl, sich in den Minipanzer zu setzen. Sie waren bereit, Flaffy gab Gas und fuhr direkt in den See hinein. Die Karawane rückte an, niemand war zu sehen. Flaffy steuerte geradewegs auf die Unterwasserstation zu. Das Wasser war etwas kalt für die beiden, aber Flaffy war sicher, dass sie irgendwo auch einen Eingang finden würden, und wenn nicht: Einen Eingang konnte er auch schaffen. Alle drei aber waren froh darüber, dass Cat ihnen solch ein Multifunktionsfahrzeug zur Verfügung gestellt hatte. Alles andere wäre gescheitert. Er fand die Kuppel wieder, die er vorhin gefunden hatte, und umfuhr sie. An dem Gang dahinter war eine größere Einrichtung mit vielen weiteren kleinen Kanzeln. Sie umkreisten den Ort einmal, dabei konnten sie mehrere Eingänge finden und sogar eine Schleuse für Fahrzeuge. Sie fuhren ran und schauten durch das Fenster. Auf dem Boden stand Wasser, generell sah die Kanzel auch nicht mehr so neu aus. Sie war wohl schon älter, es brannte auch nirgends Licht.

Anthony tippte auf das Tastenfeld, ein kleine Lampe leuchtete auf. Er signalisierte Flaffy, dass hier noch Strom drauf war. Flaffy bewegte sich zu der Konsole, unter Wasser konnte er zwar mit den anderen beiden kommunizieren, sie aber nur über Handzeichen mit ihm. Er fingert einige Minuten an der Einheit herum: „Mal sehen, ob das System noch funktioniert.“ Er drückte auf eine grüne Taste und die Schleuse öffnete sich, alle drei wurden hineingesogen, denn sie war noch belüftet.

Flaffy schwamm wieder raus, um den Panzer zu verstauen. In der Schleuse schlossen sie das Tor manuell und belüfteten sie wieder. Sie konnten nun ihre Taucherausrüstung ausziehen. Sie betraten die Garage, die Fahrzeuge waren alle älter, schienen aber nach der Machart der Titan zu sein. Alles war verkommen, rostig und auf dem Fußboden stand Wasser.

„Ich glaube, wir haben seinen alten Unterschlupf gefunden“, sagte Anthony zu Flaffy. „Was planst du?“

„Wir werden hier alles durchsuchen, um ein paar Informationen zu sammeln, und hauen dann wieder ab. Ich glaube, hier ist es nicht mehr so sicher, ich werde auf jeden Fall eine Sauerstoffflasche mitnehmen.“ Flaffy hockte sich eine der beiden Flaschen auf. „Gehen wir auf Erkundungstour.“ Sie tasteten sich langsam in den riesigen Kuppeln voran. Alles war alt und rostig. Sie wateten durch das Wasser, die unteren Stockwerke konnte nur Flaffy erkunden, da sie schon voller Wasser waren, in der Station gab es alles, sie war praktisch autark. Sie fanden ein verkommenes Gewächshaus, Schlafkabinen für bis zu sechs Mann, ein altes Labor, eine Werkstatt, die schon mit Wasser vollgelaufen war, eine Funkzentrale und den Hauptrechner. Alles war stilistisch schnittig, dynamisch und akkurat gebaut, wie auf der Titan. Einige der Systeme liefen noch, zum Beispiel die Lebenserhaltung oder die Stromzufuhr. Was nicht mehr ging, war das Pumpsystem, das dafür zuständig war, das Wasser draußen zu halten. Flaffy reparierte es wieder, damit sie in den untersten Teil der Station kommen konnten. Die Technik hinter der relativ schönen Fassade war mehr oder weniger zusammengeschustert. Für Flaffy bestand kein Zweifel, Mitchel musste hier gewesen sein, dieser unverkennbare Stil der Titan und auch die technischen Systeme waren genau so aufgebaut, wie es in der Schule der Titan beschrieben wurde. Chantal und Anthony kannten dieses System, es wurde ihnen beigebracht für Notfälle, sie hatten gelernt, wie man sich auf einem fremden Planeten selbst versorgt.

„Ich kann hier nur Spuren einer einzelnen Person erkennen, es war nur ein Bett benutzt oder nur ein Teller war in der Kantine im Abwasch, diese Station ist für sechs Personen ausgelegt, aber wir finden nur Anzeichen für eine, das könnte ein Zufall sein, aber das wäre unwahrscheinlich, schauen wir mal beim Hauptrechner nach.“ Alle drei machten sich auf den Weg. Es war nicht leicht, dorthin zu kommen, denn auf dem Weg waren schon einige Sachen eingestürzt. Sie mussten sich an Trümmern vorbeischlängeln. Obwohl er nicht weit entfernt war, war der Weg dorthin doch sehr anstrengend. Angekommen griff Flaffy sich an den Kopf, der gesamte Raum stand unter Wasser. Chantal warf ein: „Hoffen wir, dass die PCs im Falle dieses Falles gut geschützt sind.“

„Da hast du allemal Recht“, entgegnete ihr Anthony.

„Kümmern wir uns drum“, sagte Flaffy. „Lassen wir einfach das Wasser raus, da ich die Pumpe repariert habe, sollte das kein Problem sein.“ Er formte sich mit seiner Fähigkeit, Objekte zu erschaffen, einen Bohrer: „Hoffen wir, dass das funktioniert. Wir können nicht einfach die Türen öffnen, sonst würden wir von dem Wasser in die Trümmer gedrückt werden.“

Er bohrte erst ein kleines Loch in die Tür, dann ein großes. Das Wasser floss heraus. Es lief nur langsam durch die beiden Löcher. „Wir brauchen eine Luftzufuhr.“

Anthony kam auf eine brillante Idee: „Warum lassen wir nicht einfach mal die Luft aus der Taucherflasche in den Raum, so sehen wir zumindest, ob der Raum an sich leckt oder das Wasser aus einem anderen Raum kommt.“

„Fluten wir diesen Raum“, wandte Chantal ein. „Wir schließen einfach die nächste Tür und benutzen diesen hier als Schleuse.“

Flaffy überlegte einen Moment. „So machen wir das, ihr macht euch bereit und ich bohre noch ein paar Löcher in die Wand.“

Alle bereiteten sich vor. Flaffy bohrte die Löcher, das Wasser strömte immer schneller herein. Anthony und Chantal waren beide bereit. Der Wasserspiegel stieg sichtbar schneller an als vorher. Nur noch ein paar Minuten und der Raum hatte sich mit Wasser gefüllt. Sie liefen in den Raum rein. Alles war etwas vermodert, aber die PCs waren in einer Extrahülle. Sie mussten sich jetzt nur noch überlegen, wie sie das Wasser aus dem Raum kriegen konnten. Flaffy überlegte, woher das Wasser kam, es schien jedenfalls von draußen zu kommen. Anthony zeigte auf eine Abschussvorrichtung für eine Art Rettungskapsel. Flaffy schaute sich das Rohr genau an, es war darauf ausgelegt, diesen Raum unter Wasser zu setzen, wenn sie abgefeuert wurde, und das hatte auch auf jeden Fall geklappt. Flaffy setzte sich dran, das Loch mit einem Keil von außen zu verschließen. Es dauerte nicht lange, bis er es geschafft hatte. Anthony hatte den Bohrer von Flaffy bekommen und sollte die nächste Tür anbohren, damit der Wasserspiegel sank. Sie warteten ab und langsam stiegen die Blasen aus dem Loch an die Decke, es funktionierte. Er bohrte noch ein Loch und noch eines. Bis das Wasser abgelaufen war, schwammen sie noch etwas in dem Raum herum und schauten sich die Systeme an. Das Wasser war abgelaufen und sie konnten sich jetzt ohne die Taucherflasche bewegen. Flaffy sah sich den Computer an, der in der Mitte stand. Er schien nicht vom Wasser beschädigt worden zu sein. Flaffy öffnete die vielen Nieten, die das Gehäuse zusammenhielten, und versuchte, über seine eigene Energiequelle zu starten. Der Computer lief nicht mehr, er war wohl schon zu alt. „Aber wir haben zumindest noch die Speichereinheit“, murmelte Flaffy vor sich hin. Er baute sie aus und steckte sie in eine wasserdichte Tasche.

Chantal stand an einer weiteren Tür: „Flaffy, komm mal her, hier hört man komische Geräusche.“

Flaffy schaute auf, was versteckte sich denn hinter diesem Raum? „Ihr geht in Deckung, ich werde den Raum öffnen.“

Aus dem Raum war ein Scharren und ein Schreien zu hören. Flaffy machte die Tür auf. Der Raum war dunkel, nur ein schwaches rotes Licht war zu sehen. Flaffy nahm einen Schritt Abstand. Etwas bewegte sich in diesem Raum, aber noch konnten sie nichts sehen. Flaffy vermutete, dass irgendetwas aus dem Labor überlebt hatte und sie gleich angreifen würde. Aus dem Raum floss Nebel heraus, der den Boden bedeckte. Ein Wesen kam heraus. Flaffy griff sich an den Kopf: „Nicht euer Ernst, wir lassen uns von so etwas hinters Licht führen?“

Eine bunte Katze setzte sich hin und putzte sich. „Das ist eine Katze von der Erde!“ Anthony und Chantal brachen in Gelächter aus. Flaffy stand da wie der Depp vom Dienst, das Geräusch hinter der Tür hatte sich irgendwie nach etwas Größerem angehört, aber es war eine Katze. Flaffy machte das Licht an, in dem Raum lagen viele leere Futterdosen für die Katze. „Wollen wir sie mitnehmen?“ Chantal ging hin und streichelte die Katze, sie war so was von anhänglich.

„Wie konnte die Katze überleben?!“ Anthony war etwas verdutzt über die Situation. Ein lautes Surren hallte durch die Räume der Station. Es war das Surren einer Turbine.

Flaffy schaute auf. „Wir müssen hier raus, schnell, nehmt die Katze mit und geht Richtung Fahrzeug, ich habe hier noch was zu erledigen."

Die beiden nickten, nahmen die Katze und rannten. Cat hatte ihnen gesagt, sie sollten keine Spuren hinterlassen. Flaffy platzierte ein paar Granaten an den Wänden und schaltete sie auf Zeitzünder, dann rannte auch er los. Richtung Ausgang öffnete er noch alle Türen, an denen er vorbeikam. Das Surren hörte auf, jetzt konnte man Gepolter hören. Sie wollten die Außenhaut aufbohren. Anthony machte noch die letzten Arbeiten am Panzer, Chantal saß schon drinnen mit der Katze. Flaffy kam um die Ecke gerannt: „Los, schnell, wenn sie uns entdecken, haben wir ein Problem!" Er hatte bloß vergessen, dass es auch Fenster gab und durch die konnte man besser rein- als rausschauen. Er drehte sich um und sah die Taucher. Sie gehörten zu dem Trupp, der vor ein paar Stunden hier angerollt war.

„Mist, wir wurden entdeckt!" Flaffy überlegte, wie sie jetzt dort rauskommen sollten. „Anthony, passen wir durch die Gänge mit dem Teil?"

Anthony überlegt einen Moment. „Ja, wir passen da durch, du willst aber nicht da reinfahren, dann haben wir gar keinen Ausweg mehr."

„Wir können von hier aus direkt gerade durchfahren, dann kommen wir zu dem langen Ausleger. Wenn wir genug Geschwindigkeit draufhaben, fahren wir durch die Wand einfach durch."

Flaffy gab Gas, hinter ihnen begann langsam das Tor zu brechen. Der Raum füllte sich mit Wasser. Sie fuhren mit einem Bleifuß geradewegs durch den Gang und durchschlugen drei Türen. Nicht lange, und sie sahen die letzte

Wand. Das war ihr einziger Ausweg. Sie wurden von einem heftigen Schlag ordentlich durchgeschüttelt, aber sie waren draußen, auf sie stürzten die Wassermassen ein. Die Katze war in einem Behälter, der mit Sauerstoff versorgt wurde. Chantal und Anthony waren etwas benommen von den Wassermassen und dem Wasserdruck. Flaffy kannte das Problem mit Wasserdruck und Taucherkrankheit, musste es aber riskieren. Wenn sie ihn verfolgen würden, würden sie niemals unbeschadet bei Mitchel ankommen. Sie rasten so schnell es ging auf dem Grund des Sees in Richtung Oberfläche. Die Truppen begannen, ihnen zu folgen. Glücklicherweise war Flaffy schneller, den beiden anderen wurde langsam schwindlig. Sie verloren die Orientierung. Sobald sie über zwanzig Meter waren, erhöhte Flaffy die Sauerstoffkonzentration, damit sie besser mit dem Stickstoff zurechtkamen. Sie stiegen mit zirka zwei Metern pro Minute auf, was immer noch viel zu schnell war, aber sie wussten, sie mussten es riskieren. Sie versuchten eisern, das Bewusstsein nicht zu verlieren, aber kurz vor dem Ziel wurde ihnen schwarz vor Augen. Der Panzer machte einen riesigen Satz aus dem Wasser raus und landete direkt auf einem Zelt der Milizen. Flaffy gab Gas, dass die Fetzen flogen, sie mussten so schnell wie möglich wegkommen, und vor allem musste er seine Freunde versorgen. Nach einigen Kilometern stellte er das Lenkrad fest, sie fuhren nun mit zehn Metern pro Sekunde dahin. Flaffy drehte sich um: „Lebt ihr noch?“

„Nein, du Pfosten“, kam ein leises Stöhnen aus der zweiten Reihe. Sofort setzte Flaffy Anthony die Sauerstoffmaske auf. „Ihr habt die Taucherkrankheit, ich werde euch gleich weiterbehandeln, aber wir müssen noch mehr Abstand gewinnen."

Flaffy fuhr weiter, bestimmt folgten sie ihm, aber zum Glück war er etwas schneller und vor allem agiler. Er konnte einfach querfeldein fahren, die anderen hatten sich an gewisse Straßen zu halten.

„Flaffy, alles gut bei euch?" Ein Funkspruch von Cat ging ein. „Euer Sender hat angeschlagen und ich habe die Meldung bekommen, dass eure Vitalzeichen kritisch sind. Was ist passiert?"

Flaffy griff zu seiner Funke: „Wir haben einen alten Stützpunkt von deinem Freund gefunden. Dort unter Wasser wurden wir entdeckt und aufgescheucht. Mein Team leidet an der Taucherkrankheit, ich werde sie später weiterbehandeln."

„Okay, wir können euch nicht helfen, wir sind unglücklich gelandet. Das müsst ihr alleine durchziehen, wir sitzen hier fest. Wir werden den Platz in unserer Nähe untersuchen, ihr untersucht die anderen. Ich melde mich, wenn ich da bin. Übrigens, Grüße von Titan …" Cat verstummte.

Flaffy schaute etwas verstört drein. Was die Freunde wohl machten? Er hielt an, um die beiden zu behandeln. Er legte sie hin und erhöhte den Druck des Sauerstoffs. So konnten sie den Stickstoff abatmen, denn wenn das nicht schnell geschehen würde, konnten sogar Hirnareale beschädigt werden. Alle drei waren in der kurzen Zeit gut ausgebildet worden, aber ihnen fehlte noch eine gewisse Routine in solchen Situationen. Flaffy musste so schnell wie möglich Mitchel finden, um mit den beiden auf die Titan zurückzukehren, wo es sicher war. Er fuhr weiter, bevor sie wiederentdeckt wurden. Noch so eine Aktion konnte er nicht abziehen. Der nächste Punkt war weiter nördlich, sogar so weit, dass dort schon Schnee liegen konnte. Flaffy vertraute Cats Einschätzung, dass Mitchel dort sein könnte, obwohl er Schnee offenbar nicht leiden konnte, aber Cat hatte gesagt, sie müssten auch davon ausgehen, dass er damit rechne, dass sie ihn suchen. Deswegen würde er auch in Erwägung ziehen, sich in kältere Gefilde zurückzuziehen. Flaffy musste immer weiter über Cat nachdenken, aber er kam zu keinem schlüssigen Ergebnis. Er fuhr immer weiter, ohne Halt zu machen. Etwas anderes konnte er schließlich im Moment nicht tun. Sein Weg führte ihn in eine Berglandschaft. Es war kalt, aber nicht kalt genug, um nicht dort zu leben. Flaffy hoffte, Mitchel hier zu finden. Was ihm aber auch Sorgen machte, war, dass sie in einem Tal eingekesselt waren, sie konnten nur in zwei Richtungen weg, was für sie im Moment einen strategischen Nachteil bedeutete, außerdem waren zwei von ihnen außer Gefecht. Das Tal war sehr lang, die Berge hoch und in der Mitte schlängelte sich ein Fluss den Weg durch die Ebene, er hatte diese gesamte Ebene ausgewaschen.

Flaffy war nun mehrere Tage ununterbrochen gefahren, damit sie ihn nicht verfolgten. Die waren wieder auf der Flucht, es war wie damals, als sie vor den KSK-Teams der Deutschen geflohen waren. Er fuhr in Richtung einer Klippe, ein Stück den Berg hinauf, um sich dort oben zu postieren. Das verschaffte ihm einen Überblick über alles, was im Tal passierte. Er hatte alle Siedlungen weiträumig umfahren und hoffte, dass sie ihn nicht weiter beachtet hatten. Im Tal hatte er nicht besonders viel Platz dafür. Er ging mit dem Panzer in den Basis-Modus. Er wusste, dass sie erst einmal an diesem Ort bleiben würden. Die Mission war für ihn jetzt nebensächlich geworden, er hatte sich um Chantal und Anthony zu kümmern.

Einige Tage gingen vorbei, ohne dass sie sich fortbewegten. Die beiden sollten sich erst einmal erholen. Wie es Cat ging, fragte er sich kaum, aber er und Titan hatten auch nicht gerade kleine Schwierigkeiten.

Cat und Titan waren am Anfang der Mission ungefähr drei Minuten hinter Flaffy abgesprungen. Sie waren nicht so gut runtergekommen wie die andere Truppe. Sie waren mitten im Urwald gelandet, ein anderes Problem war, dass ihr Fallschirm nicht gut funktioniert hatte. Sie waren viel zu schnell runtergekommen. Ihr Fahrzeug war zwar gut auf steinigem Boden, aber durch Bäume durchfahren konnte es auch nicht und sie waren mitten in einem tropischen Wald.

„Cat, du darfst noch nicht schlapp machen, wir müssen weiter." Titan saß auf dem Fahrzeug, während Cat vor ihr mit dem Schwert der Unendlichkeit Äste und andere Dinge zerschnitt. „Mach nicht solch einen Stress. Ich bin zwar stark, aber meine Ausdauer für Dauersport ist nicht für eine Belastung von über drei Tagen ausgelegt."

Seit drei Tagen wanderten sie durch den Dschungel, der Vorteil, den sie hatten, war, dass ihr Fahrzeug lautlos lief. Wenn man still war, hörte man nur das Knacken der Äste, über die sie fuhren. „Was meinst du, wie es Flaffy und den anderen geht? Ich mache mir irgendwie Sorgen um sie." Titan hatte irgendwie das Gefühl, dass irgendwas nicht gut lief.

„Ich weiß, ich weiß, Anthony und Chantal sind noch immer Menschen, das könnte schwierig werden, aber Flaffy ist ein Supporter, vielleicht kommen in einer brenzlichen

Situation noch ein paar versteckte Fähigkeiten zum Vorschein.“ Cat hatte etwas mehr Vertrauen, aber er pokerte auch etwas mit dem Leben der beiden. Das einzige, was er sicher wusste, war, dass Flaffy nicht sterben würde. „Titan, wir haben ein Problem.“

„Was meinst du?“ Sie hielt an.

„Hier ist ein riesiger Fluss. Ich hoffe, du hast an die Seile gedacht.“

Der Notfallsender von Titan sprang an: „Flaffys Team ist in Gefahr.“

„Gib mir das Funkgerät. Ich muss Flaffy anrufen.“ Cat griff nach der Funke. Er holte sich die Infos, die er brauchte. Flaffys Trupp war in Gefahr. Er musste etwas tun. Er durfte ihn nicht verlieren. Cat war gerade dabei, mit Flaffy zu reden, als Titan ihn darauf hinwies, dass einige Truppen auf dem Weg waren. Sie waren nicht auf dem direkten Weg zu ihnen, aber sie waren nah genug, um sie zu bemerken. Cat musste schnell Schluss machen. Sie mussten jetzt schnell weiter und ein Versteck finden. Cat legte gerade auf, als Titan die blendende Idee kam, wie sie aus dieser brenzlichen Situation herauskommen würden. „Wir gehen baden!“ Titan schaute Cat hoffnungsvoll an, so, als hoffte sie, dass er ihren Plan sofort verstehen würde.

„Was willst du?“ Cat war etwas überrumpelt.

„Wir befestigen ein Seil an einem Baum und lassen uns in das Wasser dort unten.“ Sie zeigte geradewegs auf den Fluss.

Cat nickte etwas schräg mit dem Kopf: „Okay, dann aber schnell.“

Titan befestigte eines der Seile an einem Baum. Sie ließen sich samt Fahrzeug in den Fluss. Der Trupp kam immer näher. Titan hoffte, dass sie das Seil nicht entdecken würden. Wenn sie weiter reinrutschen würden, dann wären die Leute ihr kleinstes Problem. Wenn sie aber in die Strömung gerieten, hätten sie ein fettes Problem. Sie hatten zwar Karten, aber sie wussten dann trotzdem nicht, wo sie waren. Ein Ruck fuhr durch das Seil. Cat griff sich mit der Hand an den Kopf nach dem Motto: Worauf habe ich mich da eingelassen? Das Fahrzeug rutschte mit einer Masse aus Erde in die Mitte des Flusses. Irgendwie freute er sich, dass es nicht nur sie erwischt hatte, die kleine Lawine hatte auch ein paar der gegnerischen Fahrzeuge mitgerissen. Die beiden standen immer noch aufrecht, aber die Strömung trieb sie vorwärts. Sie konnten im Moment nichts anderes machen, als dem Fluss zu folgen. Sie fuhren einfach mit ihm, bis Titan etwas entdeckte, was zu ihrer Rettung tauglich war. Einen kleinen Hafen. Für die Verhältnisse der Einheimischen war es ein Pier für Boote, andere würden es Sandstrand nennen.

Cat hatte etwas die Nase voll von dem Theater und Verstecken, er fuhr einfach aus dem Wasser. Es war augenscheinlich niemand da. Die beiden fuhren langsam Richtung Wald, aber sie wussten nicht, dass dies hier eine Insel war. Eine Insel mit Ureinwohnern des Planeten. Sie kamen aus ihren kleinen Hütten und schauten die beiden an, als wären sie Aliens. Zusammenfassung ihrer Situation: Cat und Titan haben keinen Plan, wo sie waren, gestrandet auf einer kleinen Insel und umzingelt von Ureinwohnern. Cat schaute in den Himmel. Warum hatte er seinen Arsch überhaupt von der Titan runterbewegt? Titan klopfte ihm auf die Schulter: „Ich habe so das Gefühl, diese Suche dauert länger als erwartet.“ Cat nickte nur.

Derweil erging es Flaffy auch nicht besser. Ihre Position war entdeckt worden. Chantal und Anthony hatten sich von dem Trip aus der Tiefe erholt, aber im Moment hatten sie ein anderes Problem, denn von beiden Seiten des Tales kamen militärische Streitkräfte. Alle sprangen wild umher, um sich Deckung zu bauen. Sie hofften, dass es ihnen etwas nutzen würde, aber Panzergranaten abwehren war nicht ihre Stärke. Flaffy grübelte, wie er seine Fähigkeit sinnvoll einsetzten konnte, um sie aus dieser Situation zu retten. Seine Fähigkeit erlaubte es ihm, im Gefecht Roboter oder technische Dinge zu reparieren und zu verbessern, aber sie auch an Menschen anzuwenden, wäre gefährlich. Die Schlachten, die er bis jetzt geführt hatte, waren alle Simulationen. Sie fühlten sich zwar echt an, aber die Realität war noch härter. Auch wenn er im Gegensatz zu den anderen stärker war, wusste er nicht ganz, wie er seine Kraft anwenden musste, um aus einer Situation mit so wenig Verlusten wie möglich herauszugehen.

Die feindlichen Truppen kamen immer näher. Es waren alle möglichen Einheiten. Normale Fahrzeuge, Panzer, Sprinter, Motorräder. Auch Hubschrauber waren dabei. Dieser ganze Aufwand nur, um gegen drei Personen zu kämpfen. Flaffy, Anthony und Chantal standen auf der Klippe und beobachteten das Schauspiel, es würde nicht lange dauern, bis ihre Gegner dort angekommen waren.

„Was sollen wir machen?“ Anthony war besorgt um den Ausgang aus dieser misslichen Lage.

„Wir haben drei Möglichkeiten. Erstens, wir kämpfen und gehen dabei drauf. Zweitens, wir kapitulieren und werden gefangen genommen. Drittens, wir versuchen zu fliehen, wobei wir trotzdem versagen können. Sonst haben wir keine weiteren Möglichkeiten“, fasste Flaffy kurz die Lage zusammen.

Chantal war eindeutig für Drittens: „Lasst uns verschwinden. Wenn sie uns kriegen, sind wir tot. Diese Leute machen keine Gefangenen. Sie dürfen auch nicht unsere Technik in die Hände bekommen. Und wir haben doch an dem Panzer eine Tarnvorrichtung, vielleicht können wir damit ihr gegnerisches Fahrzeug nachahmen, wir verschmelzen mit dem Gegner und können uns so davonstehlen.“

Anthony schaute Flaffy an, der nickte ihm nur zu. Sie hatten viel zu tun. Flaffy setzte sich hin und programmierte die Tarnung um, während die Katze ihnen um die Beine strich. Anthony und Chantal begannen, Attrappen zu basteln, die mussten schließlich die Feinde eine Weile ablenken, wenn das funktionieren sollte. Sie hatten ungefähr zwei Stunden Zeit, alles war vorbereitet. Auf der Klippe standen nun die drei Figuren, eine Katzenattrappe und ein Zelt, das angemalt war wie der Panzer. Die Gruppe setzte sich in den als Schneehaufen getarnten Panzer und fuhr ein ganzes Stück am Berg Richtung Feind. Nicht mehr weit und sie konnten sie mit bloßem Auge sehen. Sie fuhren unten ins Tal. Weiter hinten gab es eine Streitkraft, die das ganze Tal abdeckte, damit auch ja keiner an ihnen vorbeiflog.

„Ich hoffe, ihre Militärmanöver sind nicht allzu kompliziert zu durchschauen. Wir dürfen nicht auffliegen.“ An dieser Stelle wartete nun Flaffy mit den beiden darauf, dass sie ihn passieren würden. Alle drei hofften, dass sie sie nicht entdecken würden. Die Einheiten waren nun auf einer

Höhe mit Flaffy. Er begann Richtung Tal zu fahren, immer noch als Schneehaufen getarnt.

„Wir müssen warten, bis sie an den Figuren sind, vorher fällt es auf, wenn dort ein Fahrzeug zu viel ist.“ Flaffy näherte sich der Truppe langsam von hinten. Der Feind bemerkte sie nicht, er hatte keinen Schimmer, dass sie hinter ihm waren, sie waren voll auf die Attrappen fixiert. Der Gegner bezog Stellung, sodass er das Ziel angreifen konnte. Die Soldaten warteten gar nicht darauf, dass sich der Feind ergab, sie feuerten einfach los, mit allem, was sie hatten. Die Attrappen wurden vollständig zerbombt. Chantal schaute Flaffy an: „Gut, dass wir geflohen sind. Egal, was wir gemacht hätten, sie hätten uns in kleine Stücke zerschossen.“

„Gut, dass wir es so gemacht haben, da haben wir ein paar Minuten gewonnen.“

Flaffy nuschelte den letzten Teil nur vor sich hin. Er aktivierte die Tarnung: „Hoffen wir, dass das funktioniert.“ Die Tarnung verschwand kurz und sofort baute sich die nächste auf. Sie sah genauso aus wie ein Panzer der Gegner. Sie hatten Glück gehabt, sie wurden nicht entdeckt. Ein Fahrzeug bewegte sich nach vorne. Sie schienen zu kontrollieren, ob sie ihre Arbeit erledigt hatten. Es musste auffallen, dass sie geflüchtet waren. Flaffy folgte den anderen Einheiten, sie drehten bereits jetzt um, um sich zurückzuziehen, schließlich war ihre Aufgabe jetzt erfüllt. Sie rechneten aber nicht damit, dass sie die Gegner nicht vernichtet hatten. Von der Klippe gab es ein Alarmsignal. Sie hatten mitbekommen, dass sie nur Puppen niedergemacht hatten. Die drei konnten nur hoffen, dass sie nicht entdeckt werden würden. Die Truppe kehrte nicht um. Sie fuhr weiter zur Hauptstreitkraft.

Flaffy drehte sich zu Chantal um: „Ich weiß nicht, wie es weitergeht. Wenn sie natürlich eine Kontrolle der Streitkräfte machen, haben wir ein Problem. Wir haben keinerlei Infos über die Erkennung der Fahrzeuge."

„Wir haben keine andere Wahl, als ihnen zu folgen. Wenn wir jetzt fliehen, haben sie uns sofort", entgegnete sie.

Sie mussten dem Rest folgen, in der Hoffnung, dass sie sie aus dem Krisengebiet herausfahren würden. Sie mussten nur bis auf die andere Seite der Blockade kommen, dann konnten sie fliehen. Ihr Panzer war schneller als die anderen Fahrzeuge, hatte aber keinerlei Bewaffnung außer den Waffen, die sie dabeihatten.

Es dauerte lange, bis die Blockade in Sicht war, die gegnerischen Fahrzeuge waren wesentlich langsamer als Flaffy, aber je näher sie der Blockade kamen, desto höher waren ihre Erfolgschancen. Sie kamen näher. Andere Einheiten hatten sich schon zu Bataillonen zusammengesetzt. Flaffy ahnte Schlimmes, es wurde der Befehl gegeben, sich in den Bataillonen zusammenzufinden, der Sinn war, das überzählige Fahrzeug herauszufiltern. Flaffy stellte sich kurzerhand als der Dritte in der Reihe auf. Bald waren alle nebeneinander aufgestellt. Aus irgendeinem Grund hatte die letzte Truppe ein Fahrzeug mehr, das übriggeblieben war. Andere Einheiten stürmten auf dieses Fahrzeug zu und umzingelten es. Die Fahrzeugführer stiegen mit erhobenen Händen aus dem Fahrzeug aus. Anthony beugte sich zu Flaffy vor: „Das ist unsere Chance zu entwischen."

Sie hatten erkannt, dass dieses Fahrzeug nicht das war, das sie angegriffen hatten, jetzt mussten sie alle anderen durchsuchen. Flaffy machte sich bereit loszufahren. Sie begannen nun alle anderen zu durchsuchen, es sollte nicht lange dauern, dann wären sie bei Flaffy angekommen. Flaffy drückte auf die Tube. Die anderen waren so perplex, dass sie nicht gleich bemerkten, was vor sich ging. Flaffy rammte einen der feindlichen Panzer und eröffnete sich damit eine Fluchtmöglichkeit. Alles folgte ihnen in einem Chaos, das selbst Cat nicht besser hätte veranstalten können. Alles fuhr kreuz und quer hinter ihnen her. Jeder versuchte zuerst, sie zu erwischen. es gab nur ein Problem, sie mussten aufpassen, dass sie ihre eigenen Leute nicht trafen. Flaffy hatte einige Hektik, um den Schüssen auszuweichen. Er konnte durch das Gelände auch nicht zu schnell fahren. Trotz des Vorsprungs waren sie im Nachteil. Die Gegner rückten immer weiter auf. Flaffy hoffte, dass sie das Talende noch erreichen würden, aber die Hoffnung schwand, als sie ein leises Zischen hörten. Der Kühler war getroffen worden. Sie wurden immer langsamer und Flaffy erreichte nicht annähernd die Geschwindigkeit, um es zu schaffen. Sie waren verloren, bis Chantal etwas stutzig machte.

Cat und Titan hatten derweil viel Spaß gehabt. Obwohl sie eine Mission hatten, hatten sie sich eine kleine Auszeit gegönnt. Zuerst waren die Einheimischen erbost über das Eindringen der Fremden in ihr Gebiet gewesen, aber nachdem Cat vermittelt hatte, wer sie waren, waren sie durchaus freundlich. Ursprünglich wollten sie Cat grillen und Titan als Maskottchen behalten. Aber als Cat bewiesen hatte, dass er nicht genießbar war, nachdem er sich einen

Arm abgeschnitten hatte und sie ihn probieren ließ, war alles gut. Was man dazu noch sagen muss, Cat hatte die Fähigkeit, seinen Körper zu regenerieren, aus dem, was übrig war. Er konnte sich seinen Arm einfach wieder anstecken, so, als wäre nie etwas gewesen. Sie schauten sich eine Weile an, was die Einheimischen so trieben, dennoch mussten sie bald wieder los. Sie überlegten, wie sie ohne weitere Schäden von der Insel wieder wegkommen konnten. Ein Seil hatten sie nicht mehr, das war verloren gegangen, als sie den Baum umgerupft hatten. Dann fiel Cat ein, dass sie die Einheimischen als Götter betrachteten. Warum also baten sie sie nicht um Hilfe? Die Einheimischen hatten kein Problem, ihnen ein Seil zu geben, Cat und Titan bekamen noch viele andere Dinge geschenkt, mit denen sie die beiden zum Bleiben überreden wollten. Aber Cat lehnte dankend ab, sie brauchten den Plunder nicht. Auch wenn die Zeit kurz war, die sie dort verbrachten, hatten sie eine schöne Zeit. Die beiden ließen sich wieder in den Fluss und machten sich so langsam auf den Weg in Richtung Festland.

„Los, sie haben uns bald. Kannst du nicht noch einen Zahn zulegen?“, schrie Anthony Flaffy an, aber Flaffy hatte schon das Gas durchgedrückt.

Chantal war im Gegensatz zu den anderen ziemlich ruhig. Sie hatte etwas bemerkt. Von der Seite schien ein weiteres Fahrzeug auf sie zuzukommen. Es sah nicht so einfach aus wie die Fahrzeuge des Militärs, es war ein Fahrzeug nach dem Stil der Titan, ähnlich wie der Minipanzer. Flaffy bemerkte es erst sehr spät. Der Feind war schon wesentlich nähergekommen, er hatte sie fast. Das andere Fahrzeug begann seine Richtung zu ändern und beizudrehen. „Wer wird uns wohl als erstes aus dem Rennen kicken, der Kleine oder die Armee?“ Flaffy war optimistisch, dass sie das nicht schaffen würden. Sie schienen sie beinahe zur selben Zeit zu erreichen. Die Kugeln kamen immer näher an sie heran. Bis sie bemerkten, dass der Feind offenbar nicht treffen wollte. Sie hatten aus dem Krieg eine lustige Hetzjagd gemacht und wollten die Fremden mit einem finalen Schlag aus dem Rennen kicken. Eine riesiger Panzer stand am Ende der Armee, die sie verfolgt hatte. Sie hatten keinerlei Ausweichmöglichkeiten und ihnen grinste eine sehr große Kanone hinterher. Sie würde gleich feuern.

Alle drei hatten schon mit ihrem Leben abgeschlossen, als der laute Knall des Geschützes ertönte. Es war langsamer als der Schall, hatte aber enorme Durchschlagskraft. Sie konnten die Kugel sehen, wie sie unausweichlich auf sie zukam. Sie schlossen die Augen und verabschiedeten sich von ihrem Leben. Sie sahen es an sich vorüberziehen. Die wichtigsten Erinnerungen, die sie hatten, der Moment, als sie den ersten Schritt auf die Titan machten, der Moment, an dem Cat erwachte, alle hatten dieselben Bilder vor Augen. Ein lautes, kaum zu hörendes „Bing“ ertönte, aber sie waren nicht tot. Sie öffneten die Augen und sahen dieses Wesen in seiner Rüstung. Es war leicht und hatte zwei Schilde, sie waren größtenteils durchsichtig. In der Mitte war ein Kreuz aus Metall. Es kniete dort vor ihnen, von der Kugel war keine Spur, sie war einfach abgeprallt. Alle hielten an, die Armee und Flaffy. Das Wesen stand auf und zeigte in die Richtung der Feinde. Sie schienen keine Anstalten zu machen, aufzuhören. Sie begannen, auf es zu schießen und sie trafen auch, aber nichts machte

Schaden. Keiner der Schüsse kam an seinen Schilden vorbei. Das musste Mitchel sein. Cat hatte von ihm erzählt. Von seiner Verteidigung und den Schilden prallten alle Geschosse ab. Er konnte noch Stunden so weitermachen, bis den anderen die Munition ausgehen würde. Bis sie bemerkten, dass sie hier nichts mehr ausrichten konnten, verging eine gefühlte Ewigkeit, aber endlich zogen sie sich zurück. Das letzte, was sie versuchten, war ein erneuter Schuss mit der Artillerie, aber als selbst dieser nichts bewirkte, zogen sie sich zurück. Flaffy war irgendwie erleichtert, dass sie diese missliche Lage überlebt hatten, nun gab es aber eine weitere Frage zu beantworten: „Was wird Mitchel tun?" Flaffy hatte ihm im Moment nichts entgegenzusetzen. Nun stand er da mit den beiden Schilden. „Ich hatte mich eigentlich auf eine gesamte Armee vorbereitet!" Seine Stimme war nicht unbedingt furchteinflößend. Sie klang eher niedlich: „Wo ist denn Cats Armee, oder hat er nur euch geschickt?"

Flaffy stieg aus. „Nein, es sind nur wir, und wir haben den Auftrag, dich zu finden."

Mitchel verzog das Gesicht. „Ihr habt nicht den Auftrag, mich um die Ecke zu bringen?"

Flaffy war etwas erstaunt über die Frage. „Nein, eigentlich nicht, aber was Cat mit dir vorhat, wenn er dich findet, weiß ich nicht."

„Ich hatte eigentlich gedacht, dass er hier mit seiner Armee einmarschiert und alles auf den Kopf stellt. Übrigens, ich bin Mitchel und du bist …?"

„Flaffy, ein Freund von Cat", stellte sich Flaffy vor. „Und das sind Anthony und Chantal, Freunde von mir."

Mitchel schaute sich um: „Ist Cat auch hier?"

„Er sucht auch nach dir und ist nicht weit entfernt“, beantwortete Flaffy die Frage trocken.

„Machen wir einen Deal, ich habe euch den Arsch gerettet, dafür verratet ihr mich nicht gleich, aber ich werde mit euch mitkommen.“

Flaffy schaute seine Kumpane an. Sie nickten. Auch Flaffy stimmte dem Deal zu. „Na, dann gebt mir einen Tag, ich muss noch ein paar Dinge regeln, ihr könnt mir gerne folgen.“

„Übrigens, wir haben noch etwas von dir.“ Chantal holte den Katzenkorb aus dem Kofferraum. Sie machte die Tür auf und die Katze sprang heraus in seine Richtung.

„Ihr habt sie gefunden, meine Katze!“ Mitchel war richtig begeistert, dass sie noch da war. Er hob sie hoch und streichelte sie erst einmal. „Ich hatte nicht gedacht, dass sie das überlebt hat, übrigens, wenn ihr da wart, habt ihr die Festplatte mitgebracht?“

„Warum?“, fragte Anthony.

„Wenn ihr wieder auf der Titan seid, solltet ihr euch das anschauen, wir müssen los, bevor sie mit anderen Waffen wiederkommen.“

Flaffy folgte ihm, er hatte ihm versprochen, ihm einen Tag zu geben, und Flaffy hielt seine Versprechen. Er trottete Mitchels Fahrzeug hinterher. Sie umfuhren einen Berg, um dann wenig später, weiter oben am Gipfel, in einer Höhle zu verschwinden. Hinter dem Eingang war eine Garage, in der verschiedene Fahrzeuge standen. Flaffy stellte seins in den Eingang, um zu verhindern, dass Mitchel unbemerkt abhaute. Mitchel führte sie durch ein paar Gänge, bis sie endlich in einer kleinen Wohnung waren. Der Unterschlupf war wie ein großer Bunker gebaut. Flaffy stellte sich dabei eine Frage: Wie konnte ein Einzelner solch einen großen Bunker in so einer kurzen Zeit bauen? Nicht nur er stellte sich diese Frage, auch Chantal und Anthony waren etwas erstaunt. Mitchel war überhaupt nicht so, wie sie sich ihn vorgestellt hatten. Ihre Vorstellung war eher, dass Cats ehemalige Teammitglieder schrecklich waren, denn sie wussten ja von dem Verrat. Mitchel aber war eher nett zu ihnen, vielleicht war seine Freundlichkeit aber auch nur gespielt.

Flaffy hatte auf dem Weg nach unten ein paar Koordinatenpunkte gesetzt. In einem Tag würden sie entdeckt werden und Cat konnte sie sehen, das diente ihm als eine Art Rückversicherung, falls er sich doch getäuscht hatte.

„Setzt euch." Mitchel hatte sie anscheinend in seinen Wohnort geführt: „Ich wusste, dass mich irgendwann einer von Cats Männern finden würde, und gegen ihn habe ich keine Chance, egal, wie gut ich mit meiner Technik bin. Jetzt habt ihr etwas bei mir gut, wie kann ich euch helfen?"

Flaffy überlegte einen Moment und kam zu dem Schluss, das Antworten die beste Wahl waren: „Was ist damals passiert? Warum habt ihr ihn verraten?"

Mitchel nahm sich die Katze, streichelte sie und begann zu erzählen.

Verrat an Cat

„Wie soll ich anfangen? Am besten am Anfang. Ihr müsst wissen, wir alle kommen aus dem alten Universum, vor dem vor der Stunde Null, wir alle waren so etwas wie Legenden. Wir alle hatten ein besonderes Feld, auf dem wir uns bestens auskannten. Wir waren mal Bürger von Zivilisationen. Bis eines Tages jemand auf mich zukam und mir ein Gesuch in die Hand drückte. Ich sollte auf die Titan kommen. Damals schon war Cat eine große Nummer. Wir Normalos sollten auf dieses riesige Schiff kommen, ich hatte Cat bis dahin noch nicht kennengelernt. Man sagte, dass er ein eiskalter Herrscher sei, der keine Fehler verzeihe. Jeder wusste etwas mit dem Namen anzufangen, er hatte schließlich die höchste Gewalt in diesem System. Bald kam ein Transporter, um mich abzuholen, in ihm traf ich zum ersten Mal die anderen. Wir waren in dem Schiff ungefähr zwanzig Leute, den Piloten nicht mitgerechnet. Niemand wusste, was ihn erwartet, aber eines hatten wir gemeinsam: Alle hatten Angst vor dem Treffen mit Cat. Wir wurden empfangen und bekamen Quartiere und am nächsten Tag trafen wir ihn in der großen Halle. Damals hatte er eine Uniform an, vor der Stunde Null musste man als Hochgestellter auch seine Abzeichen zeigen, damit man immer weiß, wie man sich zu verhalten hatte. Cat hatte viele Abzeichen, sehr viele. Seine Uniform war weiß, aber kein klares, sondern ein etwas schmutziges Weiß. Er hielt eine Ansprache und wollte aus denen, die anwesend waren, ein Sonderkommando bilden, was aber hieß, dass wir unser altes Leben aufgeben mussten. Da alle vollsten Respekt vor ihm hatten, lehnten wir ab. Wir wären nicht würdig, an seiner Seite zu stehen. Aus denen, die übrig blieben, wurde dann das alte Team. Ich habe von eurer Schlacht gehört. Cat hat es etwas übertrieben mit seiner Forschheit. Es ist lange her, dass er so grob gehandelt hat. Unsere Aufgabe war es zu verhindern, dass intergalaktische Kriege ausbrechen. Dagegen war das eine Aufwärmeinheit. Normalerweise haben wir es immer erst auf dem diplomatischen Weg versucht, aber wenn das nicht geklappt hatte, ihr wisst ja, was dann passiert. Cat wollte mit dieser Aktion zeigen, er ist wieder da. Aber das ist eine andere Geschichte, ich schweife ab. Damals hatte Cat eine Idee. Er wollte ein System bauen, das die absolute Welt erschafft. Die Maschine war riesig. Es dauerte Jahrhunderte, bis er sie fertig hatte, aber irgendwann meinten die oberen schlauen Köpfe, wir müssen ihm mal auf die Finger klopfen, warum das so lange dauert. Am Ende war es so, dass diese Maschine nicht richtig funktionierte. Nach dem System-Crash kam nur Cat lädiert wieder und wies uns an, alle Planetentransporter startklar zu machen und so viele wie möglich von den bewohnten Planeten einzusammeln. Die Titan flog so schnell es ging viele Planeten an. Aber was bei der Maschine passierte, ist viel interessanter. Sie löste eine Kettenreaktion aus und vernichtete alles. Jedes Sonnensystem, Galaxien, das gesamte Universum. Was aber noch schlimmer war, ist, dass es sich auf andere Parallelwelten ausgebreitet hatte und sogar andere Dimensionen vernichtete. Das war die Stunde Null oder auch der „Große Reset". Zumindest nennt man diesen Moment so und meint damit alles, was nach der Stunde Null kam, oft sagt man dazu auch Urknall. Bis heute ist nicht geklärt, wer das System gestartet hat. Ob nun Cat daran schuld ist oder die anderen Obersten, man weiß es nicht, auf jeden Fall gab es viele Verluste, auch in den eigenen Reihen. Wir konnten nicht viele Planeten retten. So einige hunderttausend. Es gab viel Unmut, jeder hatte etwas verloren. Damals hatte Cat versprochen, dass für unsere Hinterbliebenen gesorgt wird. Es verging eine lange Zeit, bis wir wieder aktiv werden konnten. Nachdem die Stunde Null vorbei war, gab es nur noch die Titan, die durch ihren besonderen Schild geschützt war. Aber sie war damals die Einzige, die mit dieser Technologie ausgestattet war. Nur wenige andere Systeme haben noch überlebt, eines ist zum Beispiel die endlose Ebene. Sie muss wohl unter dem Schutz einer höheren Macht stehen. Aber sonst ist nicht viel übrig geblieben. Wen es besonders schwer getroffen hatte, war Haydon. Er liebte seine Familie, aber ihr Planet ist anscheinend untergegangen, sagte er uns. Zuerst hat er es sich nicht anmerken lassen, aber vor ungefähr viertausend Jahren hat er dann seinen Plan ausgeführt. Wir alle haben Schwächen, er hat sie gefunden und sie gegen uns benutzt. Er wusste, dass wir zu viert gegen Cat bestehen würden, aber gegen Wraith hatten wir keine Chance im Kampf, also zettelte er gleichzeitig zwei Kriege an. Einen auf dem Planeten und einen darüber. Cat hatte das glücklicherweise nicht mitbekommen. Wraith ging auf den Planeten, um die Situation zu bereinigen. Vorkehrung eins war getroffen. Wir und Cat sollten das Kriegsgewirr über dem Planeten lösen. Als Cat mal einen Moment nicht aufgepasst hat, haben wir ihn gehabt. Wir legten sein Schiff lahm und fesselten ihn. Haydon verpasste ihm den Gnadenstoß. Was wir nicht wussten, war, dass Cat mehr Macht hatte, als er uns zeigte. Obwohl er starb, fühlten wir eine extreme Aura. Kalt, mächtig und böse. Sie war viel stärker als alles andere, was wir bis dahin je erlebt hatten. Kurz bevor er versteinerte, katapultierte er uns in alle Ecken des Universums, ohne die Möglichkeit zurückzukehren, denn das Sonnensystem ist nicht mehr verzeichnet und lässt sich nicht mehr finden. Was danach passiert ist, weiß ich nicht. Auch wie die Titan zerstört wurde, ist mir ein Rätsel. Irgendwann habe ich von der Schlacht gehört. Dass ein einfacher kleiner Trupp eine übermächtige Armee zurückgeschlagen hat. Da wusste ich: Cat ist wieder da. Ab diesem Moment war mir klar, dass ich mich auf meinen Tod gefasst machen muss."

Mitchel hatte seine Geschichte erzählt. Flaffy und seine Freunde standen dem immer noch misstrauisch gegenüber, sie mussten warten, bis Cat seine Geschichte bestätigte, aber er schien die Wahrheit zu sagen.

Flaffy wollte mehr Informationen haben: „Wenn du Cat kennst, kannst du mir sicher sagen, was könnte er vor uns verstecken, was wir nicht wissen sollen, was auf seine frühere Identität hindeutet?"

Mitchel überlegte einen Moment. „Der dunkelste Fleck in Cats Geschichte ist die Stunde Null, er redet nicht gerne darüber, am liebsten würde er das alles vergessen. Er versucht immer zu vergessen und ich kann euch sagen, seitdem hat er sich sehr verändert. Seit diesem Vorfall hatte er kein größeres Projekt mehr. Ihr müsst wissen, dass das Bauen von Maschinen Cats Berufung war, wie ich schon erwähnte, Cat war mal der beste Ingenieur, den die Vereinigten Planeten je gesehen haben. Er hat fast alle Systeme der Titan selbst entwickelt, den Rest hat man dann nur noch dupliziert." Jetzt wusste Flaffy auch, was Cat damit gemeint hatte, als er gesagt hatte, dass sie nicht wissen dürften, wer er war. Jetzt galt es nur noch herauszufinden, was er für einen Plan hegte, also fragte er nach: „Was könnte Cat für einen höheren Plan haben, von dem wir nichts wissen sollen?“

„Cat hielt nie viel davon, allen seine Pläne mitzuteilen. Es gibt nur einen, der seine Pläne kennt, und das ist Wraith. Aber Cat hatte schon immer einen Verdacht. Bevor wir ihn verraten haben, hat er sich viel mit seinen Heiligen Waffen beschäftigt. Damit meine ich den Würfel und das Schwert, er schien irgendetwas bemerkt zu haben. Irgendwas stimmte mit denen nicht. Ich weiß nicht, was, aber es gibt auf der Titan ein Gesetz, das im Groben besagt: Eine Person darf unter keinen Umständen alle Drei Heiligen Objekte besitzen, oder besser gesagt zur selben Zeit am Körper tragen. Ich vermute, dass es irgendetwas damit zu tun haben könnte.“ Mitchel versuchte, eine clevere Vermutung anzustellen.

Ihr Gespräch wurde sehr unhöflich unterbrochen. „Hi Leute, wie geht's?“ Alle drehten sich in Richtung des Türrahmens. Cat stand da und zog gerade die Gräten eines Piranhas aus dem Mund. „Und, Mitchel, schön, dich auch mal wiederzusehen.“

Mitchel zuckte zusammen.

„Ihr habt euch sicher gut unterhalten?“ Cat nahm sich einen Stuhl und setzte sich mit in die Runde.

„Bist du sauer?“ Flaffy fühlte sich schuldig.

„Weswegen? Ihr habt ihn gefunden und mir war klar, dass du mit ihm reden würdest, wenn du ihn findest. Ich weiß ja, dass du dich brennend für meine Vergangenheit interessierst.“

Flaffy war erleichtert.

„Kommen wir zu dir." Cat wandte sich von Flaffy ab. „Haben wir eine Erklärung dafür?"

Chantal und Anthony hatten sich von diesem Gespräch diskret verabschiedet und den Raum verlassen. Sie standen nun mit Titan vor der Tür und tauschten Ereignisse aus.

„Ich äh, ähm, naja …" Bevor er weitermachte, unterbrach ihn Cat. „Erstmal: Die Sache war nicht nett, dass ihr mich töten wolltet. Wie ich das sehe, bist du mir zumindest eine Erklärung schuldig." Cat schien die Sache doch etwas leichter zu nehmen, als sie dachten. Er zog eine Braue hoch und wartete auf eine Erklärung. „

Ich wollte damals nicht mitmachen. Ich war strikt dagegen. Aber die anderen haben einen Plan ersonnen, um mich dazu zu zwingen." Mitchel war nun mehr ein Wackelpudding als der harte Kerl, der sie gerettet hatte.

„Woher weiß ich, dass du die Wahrheit sagst?" Cat lehnte sich zurück in den Stuhl.

„Du kannst mir nicht mehr trauen, ich habe keine Beweise. Nur die anderen können das bestätigen, aber die werden das bestimmt nicht beglaubigen." Mitchel wusste, dass er nichts gegen seinen Verrat vorbringen konnte.

Cat zog die Augenbraue hoch: „Ich würde sagen, bevor ich hier ein Urteil fälle, wirst du mit auf die Titan kommen. Dort werden wir uns nochmal etwas länger unterhalten. Aber ich glaube dir erstmal. Du warst früher schon immer der, der immer nett war und vor allem gewissenhaft. Du hättest auch meine Kameraden einfach dem Schicksal überlassen können. Übrigens, danke dafür, ich werde es dir anrechnen."

Mitchel suchte ein paar Dinge zusammen, wild sprang er in dem Raum umher. Er raffte ein paar Dinge, am wichtigsten war ihm aber die Katze, die Chantal, Anthony und Flaffy mühselig gerettet hatten.

„Fertig?“, fragte ihn Cat.

„Ja, wir können los.“ Mitchel antwortete karg, so als würde er auf seine eigene Hinrichtung gehen.

Der Weg nach draußen war lang und alle fragten sich, wie Cat den Weg hier runter überhaupt gefunden hatte.

„Wir müssen ein Stück ins Tal fahren. Hier oben kann uns der Transporter nicht abholen. Alles aufsitzen.“ Cat legte den weiteren Vorgang fest. Cat, Titan und Mitchel fuhren zusammen, Flaffy, Chantal und Anthony in ihrem Panzer. Sie waren nicht schnell, das spielte jetzt aber auch keine Rolle mehr.

Sie konnten schon das Raumschiff sehen. Es stand da. Auch ein paar von Cats Leuten hatten schon Stellung bezogen. Sie fuhren langsam, aber sicher auf ihr Ziel zu. Der Konvoi hielt an. Sie begrüßten die anderen, die sie abholen sollten. Flaffy drehte sich um, Unbehagen ergriff ihn. Er hörte nur ein leises Zischen, etwas war an ihm vorbeigeflogen. Titan schaute Richtung Bergspitze. Und wieder flog etwas an Flaffy vorbei, er hatte kaum realisiert, was das war. Cat fiel nach hinten um. Er hatte ein großes Loch in der Stirn.

„Ein Schütze, dort oben!“ Titan griff etwas aus der Luft, es war eine Kugel. „Ich glaube, wir haben zwei Probleme.“

Chantal griff sich ein Schild von der Leiche. Mitchel sah nicht viel besser aus als Cat. Es hatte ihn eiskalt erwischt. Gerade, als sich das Schild öffnete, prallte ein Schuss von ihm ab. Flaffy stellte sich hin und streckte einen Arm aus, um einen Schild zu formen. Ein feines Gewirr aus Fäden entstand an seiner Hand. Sie bildeten eine Wand, aufgebaut aus kleinen Dreiecken. Sie füllten sich langsam mit einer leicht bläulichen Substanz. Eine weitere Kugel flog, aber sie prallte einfach an dem Schild ab, den Flaffy da geschaffen hatte. Er stand wie angewurzelt da: „Los, in den Transporter, ich kann das nicht lange halten!“

Titan nickte ihm zu. Die Luke öffnete sich erneut. Zwei Leute kamen angerannt und schleiften Cat und Mitchel hinein. Nun zogen sich auch Chantal und Anthony zurück. Als letztes, kurz, bevor sich die Luke schloss, sprang Titan noch hinein. Flaffy nickte ihnen zu, sie sollten abhauen. Unten am Transporter hingen noch die Fahrzeuge. Sein Plan ging auf. Er brach sein Schild ab und sprang in den kleinen Panzer. Es war eine gute Idee von Cat, den kleinen Supportflieger da noch hinten draufzuschrauben. Flaffy aktivierte ihn schnell und hatte damit sein eigenes kleines Schiff. Er flog neben das Cockpit des Transporters und signalisierte, dass sie sich auf der Titan treffen würden. Sie flogen getrennte Wege. Der Transporter flog schnurstracks Richtung Titan, die außerhalb des Sonnensystems wartete. Flaffy hingegen flog über die Bergkette. Dort, wo der Schütze stehen sollte. Ihm war klar, dass er sich längst verzogen hatte. Vielleicht konnte er noch ein paar Hinweise finden, aber es war eher entmutigend als beweiskräftig. Er fand einige Hülsen und Risse in dem Gestein. Es musste jemand sehr Schweres hier gestanden haben. Die Hülsen erklärten sich von selbst. Es waren keine weiteren Hinweise dort, aber ihm fiel noch auf, als er gerade loswollte, dass es keine Spuren im Schnee gab. Sie waren nicht geflogen, das hätten sie gesehen. Es musste etwas anderes gewesen sein. Ein Gleiter oder etwas viel Raffinierteres, das den Boden berührte, aber keine Spuren hinterlässt. Flaffy überlegte einen Moment, dann beschloss er, sich auf den Weg zu machen. Es erschien ihm wie eine Ewigkeit bis zur Titan, obwohl er nur eine halbe Stunde brauchte. Er hatte ein Déjà-vu. Er war schon mal zu der Titan geflogen und er erinnerte sich, was bei dieser waghalsigen Aktion alles passiert war. Er hatte alles immer nur beiseitegeschoben, die Trauer und den Unmut. Er glaubte auch daran, dass Cat nichts Schlimmes mit Mitchel gemacht hätte, wäre er auf der Titan angekommen. Er wusste jetzt auch, warum Cat damals die Schlacht verloren hatte. Ihm kam alles unwirklich vor. Jetzt war auch noch Cat außer Gefecht. Was sollte er tun? Jetzt hatte er die gesamte Kontrolle über die Titan. Er erinnerte sich an die Worte, die Mitchel gesagt hatte: „Auf der Titan ist es verboten, alle drei Heiligen Waffen gleichzeitig zu benutzen.“ Das hatte ihn nachdenklich gemacht. Warum sollte niemand alle drei benutzen? Aber Flaffy dachte diesen Gedanken nicht zu Ende. Je weiter er an die Titan kam, desto mehr musste er sich an Reaktion erinnern, der all dies erst möglich gemacht hatte. Irgendwie wollten ihm andere Gedanken kommen, er wollte ihn gerne wieder treffen, aber er wusste: Die Gravitation hat ihn erdrückt, er kann das nicht überlebt haben.

Kurz bevor er die Titan erreichte, erhielt er noch die Koordinaten des Hangars, in dem sie notfalls gelandet waren. Flaffy flog langsam ein. Er brauchte sich nicht zu beeilen, Leichen konnten ihm nicht davonlaufen.

Angekommen auf der Titan, standen alle um einen Haufen Kisten herum. Flaffy steuerte auf die Menge zu, nachdem er sein Schiff abgestellt hatte: „Was ist hier los?“

Auf zwei Kisten lag Mitchel, auf zwei anderen saß Cat, er bewegte sich nicht außer in dem Moment, in dem Titan ihm eine knallte: „Du … hast … nicht … zu … sterben …!“ Nach jedem Schlag machte sie eine Pause, um ein Wort dazwischen auszusprechen. Dann begann sie von vorne. Flaffy musterte das Geschehen. Bis er sich an den Anblick gewöhnt hatte, stand er still und blickte ins Leere, er rührte sich und untersuchte Mitchel. Er war immer noch warm, es war ein unbehagliches Gefühl, einen Toten zu untersuchen. Flaffy suchte nach Taschen, in denen etwas versteckt sein könnte. Was ihm dabei auffiel, war, dass er augmentiert war, er hatte künstliche Muskeln und Knochen. Was Flaffy aber verwunderte, war, dass er kein eigenes Herz mehr hatte. Er konnte nichts mehr kaputt machen, er nahm ein Messer und schnitt ihn auf, er blutete kaum, es war auch nicht rot, sondern eher durchsichtig. An der Stelle, wo das Herz sein sollte, war eine Art Mechanismus, der ihn mit Energie versorgte. Flaffy überlegte einen Moment. Er musterte das mechanische Herz. Nach einigen Blicken wurde er stutzig, er hatte ein Zeichen entdeckt, es war das, das er auch in dem Tempel gefunden hatte. Es war die Sieben in dem Kreis, das Symbol der Energie. Flaffy drückte leicht auf das Zeichen. Der Behälter öffnete sich, aber er war leer und zerbrochen. Flaffy gab ein Signal mit seiner Hand. Einer der Soldaten sprang los, eine neue Zelle zu holen. Er hatte nicht die Befugnis, eine zu holen. Titan ließ Cat wieder umfallen und rannte los. Nicht lange und sie war wieder da mit einer kleinen versiegelten Kiste.

Titan schaute ihn an mit einem Blick voller Angst. „Sei vorsichtig. Die Teile sind nicht umsonst versiegelt. Wenn etwas schief geht, sprengst du den gesamten Hangar in die Luft."

„Was wäre so ein Fall, dass so ein Teil hochgeht?"

„Wenn die Umgebung nicht richtig darauf ausgelegt ist, die Energie aufrecht zu erhalten, zerfällt sie und explodiert."

Flaffy nahm die Schachtel an sich, stellte sie auf eine separate Kiste und öffnete sie. Darin befanden sich sieben Zellen von derselben Sorte, wie er sie schon in Ägypten gefunden hatte. Damals, als er sie hatte fallen lassen, waren sie nicht explodiert, aber vielleicht lag das auch an dem Raum, in dem er sich befand. Er nahm sich eine der Zellen und legte sie neben Mitchel. Nur etwas Fummelarbeit und er hatte die zerstörte aus der Fassung geholt. Flaffy hatte Hoffnung, ihn wiederzubeleben, aber die Chance war gering. „Hoffen wir, dass das funktioniert." Flaffy murmelte vor sich hin und drückte die Batterie in Mitchels Herz. Ein leichtes Piepen ertönte. Das Herz begann energisch, die Energie abzupumpen. Einige Zeit lang tat sich nichts. Aber es arbeitete noch, bis ein lautes Klicken ertönte. Flaffy gab den Befehl, den Hangar zu räumen. Alle außer Titan und Flaffy ließen alles stehen und liegen und verließen den Raum. Und noch ein Klacken ertönte. Titan kniff die Augen zu, so, als würde sie nur darauf warten, dass dieser Raum in Schutt und Asche gelegt wird. Ein weiteres Klicken ertönte. Flaffy schaute zu, gleich würde es so weit sein, dass die Energie explodierte. Ein Knall ertönte, aber sie waren nicht explodiert. Der Mantel des Herzens war aufgegangen. Darin lag eine Mechanik aus vielen extrem feine Zahnrädern, sie waren blau und schienen nicht greifbar. Die Kapsel war über ein paar Verbindungen mit dem

Herz verknüpft. Flaffy musste nur ein paar Riegel zur Seite schieben und er konnte es herausholen. Er nahm es vorsichtig heraus und drückte es Titan in die Hand. Er schaute sich das Herz ein letztes Mal an und bemerkte noch etwas: In der jetzt leeren Hülle stand etwas: „Er darf es nicht erfahren.“ Flaffy überlegte einen Moment, wer gemeint sein könnte, und kam zu dem Schluss, dass nur Cat gemeint sein konnte. Flaffy schaute Titan an. „Ein Wort zu Cat darüber und ich tausche deinen Kern aus!“

„Ist ja schon gut, ich schweige wie ein Grab.“ Titan gab ihm den Kern wieder. Flaffy steckte ihn vorsichtig in eine Tasche. „Wo habt ihr eigentlich die anderen beiden hingebracht?“

„Die sind auf der Krankenstation zum Check-up.“ Titan fügte trocken hinzu: „Wir hatten nicht erwartet, dass wir hier im Hangar mal eine Leiche aufschneiden, sonst hätten wir das im Leichenschauhaus gemacht.“

Flaffy schaute sich um. Er hatte völlig vergessen, dass sie in einem der riesigen Hangars waren, er hatte auch ausgeblendet, dass er auf einer Frachtkiste eine Obduktion durchgeführt hatte, wenn man das so nennen wollte. Er fiel aus seiner sehr angespannten Haltung in eine entspanntere: „Ruf einen Trupp, der hier sauber macht, und er soll erstmal in die Gefriertruhe.“

Titan gab sofort den Befehl weiter, während Flaffy sich Richtung Ausgang begab. „Und was hast du mit Cat vor?“ Titan fragte nur aus Neugier.

„So, wie ich Cat einschätze und ich ihn kennengelernt habe, wacht der im ungünstigsten Moment auf, den es nur gibt, und macht einen blöden Kommentar über unsere missliche Lage.“ Flaffy hatte sich gerade in Richtung Titan umgedreht.

„Ach, du weißt nicht, wie recht du hast, Flaffy.“

Cat nahm die Arme hoch und blickte Titan entgeistert an. „Hab ich es dir nicht gesagt, der wacht schon wieder auf.“ Jetzt zeigte er mit einer Hand auf Cat, der sich gerade hingesetzt hatte: „Und habe ich etwas verpasst vom Spaß?“

Flaffy drehte sich nun zu ihm um, aber Cat schaute gleich wieder in eine andere Richtung. Er war zwar wieder wach, aber das Loch in seinen Kopf war noch nicht verheilt. Eine Obduktion war für Flaffy schon genug an diesem Tag, aber ihn, ein lebendes Objekt, das sich bewegt, mit dem Loch im Kopf und dem blauen Blut verschmiert, zu sehen, war ihm zu viel. Er unterbrach Cat, bevor er seinen nächsten Satz beginnen konnte: „Bevor du mit MIR sprichst, sie zu, dass das Loch in deinem Schädel weg ist!“

Cat saß da wie ein dummer Schuljunge. Er drehte sich um, fummelte etwas und schlug sich mit der flachen Hand auf die Stirn. Flaffy fasste sich an den Kopf nach dem Motto: Wie soll man so arbeiten?

Cat hatte sich kurzerhand ein kleinen weißes Pflaster auf die Stirn geklebt, das gerade groß genug war, um die Wunde zu verdecken. Flaffy schüttelte den Kopf: „Das macht es nicht besser.“

Cat rollte mit den Augen. „Ich habe leider nicht mehr die Kraft, so was innerhalb von ein paar Sekunden zu regenerieren. Und was war los, als ich weg war?“

Flaffy war nicht schnell genug, um zu antworten, Titan tat es für ihn: „Nach der Evakuierung des Teams ist nichts weiter passiert. Wir haben es leider nicht geschafft, Mitchel wiederzubeleben. Ansonsten sind wir noch nicht weiter.“

Cat lächelte und nickte: „Das war wohl ein Schuss in den Ofen.“ Er sprang auf und marschierte Richtung Ausgang.

Flaffy wechselte einen kurzen Blick mit Titan. „Geh, ich räume hier auf.“ Titan holte sich ein paar Männer und wischte die Sauerei auf dem Boden auf.

Flaffy hingegen verfolgte Cat. Bis er ihn erreicht hatte, dauerte es eine Weile: „Und was hast du nun vor?“

„Das ist gründlich in die Hose gegangen. Ich habe alles falsch eingeschätzt. Ich habe dich und mich überschätzt, vor allem habe ich viel Kraft verloren bei unserem letzten Treffen mit Haydon.“ Cat kam sich mehr als schuldig vor an diesem Schlamassel, als er eigentlich Schuld hatte.

Aber Flaffy musste nachhaken: „Wie viel Macht hattest du denn damals?“

„Wenn du mich so danach fragst: Hätte ich gewollt, hätte ich Planeten bewegen können. Bevor du den KI-Kern hier eingesetzt hast, habe ich die Gravitationsschwankungen selbst im Zaum gehalten.“

Flaffy wurde schmerzhaft bewusst: Cat war von seinen Kräften her ein wahres Monster gewesen. Er blieb einfach stehen. Ihm wäre die Kinnlade runtergeklappt, hätte er bloß eine. Cat hingegen marschierte weiter geradewegs auf ein Portal zu, in dem er auch verschwand.

Ein weiterer Versuch

Cat hatte viel Zeit damit verbracht, weiter nach seinen alten Kumpanen zu suchen, leider erfolglos. Flaffy hingegen hatte sich damit beschäftigt, seinen kleinen Flieger weiter zu verbessern. Chantal und Anthony, die mehr oder weniger Langeweile schoben, hatten sich den Transporter angeschaut, der sie abgeholt hatte. Nach dem Beschuss sah die Panzerung etwas ramponiert aus. Beide schlichen mehrere Male um das Schiff herum. Sie fanden viele Kratzer aus alten Kämpfen. „Hey, schau mal hier“, rief Anthony zu Chantal. „Ich hab sie gefunden.“ Er kratzte eine Kugel aus der Panzerung. „Kannst du im System mal bitte schauen, ob es ein Bild von Cats Verletzung gibt?“

„Ich verstehe, du willst rauskriegen, ob das eine von den Kugeln war, die auch Cat getroffen haben.“ Sie schaute in der Datenbank nach einem Bild und natürlich hatte Titan eines. Es sah zwar nicht unbedingt gut aus, aber die Kugel passte. „Das ist eine von den Kugeln.“

Chantal lobte Anthony. „Ich bring sie ins Labor.“

Anthony krauchte weiter unter dem Schiff herum, um vielleicht weitere Kugeln zu finden. Es dauerte nicht lange, bis er noch ein paar davon zusammen hatte. „Was hältst du eigentlich davon?“, fragte er Chantal, als sie wiederkam.

„Was meinst du?“ Sie hatte die Frage nicht richtig deuten können.

„Die Geschichte mit Cat und dem, was Mitchel uns erzählt hat“, fuhr sie fort. „Irgendwie ist diese Geschichte etwas unglaubwürdig, ich meine, er soll den Urknall ausgelöst haben, andererseits arbeiten wir auf einem Schiff, das größer ist als ein Sonnensystem. Ich glaube, diese Geschichte hier ist ein abgekartetes Spiel." Und wieder fiel eine Patrone in die Schachtel. „Aber ich habe da so ein komisches Gefühl bei dieser Geschichte, wir kennen auch nicht alle Fakten. Cat erzählt uns schließlich nicht die gesamte Wahrheit."

„Da hast du auch recht", stimmte Chantal zu. Wieder schlich sie davon, um ein paar der Kugeln wegzubringen und damit war das Gespräch beendet.

Obwohl Flaffy versuchte, sich mit Basteleien abzulenken, konnte er irgendwie nicht aufhören, an die Entstehung dieses Universums zu denken. Ob Cat das mit Absicht getan hatte? Oder hatte ihn jemand dazu gezwungen? Für ihn war es mittlerweile ein Leichtes, die Einzelteile mittels seiner Gedanken zu fertigen. Er hatte jetzt etwas Übung darin. Er hatte schon einmal versucht, Cat darauf anzusprechen, was denn damals passiert war, aber der war seiner Frage geschickt ausgewichen. Cat war immer ehrlich zu Flaffy, wann immer er mit ihm sprach. Aber er hatte die etwas sonderbare Angewohnheit, ihm nicht immer alle Fakten zu nennen. Auch wenn er in seiner Arbeit vertieft war, hatte er dennoch Momente, in denen Flaffy sich einfach auf seine Couch setzte und nachdenklich in die Weiten des Alls starrte. Für Flaffy war das Leben auf der Titan wie ein schöner Traum, der in Erfüllung gegangen war. Alles war einheitlich, egal, wo man hinging: dieselbe Sprache, dieselbe Ideologie und dieselben Wertvorstellungen. Alle hatten zu arbeiten, es gab niemanden, der sich nur ausruhen konnte. Auch er nicht. Er hatte täglich seine Zeit in der Kommandozentrale abzuarbeiten. Er hatte mit allem zu tun: Bauplänen, Kursdaten, Bauplanung und vielem mehr. Er war seit dem Zusammentreffen mit Mitchel fast alleine auf der Brücke als höchster Offizier. Wraith und Cat waren ausgeflogen, sie hatten sich mit der Hochleistungsantenne auf den Weg gemacht, um weiterzusuchen. Auch wenn das einen faden Beigeschmack hatte: Ist die Katze nicht zu Hause, tanzen die Mäuse auf den Tischen. Auch wenn Cat nicht da war, hielten Flaffy und Titan alles am Laufen.

Flaffy hatte endlich mal eine ruhige Minute, wenn keine Anträge reinkamen, die er bearbeiten musste. Sie hatten Kurs auf eine andere Galaxie genommen. Flaffy genoss für einen Moment den Anblick, bis vor ihm ein kleinen rotes Licht leuchtete: „Ein Notruf. Von wem soll der sein? Wir sind doch außer Reichweite." Er drückte auf den kleinen Knopf. Eine Stimme war zu hören: „Titan, bitte kommen, hier ist CS, es gibt hier auf der Erde erhebliche Schwierigkeiten."

Flaffy antwortete: „Hier ist Flaffy, oberster Befehlshaber der Titan, welche Schwierigkeiten gibt es?"

„Flaffy?", antwortete die Stimme.

Flaffy erinnerte sich nicht an den, der da sprach: „Kennen wir uns?", fragte Flaffy zurück.

„Du erinnerst dich also wirklich nicht, ich habe dir damals auf der Erde geholfen, als ihr nach Cat gesucht habt."

„Okay, CS, was brauchst du?"

„Ist Cat da? Hier auf der Erde ist die Energie der sieben Portale extrem angestiegen, und als ob das nicht genug wäre, ist sie auch noch instabil."

„Ich verstehe, ich komme sofort." Damit beendete Flaffy die Unterhaltung. „Titan, kannst du mich auf die Erde bringen?"

Titan erschien hinter ihm. „Klar kann ich.“ Sie zeigte auf ein Portal hinter sich: „Dort geht es zum Kontrollraum der Erde.“

Als Flaffy hindurchschritt, war er in einer riesigen Kanzel. Um ihn herum war ein gewaltiges Schaltpult, von dem aus man Geschehnisse kontrollieren konnte, die auf der Erde stattfanden. „Und wie komme ich auf die Erde?“, fragte er Titan.

„Warte kurz, Cat hat damals die Reise eingeschränkt, ich werde das für dich ändern.“ Titan begann an einer Konsole zu schreiben.

„Ich dachte, du bist mit allen Systemen hier verbunden?“, fragte Flaffy nach.

„Naja, nicht ganz, die Konsolen hier im Lager, die für die Planeten zuständig sind, sind unabhängig von mir, damit sie bei einem totalen Systemausfall noch funktionieren, eigentlich ist für jeden Planeten, den wir beherbergen, ein Admin eingeteilt, aber Cat scheint für den hier noch keinen ernannt zu haben.“

Hinter den beiden, direkt in der Mitte des Raumes, öffnete sich ein Tor auf dem Boden. „Das ist dein Ticket zur Erde. Ich bleibe hier, um alles zu überwachen.“ Titan stützte sich nun rückwärts auf die Konsole. Flaffy warf ihr einen dankbaren Blick zu und verschwand in dem Portal.

„Was für ein Klischee, das ich genau hier auf dem Empire State Building gelandet bin, irgendwie traurig.“ Flaffy schaute sich um. Er stand auf der Aussichtsplattform, er konnte New York überblicken. Hinter ihm ging die Fahrstuhltür auf. „Lange nicht gesehen, Chef.“ Es war CS.

Flaffy drehte sich um: „Aber es ist doch noch nicht so lange her, dass wir von der Erde weg sind?“

„Das stimmt, Flaffy, aber auf der Erde vergeht die Zeit doch etwas schneller als bei euch.“

„Was gibt es für Probleme? Weswegen hast du angerufen?“

„In letzter Zeit gibt es besondere Ereignisse hier, es hat mit dem Netz zu tun. Seitdem Cat hier erwacht ist, gibt es immer mehr Zwischenfälle.“

„Was meinst du damit?“

„Es gibt Menschen, die besondere Fähigkeiten erlangen, oder andere, die die Macht nutzen wollen, es gibt auch schon extreme Zwischenfälle, es kommen Leute zu Schaden.“

Flaffy war wirklich unberührt von den Problemen hier, er schaute sich um, wie die Autos durch die Luft flogen, für ihn war es ein normaler Anblick: „Sind sie schon im Stadium für interstellare Reisen?“

„Nein, sind sie nicht, aber ihr Übermut, alles kontrollieren zu wollen, forderte schon viele Leben. Ich habe fast alle staatlichen Einrichtungen unterwandert, es dauert nicht mehr lange, bis ich die Erde von hier aus kontrollieren kann, aber das nützt nichts, wenn sie sich vorher in Stücke reißen, Ich weiß ja nicht, ob es dir bewusst ist, aber es hat sich viel verändert. Seit dem Anschlag ist die Klassengesellschaft wieder modern, du weißt doch, ‚die Armen werden ärmer und die Reichen werden reicher‘. Ich würde das System gerne ändern, aber dafür brauche ich etwas Hilfe von dir.“

„Was brauchst du?“

„Mein Ziel ist es, diese Zivilisation von innen heraus zu verändern, sodass sie das nicht mitbekommt. Du kennst dich sicher besser mit dieser Energieform aus als ich, aber es gibt Menschen, die sie nutzen können, so, als hätten sie eine Verbindung zu dieser Energie. Ich möchte probieren, besondere Menschen zu finden, die vielleicht nützlich für die Titan sein könnten“, fuhr CS fort. „So in der Art, ein Team aus den unterschiedlichsten Menschen, einzigartig. Würde ich alles jetzt beenden, hätten sie keine Chance, sich zu entpuppen, aber mit etwas Zeit könnte das echt Früchte tragen.“

Flaffy drehte sich um und schaute in die Welt.

CS versuchte seine Gedanken zu deuten: „Keine gute Idee?“

Flaffy drehte sich wieder zu ihm um: „Weißt du, ich hasse die Menschheit über alles. Mach deine Experimente. Um ehrlich zu sein, wie du an das Ziel kommst, ist mir so was von egal. Tu, was du tun musst!“ Mit diesen Worten verschwand Flaffy wieder.

CS drehte sich um und rieb sich die Hände: „Das wird ein Mordsspaß!“ Mit einem höllischen Lachen im Hintergrund verschwand er vom Empire State Building.

„Und wie war es auf der Erde?“ Titan stand immer noch an ihrem Pult.

„Nichts Besonderes, CS soll sich um die Ameisen kümmern.“

Titan schaute ihn komisch an. Das war nicht seine Art, eigentlich gab nur Wraith solche Befehle, aber dass Flaffy so was tat, war ihr neu. Cat war bei solchen Sachen auch nie zimperlich gewesen, aber dass Flaffy dies tat ... Er musste sie wirklich hassen, die Menschen. Auch wenn er CS diese Aufgabe gegeben hatte, es gab eine Frage, die ihn immer noch quälte: Wer war er eigentlich und warum hatte er ihnen damals geholfen? Zwei Fragen, auf die er die

Antwort nicht wusste. Das Einzige, was er wusste, war: CS ist auch ein Werk von Cat. Er muss etwas damit zu tun haben. Flaffy stand da und blickte voller Verachtung auf die Erde. Es war ihm gar nicht bewusst gewesen, wie viel Zeit vergangen war, seitdem sie zusammen die Erde verlassen hatten: „Titan!“

„Was gibt es?“, antwortete sie stumpf.

„Wie viele Jahre sind vergangen, seitdem wir mit Cat geflohen sind?“

„In Erdenjahren sind es ungefähr 50 Jahre.“

Flaffy war es nicht bewusst geworden, wie lange sie schon auf der Titan waren. Aber sie waren kein Stück gealtert, Anthony und Chantal hatten sich nicht viel verändert.

„Warum merken wir das hier nicht so extrem?“, stellte Flaffy die nächste Frage.

„Ich als Titan bin ein Konstrukt, das von allen Dimensionen unabhängig agieren kann. Ich selbst bin eine Dimension. Ich kann Zeit und einige andere physikalischen Regeln für mich manipulieren. Nur die Planeten, die wir transportieren, stecken noch immer in der Dimension, aus der sie kommen. Sie sind nur in mir und nur die Kugel, in der sie stecken, ist wie ein riesiges Portal, das sie umgibt zu der Stelle, an der sie sich eigentlich befinden sollten, deswegen gibt es einige Unterschiede im Zeitempfinden von uns und den Bewohnern“, begann Titan zu erklären, aber bevor sie weitermachen konnte, unterbrach sie Flaffy: „Das erklärt einiges, aber woher kommt diese ganze Technik, wie hat man dich gebaut?“

„Als Cat und der Schöpfer mich bauten, gab es viele dieser Techniken schon. Wer sie erfunden hat, weiß ich nicht, auch nicht, woher sie die Materialien hatten.“

„Fünfzig Jahre, es kam mir vor wie ein paar Tage, kannst du mir eigentlich sagen, was dieser CS ist?“ Flaffy machte einen harten Themenwechsel und setzte sich auf eine der Konsolen.

„CS, naja … Ich weiß nicht viel, nur die Infos, die ich von Cat bekommen habe, wenn du sie hören willst?“

„Na dann, schieß los.“ Flaffy wollte sich diese Geschichte nicht entgehen lassen.

Titan begann zu erzählen: „CS ist wie ich eine KI, sie stammt ungefähr aus der Zeit wie du. Ab dem Moment, wo die Energie freigesetzt wurde, gab es auf der Erde einen extremen technischen Fortschritt, aber CS ist fast zeitgleich zu dir entstanden. Er war auch mal ein Mensch, aber nach einem Unfall begann er zu zerfallen, man versuchte es mit Neuronentechnik auszugleichen, aber es war nicht aufzuhalten. Nachdem man glaubte, dass er tot sei, begann er, sich einen Kernprozessor zu bauen, der meinem sehr ähnlich ist. Nur die Technik, die er verwendet hat, ist nicht so fein wie meine, aber das Prinzip ist dasselbe. Er selbst hat einen Hauptkörper und viele Lakaien, die ihm sehr ähnlich sehen, er ist ein Kollektiv. Seine Aufgabe ist es, Zivilisationen zu lenken. Seine moralischen Grenzen sind, naja, sehr großzügig ausgelegt. Er agiert aus dem Schatten, manipuliert, intrigiert und macht notfalls auch radikalere Dinge, um sein Ziel zu erreichen. Kontrolle! Sein Aufgabe ist es, Zivilisationen auf das Erreichen der intergalaktischen Reisen vorzubereiten. Auf der Erde sieht das, naja, etwas schwierig aus. Die meisten Zivilisationen kommen sich mit voranschreitender Technik immer näher, Kriege vergehen und sie beginnen, ein großes Land zu bilden. Auf der Erde sieht das etwas anders aus. CS ist unabhängig von uns, aber er untersteht direkt Cat, Wraith und dir und er hat noch eine Besonderheit, ihm gehört ein Heiliges Objekt! Es ist …“

Ein lautes Krachen fuhr durch die Titan.

„Was war das?“, fragte Flaffy stumpf.

„Das muss eines der Triebwerke gewesen sein.“ Titan forderte einen Schadensreport an. Eines der beiden vorderen Triebwerke hatte einen Schaden.

„Was kann solch einen Schaden anrichten?“

Titan schaute sich um. „Ein derartiger Schaden muss ein Angriff gewesen sein.“

„Dann sollen alle in Alarmbereitschaft versetzt werden!“ Flaffy wollte am liebsten sofort wissen, wer angegriffen hatte. „Wie lange wird die Reparatur dauern?“

Titan antwortete: „Nicht wirklich lange. Es sind nur Schäden in der Kühlerfront, das war bestimmt Haydon, dieser …!“

„Was macht dich da so sicher?“ Flaffy hatte auch diesen Verdacht.

„Du erinnerst dich doch sicher noch an Cats Vortrag? Meine erste Schicht ist gehärtet, man benötigt extrem viel Energie, um sie überhaupt zu durchschlagen. Wenn sie danach noch Schaden anrichten soll, ist der Kraftaufwand riesig, außer man hat ein Heiliges Objekt, mit ihnen ist meine Panzerung kein Thema mehr und wie wir wissen, hat Haydon gleich zwei in seinem Besitz.“

Flaffy und Titan waren so schnell wie möglich in der Zentrale, alle waren intensiv bei der Arbeit, überall wurde getippt und geschrieben. Sofort ordnete Flaffy einen Umgebungsscan an. Von der Brücke aus etwas zu erkennen, war wirklich schwer. Vor allem, wenn es ein kleines Raumschiff sein sollte. Alle warteten gespannt auf ein Ergebnis, für einen Moment war der Raum still und ein paar Minuten später fiel der Hammer. Ein kleines Schiff wurde gefunden. Alle begannen wieder weiterzuarbeiten. Flaffy holte sich Bilder des Schiffes auf seinen Bildschirm. Es war wirklich nichts Besonderes. Es sah mehr wie ein Tropfen Wasser aus, der fallend durch das Universum fliegt. Es hatte eine glatte Oberfläche und schien äußerlich keine Waffen zu besitzen. „Wird es einen weiteren Angriff versuchen?“, fragte Flaffy Titan.

„Nein, wird es nicht. Das ist ein Lockvogelmanöver.“ Cat trat gerade aus einem Portal hervor: „Dieses Manöver sind Haydon und Kryon geflogen. Erstellt wurde es von Sykes. Kurz gesagt, es ist eine Falle.“

„Was schlägst du vor?“, fragte Flaffy nach seinem Befehl.

Cat grinste: „Wenn es eine Falle ist, lassen wir sie einfach zuschnappen.“

Alles setzte sich in Bewegung und ein Portal öffnete sich, das zu den Hangars führte. „Wie hast du es überhaupt so schnell hierher geschafft?“ Flaffy war neugierig, wie er es in der kurzen Zeit auf die Titan schaffen konnte.

Während sie die Schiffe fertig machten, antwortete Cat: „Ich habe eine Spur aus Energie von der Titan aus gezogen, somit konnte ich von weiter weg über ein Portal auf die Titan reisen, ich hatte schon geahnt, dass er dich angreifen würde, wenn ich nicht da bin, aber er rechnet sicher auch damit, dass ich schnell wieder da bin.“ Mit diesen

Worten machte Cat einen Satz und saß in seinem Raumschiff. Flaffy hingegen setzte sich in sein kleines selbst gebautes Schiff. Es sah richtig zierlich aus im Gegensatz zu allen anderen. Von einer anderen Seite kamen Anthony und Chantal angerannt: „Sollen wir auch mitkommen?“, fragte einer der beiden. Cat schaute sie an: „Nein, diesmal nicht. Haltet euch mit einem Transporter in Bereitschaft, wir werden euch später brauchen.“

Mit diesen Worten flog er los. Flaffy war direkt hinter ihm. Mit einer kleinen Staffel Flieger machten sie sich auf den Weg, um Haydons Schiff zu verfolgen. Ein Funkspruch an Flaffy kam rein: „Flaffy, ich muss dich noch warnen. An dem Schiff, das wir verfolgen, sind feine dünne Drähte angebracht, die sich wie eine Turbine um das Schiff drehen. Er wird uns zu riskanten Manövern verleiten und versuchen, uns zu rammen. Wenn das Schiff nicht zu verändert ist, müssen wir nur auf Abstand bleiben, aber sei auf alles vorbereitet!“ Damit war die Übertragung von Cat zu Ende. Die Aufgabe war eigentlich klar. Um jeden Preis zu versuchen, Haydon auszuschalten. Flaffy sollte den Lockvogel spielen, während Cat versuchte, ihn zu bezwingen.

Es dauerte nicht lange, bis sie auf ihn trafen. Cat hatte sich derweil von der Gruppe entfernt und eine außenstehende Position eingenommen. Flaffy begann, Haydon an den Fersen zu kleben. Auch wenn sein kleines Schiff genügend Power hatte, konnte es doch nicht mit einem Schiff mithalten, das von Heiligen Objekten angetrieben wurde. Seine Bewegungsmuster waren schon fast willkürlich. Es war wirklich schwer, ihm zu folgen. Er versuchte krampfhaft, ihn abzuschütteln, bis vor ihm Cat auftauchte. Haydon schien schon fast damit zu rechnen, dass Cat dort auftauchen würde. Haydon tauchte nach unten ab. Flaffy und Cat flogen aneinander vorbei und folgten ihm weiter, bis Haydon eine Sturzbremsung hinlegte. Cat wich nach oben aus, aber Flaffy hatte nicht damit gerechnet. Haydon hatte bereits ein Grinsen im Gesicht, er war sich sicher, einen von beiden erwischt zu haben. Flaffy flog seitlich an ihm vorbei. Er schien einfach durch die Fäden hindurchzugleiten. Sein Schiff war so klein, dass er durch die Zwischenräume hindurchflog. Es ging noch eine Weile so weiter, zwischendurch landete Cat oder Flaffy mal einen Treffer. Ein Funkspruch von Cat verriet das nächste Vorgehen: „Flaffy, ich werde mich an ihn dranhängen. Wenn etwas Unerwartetes passieren sollte, setz ein Signal ab und folge mir."

Er drehte ab. Direkt auf Haydon zu. Nur einen kurzen Augenblick später schien sein Schiff in Hunderte kleine Scheiben zu zerfallen. Cat hingegen, der darauf vorbereitet war, fischte sich einen der Stränge und hielt ihn fest. Es dauerte einen Moment, bis er von dem Schiff mitgezogen wurde. Flaffy versuchte weiterhin, Haydon zu kriegen, aber er musste auch aufpassen, dass er Cat nicht traf. Cat hingegen schnitt mit seinem Schwert einen Draht nach dem anderen ab und begann immer weiter nach oben zu klettern. So langsam bildeten sich auch Schweißperlen auf Haydons Stirn. Mit so einem energischen Vorgehen von Cat hatte er nicht gerechnet. Langsam wurde die Sache eng. Cat war schon fast an dem Schiff dran und Flaffy kam von vorne auf ihn zugeflogen. Er brachte nur noch ein stumpfes Ausweichmanöver zustande. Haydon war in die Enge getrieben worden, obwohl er zwei Heilige Objekte hatte. Er konnte doch nicht so einfach verlieren. Cat und

Flaffy wussten auch schon, dass er noch mindestens ein Ass im Ärmel hatte. Nun hatte er beide im Schlepptau. Cat und Flaffy. Ausweichen war nicht mehr, er hatte nur noch einen Trumpf. Ein kleines komisches Leuchten entstand vor ihnen. Es sah aus, als würde ein Portal vor ihnen auftauchen. Cat hing da und schaute Flaffy an. Der schien ihn zu hören, wie damals, als er ihn in seinen Träumen gesehen hatte. „Flaffy, der Funkspruch, und versuche aufzuholen!"

Was sich da bildete, war ein Portal, durch das sie irgendwohin gebracht werden. Flaffy beschleunigte auf das Heck von Haydon zu. Das Portal wurde immer größer. Sie flogen geradewegs auf die Kugel zu. Es dauerte nur einen kurzen Augenblick, bis sie das Tor passierten, in dieser einen Sekunde konnte man den Tunnel sehen, durch den sie flogen, und wie sich die Energie, aus der er bestand, bewegte. Auf der anderen Seite waren sie mitten in einem Sonnensystem. Flaffy schaffte es nur noch knapp mit hindurch, bevor es sich schloss. Das Sonnensystem hatte zwei Sonnen und gerade mal drei Planeten. Flaffy setzte sofort einen Ping ab, um zu erfahren, wo die Titan war. Eine Sekunde, zwei, drei, es kam nichts. Auf dem normalen Weg konnte er die Titan nicht erreichen. Flaffy versuchte es noch mal mit einem anderen Transmitter, der nicht auf der Basis von Licht und Funkwellen arbeitete. Auch hier dauerte es eine Weile, aber es kam eine Antwort. Die Titan war mehrere tausend Lichtjahre von ihnen entfernt, auch dieses Schiff brauchte dafür eine Weile. Cat schnitt derweil das letzte Seil von dem Schiff ab, an dem er hing. Damit war nun die Steuerung gänzlich unmöglich. Haydon schoss sich mit einer kleinen Rettungskapsel in Richtung Planet. Bis Flaffy nun endlich bei ihm war, hatte Haydon schon wieder einen beträchtlichen Vorsprung erlangt.

Flaffy sammelte Cat auf. Für beide, die in diesem kleinen Schiff saßen, war es ziemlich kuschelig eng. Haydon war derweil auf einem der Planeten notgelandet. Er war fast komplett mit Eis bedeckt. Ein kleiner Streifen entlang des Äquators war eine habitable Zone, wo sogar vereinzelt kleine Siedlungen von intelligentem Leben waren. Sie schienen sich aber in einem ähnlichen Stadium zu befinden wie die Menschen im Mittelalter. Die beiden wussten, dass die Situation heikel war, die Titan war zu weit entfernt, um Hilfe zu senden. Eine Nachricht von der Titan ging ein. Anthony hatte geschrieben, die Nachricht war allerdings etwas unvollständig: „… haben Koordinaten … sind in vier … bei euch … schicken Wraith voraus …“ Mehr war es nicht, was bis zu ihnen durchkam.

Cat und Flaffy waren fürs Erste auf sich gestellt. Aber sie waren fest entschlossen, Haydon zu fassen. Sie entschlossen sich erstmal, auf dem Planeten zu landen und sich wieder neu zu ordnen. Sie waren froh, wieder festen Boden unter den Füßen zu haben. Sie waren nicht weit von Haydons Landeplatz entfernt, aber immer noch weit genug, dass er nicht gleich neben ihnen stand. Sie waren auf einem Berg gelandet. Die Aussicht war recht gut mit den ganzen weißen Bergen, nach denen irgendwann mal ein schmaler grüner Streifen kam.

Cat und Flaffy saßen nun da auf dem Berg und blickten über die Landschaft. Cat hatte eine Flasche Wasser in der Hand: „Was meinst du, wann werden die anderen hier auftauchen?“

„Ich würde meinen, wir bereiten uns darauf vor, ohne sie zurechtzukommen, denn ihre Nachricht war nicht unbedingt eindeutig, könnten vier Stunden oder auch Tage oder Wochen sein“, gab Flaffy keine klare Antwort auf Cats Frage.

„Du hast recht, versuchen wir, so weit zu kommen wie möglich und dabei nicht draufzugehen. Ich weiß nur, dass sie die Vorhut schicken werden, Wraiths Schiff wird als erstes hier sein. Es ist etwas schneller auf kürzeren Strecken.“

„Also werden wir versuchen, ihn ohne Verstärkung zu schnappen.“ Flaffy wollte Klarheit schaffen und stellte sich nun hin.

Cat schaute ihn kritisch an. „Wir werden ihn nicht besiegen, aber ich hoffe, dass ich ihm eine seiner Waffen abnehmen kann.“

„Was wäre denn am vordringlichsten?“ Flaffy wusste, dass er mehrere hatte.

„Wir werden versuchen, ihm den Würfel abzunehmen, er ist für uns am gefährlichsten, aber viel wichtiger ist: Er kann ihn nicht dauerhaft bei sich tragen.“

„Warum, ich habe doch auch meine Rüstung immer an mir.“

„Deine Rüstung ist auch ein Heiliges Objekt, aber ihre Schwächen sind sehr unterschiedlich und sie wirken auch unterschiedlich auf die Psyche und auf den Körper. Der Kristall schlägt sehr auf die körperliche Verfassung. Der Würfel schlägt extrem auf die Psyche, weil er den Geist eines Lebewesens einfach überfordert. Haydon ist ein Meister mit dem Kristall, er hat ihn, seitdem er in meinem Team ist. Er kennt seine Schwäche bis ins kleinste Detail und schafft es sogar, diese zu umgehen. Bei dem Würfel der Formen ist das anders, der Geist muss extrem belastungsfähig sein, um ihn effektiv zu nutzen, außerdem braucht man dafür eine lebhafte Fantasie, die er nicht hat. Wir haben große Chancen, ihm den abzunehmen, wenn er ihn ablegt, auch das Tragen am Körper ist belastend. Er wird ihn einfach verschließen in einem Raum, zu dem nur er Zugang hat.“

„Okay, aber du hast doch auch die ganze Zeit das Schwert bei dir?“

„Das hat andere Nebenwirkungen. Es ist zwar in der Lage, alles zu schneiden, aber an der einen Seite ist es stumpf. Da es nur einseitig ist, kann man es im Kampf, wenn man weiß, wie, ganz einfach parieren.“

Flaffy war skeptisch, aber er hatte keine weitere Einwände. Sie hatten viel zu bedenken. Hatte Haydon Verbündete? Wer war diese mysteriöse Figur, die auch Mitchel erschossen hatte?

Sie machten sich auf den Weg, sie wussten ungefähr, wo er gelandet war oder besser, wo er seine Bruchlandung gemacht hatte. Sie hockten sich wieder in den kleinen Flieger und flogen zum Landeplatz. Flaffy blieb im Flieger, während Cat die Kugel untersuchte. Sie war nach dem Absturz sehr lädiert. Das Schiff sah jetzt aus der Nähe ganz anders aus. Es hatte überall Stellen, die durchsichtig blau gefärbt waren. Einige Stellen waren lückenhaft, dünne Linien ließen seine Umrisse nur erahnen.

Cat kam zurück zum Schiff. „Haydon kann noch nicht weit sein. Die unausgefüllten Stellen sind ein Beweis dafür, dass er mit dem Würfel nicht umgehen kann. Dieses Modell war vorgefertigt und gespeichert. Er hat es etwas verändert, dadurch kommen diese Löcher zustande. Solange er in einer gewissen Nähe ist, bleiben die unvollständigen Teile erhalten. Wenn er zu weit weg ist, verschwinden sie."

„Du hast ihn wohl selbst schon verwendet."

„Naja, neunzig Prozent der Maschinen, die auf dem Würfel gespeichert sind, habe ich gebaut." Cat schien auf etwas zu warten.

Flaffy wurde langsam ungemütlich: „Auf was warten wir?"

Cat hob die Hand und ein paar Sekunden später verschwanden die Stellen langsam und schienen in eine bestimmte Richtung zu verwischen. An einigen Stellen konnte man sogar die Energiefäden sehen. Viel von dem Schiff verschwand einfach. Cat schaute Flaffy an und zeigte in die Richtung, in die die Energie sich verzog: „In dieser Richtung finden wir Haydon, noch eine Schwachstelle des Würfels, wenn man nicht damit umgehen kann."

Beide machten sich auf den Weg, um nach ihrem Widersacher zu suchen. Sie wanderten ein oder zwei Kilometer, bis sie auf eine Festung stießen. Fast wie ein Podest ragten an seinen Seiten riesige Eiskristalle in die Luft. Auf ihnen stand Haydon und noch eine weitere Person. Cat und Flaffy standen unten am Fuß dieser bedrohlich wirkenden Säulen. „Hallo ihr Zwei!", schallte es von dem Podest herunter." Es war Kryon, der zu ihnen sprach: „Und, Cat, hast du ein paar neue Spielzeuge gefunden?" Er war nicht so wie Mitchel. Er hatte einen wahren Hass auf Cat, warum, schien auch Cat sich nicht erklären zu können.

„Was soll das? Als wir uns vor eurem Verrat getroffen haben, hattet ihr noch nicht so einen Hass auf mich, woher kommt das bloß?“ Cat wollte auch Gewissheit haben, warum sie das getan hatten.

„Cat, weißt du eigentlich, was es bedeutet, einer deiner Wächter zu sein?“, stellte Kryon ihm eine Frage.

„Nein, ich weiß es nicht“, antwortete er gelassen.

„Alles, was man will, bekommt man, wenn man es braucht, aber mit all dem Guten kommt auch etwas Schlechtes, die Ewigkeit. Für immer dein Sklave zu sein. Nicht zu sterben durch die eigene Hand. Nur wenn es erlaubt wird, das Zeitliche zu segnen. Und wer bestimmt das? Du natürlich, und du hattest schon immer Freude daran, andere an dich zu ketten.“ Seine Stimme war verzweifelt.

Flaffy sah Cat an. „Ich glaube, da kommt jemand mit den Tausenden von Jahren nicht klar.“

Cat grinste. „Es ist der Segen der Titan, nicht sterben zu können und immer wieder aufzuerstehen. Du wirst immer noch von ihr beschützt, weil du an ihr hängst.“

„Dieser Fluch ist der Wahnsinn und du kontrollierst ihn, du hast sogar Mitchel, deinen eigenen Kameraden, für deine eigenen Ziele getötet.“

Flaffy warf Cat einen fragenden Blick zu. Der zuckte nur mit den Schultern. Haydon schien sich aus der Unterhaltung herausgezogen zu haben, aber er schien im Hintergrund immer noch anwesend zu sein. Flaffy wusste jetzt, dass Kryon nicht über alles im Bilde war. „Ich war es nicht, der immer alle Befehle gegeben hat. Ihr habt mich immer nach meinen Anweisungen gefragt. Ihr hättet auch alleine agieren oder ein schönes Leben genießen können. Ich habe euch nie bevormundet. Ich habe nur an einigen Stellen mal klar gemacht, wer der Anführer der Truppe ist, und wir haben weiß Gott nicht so viele große Einsätze gemacht, wo explizite Befehle umgesetzt werden mussten. Das habt ihr euch selbst auf die Fahne zu schreiben." Cat war nun etwas angepisst.

Flaffy musste sich nun einschalten: „Hey Kryon."

„Was willst du von mir?" Kryon war merklich sauer.

„Woher willst du wissen, dass Mitchel von Cat umgebracht wurde?"

„Haydon hat mir die letzten Aufzeichnungen von Mitchels Bunker gezeigt. In denen sieht man, dass er ihn, bevor er in das Schiff stieg, umgebracht hat!"

„Weißt du auch, dass Haydon im Besitz von zwei heiligen Objekten ist?"

Kryon zuckte zusammen. „Er hat doch nur den Würfel der Formen, oder?", fragte er verunsichert.

„Du weißt nicht, was hier gespielt wird. Haydon hat dir nicht alles erzählt."

Flaffy war nun klar, was Haydon mit ihm gemacht hatte. Der Drei-Herzen-Diamant hatte ihn fest im Griff. Haydon hatte Kryon zu einer Marionette gemacht. Langsam schien Kryons Verstand ein Licht aufzugehen. Auch wenn er Cat hasste, was er noch mehr hasste als ihn waren Manipulationen. Er drehte sich zu Haydon um: „Du hast ihn umgebracht, nicht Cat?"

Haydon hatte ein breites Grinsen auf den Lippen. Gerade als Kryon ihm einen Schlag verpassen wollte, erstach er ihn mit dem Diamanten. Gerade durch ihn hindurch, aber es war nicht so, als würde er daran sterben. Bis zu dem Punkt hatte er nur seine Wahrnehmung und seinen Geist getrübt. Jetzt wurde sein Körper von einer glänzenden Schicht Kristallen überzogen. Cat beugte sich zu Flaffy rüber: „Setz sofort ein Notsignal höchster Dringlichkeit ab. Wenn wir das hier überleben wollen, brauchen wir schnell Hilfe. Ich versuche, uns etwas Zeit zu erkaufen!“

Cats Plan war nicht ganz aufgegangen, auch wenn er den Würfel haben wollte, das hatte er nicht kommen sehen. „Flaffy, du übernimmst Kryon, deine Aufgabe ist, nicht draufzugehen. Auch wenn seine Spezialität die Verteidigung ist, er kann dermaßen austeilen, vor allem, wenn er von einem Heiligem Objekt kontrolliert wird. Ich übernehme Haydon, wenn wir Glück haben, überleben wir lange genug, bis eine Ablenkung vorbeischaut.“

Flaffy war nicht unbedingt zuversichtlich, dass dieser Plan aufgehen würde. Kryons Verwandlung war nun abgeschlossen. Er war nun komplett zu einem Kristallmonster mutiert. Ein Gegner, der Kristalle und Eis kontrollieren konnte, war Flaffy, der praktisch noch in der Lehre war, absolut überlegen. Ihm ging der Arsch auf Grundeis. Wie Cat gesagt hatte, er musste nur überleben, alles andere war egal. Er wusste, Cat hatte mit Haydon, der zwei Heilige Objekte besaß, genug zu tun, mit solch einem lästigen Wesen würde er nicht auch noch zurechtkommen.

Der Kampf begann. Zuerst sprang Kryon herunter und griff Flaffy mit fliegendem Eis und Bodensperren an. Flaffy ging in die Defensive. Er wusste, er muss ihn nur hinhalten. Einen schweren Schlag nach dem anderen musste er abwehren, alles, was er machte, war parieren und Schaden von seinem Körper fernzuhalten.

Cat hingegen kämpfte mit Haydon, der zwischen dem Würfel, dem Diamanten und seinem Degen wechselte. Er griff in unterschiedlichen Mustern an. Auch wenn Cat sie nicht kannte, konnte er sie dennoch parieren und einen

Gegenangriff starten. Alles, was Haydon machte, war offenbar halbherzig. Die geformten Gebilde des Würfels schienen immer sofort zusammenzubrechen, nachdem sie fertig gebaut waren. Sie funktionierten einmal und verschwanden. Der Diamant machte Cat mehr zu schaffen. Auch wenn er von Flaffy gegen Energieabgabe geschützt war, machten Haydons hochenergetische Angriffe ihn mürbe. Es dauerte nicht lange, bis Haydon auch über Cat die Oberhand gewonnen hatte. Cat musste bei dem Kampf dermaßen viel Energie einbüßen, genauso wie Flaffy, er war am Ende seiner Kräfte, nachdem er sich einige direkte Treffer eingefangen hatte. Seine Ausdauer war noch viel zu schlecht, um gegen einen Gegner dieses Formats zu bestehen. Langsam könnte die Verstärkung doch mal eintreffen. Cat stand mit dem Rücken zur Wand, auch wenn er am liebsten explodieren würde vor Wut, dass sein kleinerer Schüler ihn besiegen würde. Er wusste, wenn er weiterkämpfen würde, dann hatte Haydon die Chance seines Lebens, alle Heiligen Objekte zu bekommen. Davor hatte Cat Angst. Haydon würde alles auf den Kopf stellen.

In diesem Moment kam ein Transporter der Titan angeflogen. Es war ein Schiff der Voyager-Klasse, nur ein Erkunder. Aber sie waren echt schnell. Das Schiff landete nicht weit von ihnen entfernt, aus ihm stürmten Chantal, Anthony und Wraith. Cat wusste, Wraith könnte die Sache ausgleichen, er war der am gefürchtetste Kämpfer der Titan. Aber er würde es nicht rechtzeitig zu Cat schaffen. Der holte aus und schmiss das Schwert mit seiner letzten Kraft zu Flaffy, der immer noch von Kryon belagert wurde. Flaffy fing es, blockte einen Schlag von Kryon, der einfach so durch die Klinge glitt. Kryon fiel zu Boden, er hatte sich nicht auf eine Verteidigung mit dem Schwert vorbereitet. Das Schwert zerteilte ihn einfach. Seine letzte Handlung war es, das Schwert mit seinem verbliebenem Körper aus Flaffys Hand zu kicken in Richtung Wraith. Es schien, als würde die Zeit langsamer fließen. Das Schwert, das sich in der Luft drehte. Kryon, der gerade dabei war, auseinanderzufallen, war besiegt. Haydon, der Richtung Flaffy sprang. Und Wraith, der überlegte, wie er nun das Schwert fangen sollte. Cat schien etwas zu schreien. Es war das Wort: ***„NEIN!“*** Wraith hatte zwei Möglichkeiten: Entweder er fing das Schwert oder er wurde in zwei Hälften zersägt. Flaffy hingegen drehte sich zu Cat, weil er nicht wirklich den Überblick hatte, was nun abging. Und Wraith fing das Schwert. Er schaute es an und blickte auf: „Scheiße, nicht schon wieder.“ Cat flog voll auf die Gusche, er sprang sofort auf, um Wraith das Schwert aus der Hand zu nehmen. Der konnte sich nicht mehr bewegen. Doch Haydon war schneller. Er griff sich das Schwert und war weg.

Chantal und Anthony waren ganz verdutzt über die Situation. Cat schaute zu ihnen und schrie: *„Rennt, seht zu, dass ihr Land gewinnt!“* Es schien der Supergau zu sein, alles war durcheinander. Um Wraiths Hand hatte sich eine flackernde schwarze Kugel gebildet, sie erschien schnell und war sofort wieder weg. Cat nahm die Beine in die Hand und auch Flaffy begann zu rennen. Ihm war dieses Phänomen nicht gleich aufgefallen.

Wraith stand da wie angewurzelt: „Ach Mann, nicht schon wieder!“ Er fluchte laut vor sich hin. Flaffy hatte gerade andere Probleme und konnte auf sein Fluchen nicht reagieren. Wraith schien schon zu wissen, was auf ihn zukam. Alle anderen liefen zum Schiff, Cat hatte bereits

Anthony und Chantal unter den Armen. Das Schiff begann bereits zu starten. Mit einem Mal wurde die Kugel größer und verschlang Wraith. Flaffy konnte sich in seinen kleinen Flieger retten. Cat und die beiden anderen waren sehr damit beschäftigt, sich an der Ladeplanke festzuhalten. An Cats Fuß hing Chantal und daran Anthony, der wie ein Anhängsel den Abschluss machte. Cat versuchte mit seinen Kräften, der Kugel entgegenzuwirken, aber er hatte mehr Kraft eingebüßt, als er zugeben wollte. Die schwarze Kugel kam ihnen immer näher. Mal langsamer, mal schneller, aber in ihrer Nähe schienen Gravitation und andere Naturgesetze verrücktzuspielen.

Flaffy landete auf Cats Schiff und sprang sofort herunter. Er konnte zuerst nur Cat hochziehen. Dann nahm er Chantals Hand und zog sie hoch. Doch in diesem Moment schien es einen Vorstoß zu geben und bevor Flaffy beide zusammen hochziehen konnte, erwischte es Anthony. Er wurde von der Kugel verschluckt. Flaffy fiel nach hinten. Chantal landete knapp neben ihm, an ihrem Fuß hing nur noch die Hand. An dem Ende war es, als würden sich die verschiedenen Teilchen langsam ablösen. Der Schreck war groß. Chantals Augen wurden riesig. Es war nicht so, dass man viel von dem Inneren sah, oder der schreckliche Anblick. Es war die Tatsache, dass Anthony nicht mehr da war.

Die Laderampe fuhr hoch. Cat kam zu ihnen und entfernte Anthonys Hand. Flaffy gab das Signal zu starten. Jetzt, da alle drinnen waren, konnten sie mit anderen Methoden reisen. Es gab einen Ruck und das Schiff schoss nach vorne, weg von der Kugel, die sie alle verschlingen sollte.

Ein Sanitäter kann angerannt und kümmerte sich um Chantal, das Erlebnis war traumatisch für sie gewesen. Cats Gesicht war voller Zorn, Flaffy wusste nicht, worauf er zornig war. War es nun wegen des Schwertes, das Haydon bekommen hatte, oder war es, weil Flaffy zugelassen hat, dass Wraith das Schwert bekommen hatte, vielleicht war es auch, weil Haydon gewonnen hatte. Cat stürmte wutentbrannt weg, er öffnete nicht die Tür mit der Konsole, er packte sie in der Mitte und trotz aller mechanischen Vorkehrungen, sie nicht manuell öffnen zu können, brachen alle Streben und sie ging auf. Flaffy folgte ihm, er musste nur unauffällig der Spur der Zerstörung folgen.

Cat war auf die Brücke geflüchtet. Gerade als Flaffy hinter ihm stand, rammte Cat einen Dolch wutentbrannt in eine Konsole. Flaffy stand stramm hinter ihm: „Cat, äh, ähm … ich muss mich entschuldigen für das Chaos, das ich angerichtet habe.“ Flaffy wirkte jetzt mehr wie ein verunsicherter Schuljunge, der etwas ausgefressen hatte.

Als Cat sich umdrehte, kickte er mit dem Fuß die gesamte Konsole an die Frontscheibe des Schiffes. Es entstanden einige Risse, aber alles begann sich langsam wieder zu regenerieren. Cat lehnte sich an eine Konsole, die noch ganz neben ihm stand. Er schloss die Augen und atmete einmal tief. Flaffy bereitete sich schon auf einen Angriff vor. Er hatte die Hoffnung, vielleicht noch bis zum zweiten Angriff zu überleben. Cat atmete tief ein: „Sag mir, Flaffy, warum sollte ich auf dich wütend sein?“

„Naja, weil ich diese Kugel ausgelöst habe?“ Flaffy war dermaßen verunsichert.

„Tatsächlich bin ich nicht sauer auf dich, sondern auf mich.“

„Warum das denn?“

„Du konntest nicht wissen, dass das passiert, wenn Wraith das Schwert berührt.“

„Was war das eigentlich, diese Kugel?“

Cat überlegte eine Sekunde: „Das, was wir gesehen haben, war das Nichts.“

„Wie meinst du das?“

„Das Nichts, nicht im Sinne von einem teilchenfreien Raum, sondern im Sinne von einem Raum, den wir nicht sehen können, in dem es keine Regeln mehr gibt, ein Ort, wo alle Heiligen Objekte keine Wirkung mehr haben.“

„Was meinst du damit?“

„Es gibt noch weitere Heilige Objekte, es gibt die drei Heiligen Waffen und die drei Heiligen Objekte der Existenz. Diese drei sind die Uhr-*Zeit*, der Rechenkern der Physik und das Raster. Alle drei sind sicher selbsterklärend. Wir selbst bewegen uns auf dem Raster, es definiert den Raum an sich. Es beinhaltet alle Dimensionen. Alles, was sich außerhalb von ihm bewegt, zerfällt.“

„Und was war das für eine Kugel und warum ist sie entstanden?“

„Genaugenommen ist die Kugel nicht entstanden, sie war eine Kettenreaktion dessen, dass sich das Heilige Objekt der Aufnahme anscheinend mit dem Schwert der Unendlichkeit hackt. Somit gab es eine Kettenreaktion, die sich in einem nicht-existenten Raum äußert, den wir als solch eine Kugel wahrnehmen. Sie nimmt keine Rücksicht, selbst mit einem Heiligen Objekt kann man solch einen Fehler nicht stoppen. Alles, was nicht direkt von einem Heiligen Objekt geschützt wird, verfällt einfach.“

„Also ist Anthony tot?“

Cat zog einen Schmollmund: „Ich weiß es nicht, bei ihm ist es ungewiss. In diesem Raum gibt es keine Regeln, so wie wir sie hier haben. Es ist wie bei Schrödingers Katze. Solange man es nicht genau weiß und nachgesehen hat, kann er beide Zustände gleichzeitig einnehmen."

„Und was ist mit Wraith?"

„Wraith überlebt das."

„Warum ist es bei ihm anders als bei Anthony?"

„Wraith ist mit einem Heiligen Objekt ausgestattet. Er ist wie in einem Kokon, in dem er geschützt ist. Für ihn gelten weder Zeit noch irgendwelche anderen Gesetze, es kann Jahrmillionen dauern, bis er wieder da ist."

Flaffy schaute nach unten: „Scheiße, bei der Aktion haben wir Anthony und den besten Krieger der Titan verloren. Wie sollen wir dann gegen Haydon ankommen?"

„Das stimmt nicht ganz, wir haben nicht nur zwei, sondern drei Mitstreiter verloren." Cat hatte eine vage Vermutung, was als Nächstes vor sich ging, es war das, was Flaffy als seinen sechsten Sinn bezeichnete: „Flaffy, gib mir ein paar Minuten, dann kann ich dir vielleicht sagen, wie wir weiter vorgehen."

Flaffy bedankte sich, drehte sich auf dem Absatz um und verschwand.

Nur ein paar Stunden später waren sie wieder auf der Titan, jetzt hatten sie die Möglichkeit, ihre Wunden zu lecken. Die Zeit davor war Flaffy bei Chantal gewesen. Für sie war das der größte Verlust. Auch Flaffy hatte nach dem Gespräch mit sich zu kämpfen. Sie erinnerten sich an die Zeit, als sie noch auf der Erde waren, wohlbehütet und sicher. In dieser Welt hatten sie sich damals geschworen, dass sie die Geheimnisse der Titan lüften wollten. Leider hatte dies auch beinhaltet zu wissen, dass sie sterben könnten. Sie wussten nur nicht, in welcher Situation sie dann sein würden. Die eine Welt war für sie zusammengebrochen, aber die Zeit nahm keine Rücksicht auf sie, denn es sollte bald etwas Schlimmes passieren.

Ein Geheimnis

Sie waren wieder gemeinsam auf der Titan. Die Moral in der Truppe war miserabel. Chantal kam nur selten aus ihrem Zimmer. Cat und Flaffy hatten viel zu tun. Sie bereiteten sich schon auf den nächsten Kampf vor. Die Frage war nicht, ob er kommen würde, sondern wann. Sie nahmen dort und da Verbesserungen vor, probierten neue Techniken aus. Cat trainierte Flaffy härter als zuvor. Er wurde immer besser, in Stresssituationen Dinge zu formen. Seine Fähigkeit entwickelte sich immer weiter.

Eines Tages war er auf dem Weg zur Brücke der Nano-Titan. Cat hatte etwas mit ihnen zu besprechen. Flaffy konnte in diesem Moment kein Portal benutzen, deswegen war er zu Fuß unterwegs. Auch wenn er sich bereits auskannte, waren die Gänge immer noch einem Labyrinth gleich. Er bog häufig ab, war aber vollkommen auf seinen Weg fixiert. Er wollte gerade durch eine Tür gehen, doch er rannte volle Kanone gegen eine Tür, die sich einfach nicht für ihn öffnete. Er hatte nicht aufgepasst. Als er sich wieder aufgerafft hatte, schaute er sich die Tür an. Sie sah anders aus als die anderen Türen. Sie war verziert, mit weißen Schnörkeln, die Tür selbst war komplett schwarz und in der Mitte war ein kleiner Mechanismus. Er war fast durchsichtig, wie der Kern, den er sich geholt hatte. Der Mechanismus stand still. Er war in einer Kugel eingeschlossen. Man konnte ihn nicht erreichen. Flaffy rief seinen Plan auf, den er von der Titan bekommen hatte. Darin war der Raum nicht verzeichnet. Es schien wie ein Loch an der Stelle zu sein. Die Nano-Titan war nicht unbedingt groß, aber dass es noch niemandem aufgefallen war, war ihm ein Rätsel. Der Raum war auch genau hinter dem KI-Kern, von da aus war es auch nicht weit bis zur Brücke. Flaffy versuchte, die Tür zu öffnen, kam aber nicht weit. Sie war dermaßen gesichert, dass er es bald aufgab, sie zu öffnen. Er ging weiter zum Treffpunkt. Cat wartete schon ungeduldig. Er stand alleine an einer Konsole: „Wo warst du so lange?“

Flaffy wusste nicht, ob er ihm sagen sollte, dass dieser Raum existierte. „Also, naja, ich habe etwas entdeckt.“

An dieser Stelle unterbrach ihn auch schon Cat: „Du hast den Raum gefunden, nicht wahr?“

„Ja, habe ich.“ Flaffy schaute ihn demütig an, er hatte vergessen, dass Cat irgendwie einen sechsten Sinn dafür hatte, was auf der Titan passierte.

„Ich denke, du hast auch versucht, ihn zu öffnen, wenn du ihn schon einmal gefunden hast.“

Cat schien alles zu wissen. Flaffy brauchte gar nichts zu sagen. „Das ist nicht weiter schlimm, solche Dinge wollte ich sowieso noch mit euch besprechen. Weißt du zufällig, wo Chantal abgeblieben ist?“ Cat machte sich schon irgendwie Sorgen, sie war kaum aus ihrer Wohnung rausgekommen. Flaffy und Cat hatte der Verlust irgendwie nicht so sehr mitgenommen, sie aber umso mehr.

„Nein, ich habe sie heute vorhin nur im Lager gesehen, sie hat sich Eiscreme und ein paar Filme geholt“, antwortete Flaffy. „Lass uns sie einfach gemeinsam holen.“

Beide machten sich gemeinsam auf den Weg von der Kommandozentrale zu ihrem Zimmer. Es war nicht weit, bis sie bei ihr waren. Die Suiten waren nicht weit weg von der Brücke, es gab einige, aber nur drei waren besetzt. Flaffy war von Cat ganz vorne in der Front untergebracht worden. Chantal und Anthony waren in einer anderen Ebene untergebracht worden, sie hatten beide jeweils eine Suite im Himmelsdeck. Von ihr aus konnte man in das Universum über der Titan schauen. Außerdem war dort ein Lager in der Nähe, der Weg zu etwas Essbarem war wesentlich kürzer als der von Flaffy und so gut waren die Portale auf der Nano-Titan auch nicht ausgebaut.

„Was meinst du, ob sie über den Verlust von Anthony hinwegkommt?“, fragte Cat Flaffy.

„Ich weiß es nicht, wahrscheinlich wird sie uns erstmal anschreien“, antwortete Flaffy stumpf.

Es nicht mehr weit. Sie konnten die Tür schon sehen. Beide standen vor der Tür. Ein kurzer Blickwechsel machte aus, wer an die Tür klopfen sollte. Flaffy hob die Hand und pochte an die Tür. Es dauerte eine Weile, bis sich etwas rührte. „Wer ist da und was wollt ihr von mir?“

Flaffy antwortete: „Hier sind Flaffy und Cat, wir wollen etwas mit dir besprechen.“

Die Tür öffnete sich langsam. Chantal stand nun vor ihnen. Sie hatte Augenringe und sah etwas heruntergekommen aus, es war auch nicht aufgeräumt. Man konnte es ihr ansehen. Sie war sauer auf die beiden, weil sie es nicht geschafft hatten, Anthony zu retten. Sie waren schließlich ewig auf der Titan gewesen und hatten zusammengearbeitet.

„Willst du nicht mit uns kommen, wir gehen auf das oberste Deck, dort kommt zumindest keiner vorbei“, machte Cat einen Vorschlag.

Nur widerwillig ließ sie sich dazu überreden, mitzukommen.

Nun saßen sie zu dritt oben auf dem Deck an einem runden Tisch. „Was wollt ihr nun von mir?“, fragte sie genervt.

Cat begann zu erzählen: „Ich möchte euch noch etwas über die Heiligen Objekte erzählen. Ihr wisst wahrscheinlich, dass es mehrere Klassen von ihnen gibt, alle haben verschiedene Eigenschaften und sind, was ihre Zerstörungskraft angeht, unterschiedlich. Haydon hat es auf alle der dritten Klasse abgesehen. Er hat die drei Heiligen Waffen, sie alle gehören der dritten Klasse an. Ursprünglich gab es einen Sicherheitsmechanismus, damit ein Einzelner nicht alle gleichzeitig benutzen kann. Wir wissen auch, dass dieser außer Kraft gesetzt wurde.“

„Und was willst du uns damit sagen?“, hakte Chantal genervt nach.

„Haydon verfolgt ein Ziel: Er will wahrscheinlich ein Siegel brechen, hinter dem ein anderes Heiliges Objekt ist“, beantwortete er die Frage.

Flaffy wurde stutzig: „Diese Siegel, was sind diese Sachen?“

„Siegel sind Heilige Objekte, die keine wirkliche Aufgabe erfüllen, sie sind nur da, um die wichtigen zu schützen. Auch die drei Waffen wurden von einem Siegel beschützt, aber es ist schon seit Langem nicht mehr aktiv. Dass Wraith das Schwert angefasst hat, produzierte einen Fehler, und deswegen hat das Siegel nicht mehr funktioniert“, beendete Cat seine Erklärung.

Chantal begann langsam eine Träne über das Gesicht zu laufen: „Das war also schuld daran, dass dieses Loch entstanden ist?“ Sie stand auf und verpasste Flaffy eine Ohrfeige: „Warum hast du es nicht geschafft, ihn zu retten?

Warum haben wir es geschafft, zu überleben?“ Sie machte Flaffy für den Verlust von Anthony verantwortlich. „Warum hast du das nicht verhindern können?“ Sie wollte Flaffy noch eine knallen, aber Cat verhinderte das, er hielt ihre Hand fest: „Der einzige, auf den du sauer sein darfst, bin ich!“

„Warum nur? Hast du ihn dann nicht gerettet?“, stellte sie mit tränenverschmiertem Gesicht fest.

„Wir haben Glück gehabt, wir hätten alle in diesem Loch enden können. Dass du überlebt hast, war auch nur reines Glück. Aber es ist auch nicht klar, ob er überhaupt tot ist“, gab Cat die Antwort.

Ab jetzt ließ sie von ihnen ab. „Ich werde euch helfen, wenn ihr mir versprecht, danach zu untersuchen, ob er noch lebt!“

„Ich werde mich bemühen, aber ich kann nicht versprechen, dass wir eine Möglichkeit finden, solch einen Fehler zu untersuchen.“ Cat wollte nichts versprechen, was er nicht halten konnte.

„Dann werde ich das Team verlassen.“ Sie hatte ihren Entschluss gefasst. Flaffy und Cat versuchten, sie zu überzeugen, doch zu bleiben, aber sie hatte sich so in diese Idee verbissen.

Sie hingen lange an ihren Fersen, bis sie nach einer Woche endlich aufgaben. Sie konnten sie nicht aufhalten, also unterstützten sie sie. Sie bastelten ein Schiff für sie, damit sie überleben konnte, sie statteten es mit allem aus, was sie brauchte. In dem Moment, als das Schiff den Hangar verließ, standen Flaffy und Cat am Tor und winkten. Sie ging, ohne auch nur „Auf Wiedersehen“ zu sagen.

Nun waren sie wieder zu zweit. Flaffy hätte am liebsten eine Träne vergossen, aber er konnte nicht. Alles, was er aus seiner alten Welt noch gehabt hatte, war nun weg. Alles, was er tun konnte, war jetzt, an Cats Seite zu kämpfen.

„Ich weiß, es ist ein ungünstiger Zeitpunkt, aber ich muss dir noch etwas zeigen.“ Cat wollte irgendwie die Situation glätten.

Flaffy schreckte auf, er war in seiner Gedankenwelt woanders: „Ja gern.“ Beide zusammen trotteten langsam zu einem der Korridore. Es war der Raum, zu dem sie wollten. Auch wenn sie nur noch zu zweit waren, mussten sie irgendwie eines der Heiligen Objekte zurückbekommen. Beide standen gemeinsam vor dem verschlossenen Tor. „Was ist hinter diesem Tor?“, fragte Flaffy leicht betrübt.

Cat schaute ihn an. „Ich weiß es nicht.“

„Warum gibt es dann diesen Raum?“, fragte Flaffy provokant.

„Ich möchte damit etwas verdeutlichen. Die Titan war damals ein Projekt von mir, ich habe die Nano-Titan gebaut, allerdings hatte ich mehr als nur etwas Hilfe. Der Schöpfer selbst war bei mir. Ich weiß alles über dieses Schiff, was ich wissen kann. Aber es gibt Objekte, die der Schöpfer selbst hier in dieses Schiff eingebaut hat“, erklärte Cat. Flaffy hörte interessiert zu. „Ich will sagen, dieses Schiff birgt Geheimnisse, von denen weder ich noch du etwas wissen oder sonst wer in diesem Universum.“ Cat versuchte zu verdeutlichen, dass nicht alles, was hier passierte, seiner Kontrolle unterlag.

Er wollte Flaffy noch eine Eigenheit zeigen. Sie fuhren mit einem Fahrstuhl weit in die oberen Decks. Noch ein paar Treppen nach oben und sie waren außerhalb der Nano-Titan. Es waren mehrere Kilometer bis zu der Wand der Hülle, wie Cat sie nannte. Sie liefen ein ganzes Stück, bis sie am Ende der Titan angekommen waren. Sie standen oberhalb der mittleren Turbine. Vor ihnen klaffte ein riesiges Loch, es war geformt wie ein Pfeil, hatte aber Ähnlichkeiten zu der Nano-Titan, so, als würde an dieser Stelle ein Teil, das geformt war wie das Schiff selbst, fehlen.

„Was ist das?", fragte Flaffy schon fast etwas provokant.

„Schlicht und einfach gesagt: Ich weiß es nicht", antwortete Cat ganz ruhig. „Ich weiß, was ich sehe, alles darüber hinaus ist nur eine vage Vermutung."

„Ich verstehe, also hast du damals den Schöpfer persönlich getroffen?", fragte Flaffy nun interessiert.

Cat lachte etwas in sich hinein und schaute nach unten. „So kann man das nicht bezeichnen. Ich habe ihn nicht gesehen, er war einfach bei mir. Er empfing mich, er begleitete mich auf meinem Weg und half mir, dieses Schiff zu bauen: die Nano-Titan. Ich baute sie und der Schöpfer nahm währenddessen noch Verbesserungen vor. Weiß der Teufel, was in diesem Raum ist."

Cat und Flaffy begaben sich wieder in die Kommandozentrale, wo auch der Kern der Titan war. Cat tippte einige Codes ein. Nach einigen Sekunden drehte er sich um und holte Flaffy zu sich ran. „Ich habe mal die gesamte Energieverteilung der Titan aufgerufen." Auf den Bildschirmen waren verschiedene schematische Zeichnungen der Titan zu sehen, auf denen man Linien erkennen konnte. Alle liefen in der Nano-Titan zusammen. Auf einem weiteren Bildschirm sah man, woher die Energie in der Nano-Titan kam. Alle Linien kamen von dem Raum, der auf keiner Karte eingezeichnet war. „Ich vermute, dass in diesem

Raum etwas ist, das die gesamte Energie erzeugt, um die Titan mit Energie zu versorgen“, ergänzte Cat.

Flaffy schaute fassungslos auf die Bildschirme: „Aber das ist doch nicht möglich, ein Schiff dieser Größe mit einer so winzigen Energiequelle zu versorgen.“

„Außer man verwendet ein Heiliges Objekt, das genügend Energie erzeugen kann.“ Cat drehte sich um. „Ich weiß nicht, welches Heilige Objekt in diesem Raum ist, aber es ist so abnorm mächtig, dass es die Titan auf Dauer mit Energie versorgen kann.“

Flaffy brachte kein Wort über die Lippen. So mächtig konnten diese Objekte also sein. Cat blickte ihn mit ernstem Gesicht an, aber mit einem gewissen Grinsen auf den Lippen: „Weißt du, Flaffy, ich habe dir damals diese Rüstung geschenkt, weil ich ein Potenzial gesehen habe, aber es ist, wie mit allem, was der Schöpfer uns schenkt, unvollständig.“

„Was meinst du damit?“, fragte Flaffy verdutzt.

„Ich meine, du hast deine Fähigkeit entdeckt, du selbst kannst Objekte formen, mit Energie, die du gespeichert hast, aber auch deine Rüstung hat eine Fähigkeit, aber diese scheint noch nicht aktiv zu sein.“

Cat macht ihm Angst. „Woher weißt du das?“

„Ich kann es dir ganz einfach beweisen.“ Cat packte Flaffy und hielt sich an einem seiner Speere fest, der gerade durch einen Gang geflogen kam, und zog ihn blitzschnell in eine Werkstatt: Ich werde es dir beweisen, indem ich dich einfach mal auseinander baue.“

Flaffy kam diese Aussicht etwas befremdlich vor: „Aber gehe ich nicht dabei drauf?“

„Nein, ich werde nur mal die erste Schicht deiner Rüstung abnehmen.“

Nach dieser Antwort von Cat war Flaffy beruhigt. Flaffy ließ sich in einen beweglichen Halter für Roboter einspannen. Cat begann langsam, ihn auseinanderzuschrauben. Einen Teil der Rüstung nach dem anderen nahm er ab. Flaffy fühlte dabei keinerlei Schmerzen. Nach einer halben Ewigkeit war er fertig und sein Innenleben lag frei. Seine Arme und Beine wurden von muskelartigen Strängen gebildet, sie schienen schon fast zu strahlen. Dort, wo der Magen sein sollte, schienen Behälter zu sein, in denen Energie war. Leitungen schienen sie zu allen Extremitäten zu transportieren. Nur in seiner Brust fehlte etwas, dort klaffte ein riesiges Loch. Cat hielt einen Spiegel hoch, damit Flaffy das Loch sehen konnte. Es kam ihn vor, als hätte Cat das gewusst, er schnallte Flaffy los. Dieser stellte sich hin und begann sich zu betrachten. Ihm war nicht bewusst, dass er diese Rüstung ablegen konnte oder zumindest einen Teil davon: „Und was hat das alles zu bedeuten?“

„Ich weiß es nicht, es scheint, als würde der Schöpfer zu etwas hinleiten wollen, oder als würde er versuchen, uns etwas zu sagen.“

Cat stellte Flaffy mit dieser Antwort nicht zufrieden. „Okay, aber was soll er von uns wollen, was könnte er von uns brauchen?“ Flaffy begann, sich wieder zusammenzubauen.

„Ich habe keine Ahnung, alles, was ich weiß, ist, dass er scheinbar nicht als Person in dieser Welt wandeln kann.“ Cat versuchte irgendwie, eine Antwort auf die Fragen zu geben, aber er wusste es auch nicht. Cat setzte sich auf eine Bank: „Ich weiß, ich habe in der letzten Zeit viel Scheiße gebaut, ich habe einfach nicht nachgedacht. Ich wollte wieder so sein wie früher“, fuhr Cat fort.

„Warum willst du wieder so sein wie früher?“, stellte Flaffy schon fast eine rhetorische Frage.

„Damals waren wir berüchtigt und gefürchtet als ‚Die Wächter‘, es war so schön, mit ihnen das Universum im Gleichgewicht zu halten, aber jetzt kann ich noch nicht einmal die Speere genug beherrschen, um ich sie im Kampf einsetzen zu können. Ich habe Haydon damals trainiert, zu einem Kämpfer gemacht, der perfekt mit dem Schwert umgehen kann, und er kann auch mit dem Kristall umgehen.“ Cat senkte den Kopf.

Flaffy war nun fertig und legte ihm seine Hand auf die Schulter: „Wenn wir wieder auf ihn treffen, wird es anders laufen.“ Cat hob den Kopf. Flaffy fuhr fort: „Warum kämpfen wir eigentlich immer alleine, ich bin ein Supporter. Wenn ich dich unterstütze, können wir vielleicht mal ein positives Ergebnis kriegen.“

„Warum probieren wir es nicht mal?“, erwiderte Cat. Er stand auf und gab Flaffy die Hand darauf. Cat schielte um die Ecke, er zog seinen kleinen Dolch und schmiss ihn in Richtung Tür. Sie war einen Spalt offen. Er traf die Schalteinheit und sie ging auf. Titan fiel kopfüber durch die Tür. „Dachte ich es mir.“ Cat stellte sich locker hin. „Was hast du zu deiner Verteidigung zu sagen?“

Sie stand auf. „Ich wollte den Moment nicht stören, ich denke, ich habe gerade schlechte Neuigkeiten.“

„Was für schlechte Neuigkeiten? Bitte sag nicht, dass Haydon wieder angreift?“ Cat war nicht begeistert.

„Ganz so schlimm ist es nicht, Wraiths Schiff hat direkten Kurs auf uns genommen. Du weißt hoffentlich, was das bedeutet?“ Titan zog ein etwas gestresstes Gesicht. Cat nickte: „Sag ihr, wenn sie da ist, wir treffen uns auf der Nano-Titan. Und sag ihr, sie soll nicht die ganze Armee wieder mitbringen, die verstopfen immer so extrem die Türen.“

„Wird gemacht.“ Titan salutierte und zog ab.

„Was ist los?“, fragte Flaffy verängstigt.

Cat drehte sich auf dem Absatz herum. „Ich weiß nicht, ob du es weißt, aber Wraith hat eine Freundin/Verlobte/Frau, ich weiß bis heute nicht, was die Zwei sind. Aber Fakt ist, dass sie mit Wraith zusammen ist. Sie steht Wraith in Nichts nach.“

Flaffy überlegte eine Weile: „Okaayyy.“

„Sie heißt Yurai und das Problem ist im Moment, dass die zwei sich wirklich lieben“, legte Cat dar.

„Ich dachte, du bist hier der Boss?“, fragte Flaffy nach.

„Ja, das stimmt allerdings, aber das hält sie nicht davon ab, mir eine Standpauke zu halten. Los, komm, wir warten auf der Brücke auf sie.“ Mit diesen Worten drehte Cat sich Richtung Tür und ging in einem forschen Tempo auf sie zu. Flaffy folgte demütig. Sie benutzten das nächste Portal, um zur Brücke zu kommen. Sie waren kaum auf der Brücke, da ging die Tür auf und eine Frau stand vor ihnen. Sie war mindestens zwei Köpfe kleiner als Cat. Sie hatte lange weiße Haare mit einigen roten Strähnen. Ihr Mund und ihre Nase waren von einer Atemschutzmaske bedeckt. Ihre Augen waren tieflila, sie selbst war eher zierlich, ihr Gesicht schmal. Sie selbst war schwarz gekleidet in einem mechanischen Schuppenpanzer, der sehr gut betonte. In der Hand hielt sie eine Railgun, die in einem ähnlichen Stil wie die Rüstung gemacht war. Sie sah nicht unbedingt glücklich aus. Sie nahm ihre Waffe und schmiss sie Cat, der gerade an einer Konsole lehnte, geradewegs auf die Füße. Er fuhr zusammen, um die schwere Waffe aufzuheben. Im selben Moment verpasste sie ihm mit ihrem Knie einen Stoß vor den Kopf. Cat, der gerade die Railgun auf halber Höhe hielt, ließ sie wieder fallen – nochmal auf seine Füße. In dem Moment, als Cat sich wieder gerade hingestellt hatte, mit der Waffe in den Händen, stellte sie sich direkt vor ihn. Sie holte aus, um ihm eine Ohrfeige zu verpassen, er versuchte mit einer Hand zu blocken und ließ dabei die Waffe fallen. Er kassierte eine volle Breitseite und noch einen blauen Zeh. Er drehte sich zur Seite und fasste sich an die Wange.

„Hast du noch irgendwelche letzte Worte?“, fragte sie ihn.

„Was soll ich schon sagen“, antwortete Cat ihr.

Sie verschränkte die Arme vor der Brust. „Was habt ihr jetzt schon wieder angestellt?“

„Ich weiß, dass du uns beobachtet hast. Ich muss es dir nicht erklären“, antwortete Cat, während er sich die Wange rieb. „Es war ein Unfall. Und du weißt doch, dass er wiederkommen wird, den haut solch ein kleiner Fehler nicht aus den Latschen.“

„Ja, und ich darf wieder ein paar Jahrtausende mit dir verbringen, na schönen Dank auch!“ Sie war nicht erfreut. „Und wer ist eigentlich unser neues Haustier?“ Sie zeigte mit der Hand auf Flaffy.

„Das ist Flaffy, er trägt die Rüstung der Abgabe“, stellte Cat vor.

Sie drehte sich zu ihm um. „Er ist also der Grund für euer Versagen.“

„Du weißt, dass es nicht so ist. oder?“, entgegnete Cat.

Sie betrachtete ihn: „Ich weiß nicht, ob er überhaupt eine Runde im Ring überleben würde.“ So schnell konnte Flaffy nicht schauen, da hatte er ein Messer an der Kehle. „Er kann noch nicht mal auf solch einen einfachen Angriff reagieren“, stellte sie fest.

„Mach halblang. Er ist noch in der Ausbildung. Außerdem: Sich jetzt weiter aufzuregen wäre kontraproduktiv. Wir können es leider auch nicht ändern, dass Wraith weg ist“, versuchte Cat sie zu beruhigen.

Sie nahm Flaffy das Messer von der Kehle und drehte sich zu Cat um. „Und was schlägst du vor, großer Meister, nein lieber doch nicht, sonst verschwinden nur wieder Leute in Löchern?“

„Ich würde abwarten …“

Weiter kam Cat nicht, sie unterbrach ihn gleich an dieser Stelle: „Ich sage, wir greifen direkt an. Je weniger Zeit er hat, um sich vorzubereiten, desto besser.“

„Na gut, wir machen es so. Da ja alles, was wir bis jetzt gemacht haben, fehlgeschlagen ist, versuchen wir es jetzt auf deine Weise“, lenkte Cat ein. „Also, ich werde mit Flaffy trainieren, während du nach Sykes suchst.“

Sie musterte Flaffy für einen Moment. „Mal sehen, was du alles so draufhast.“

Flaffy war verängstigt, hätte er noch schlucke können, hätte er es jetzt getan.

Eine Tür öffnete sich und Titan kam hindurchgestürmt: „Cat, wir …“ Sie hielt inne, als sie bemerkte, dass Yurai sie musterte. Ihr Blick war eine Mischung aus Missachtung, Entsetzen, Angst, Frustration und Lust. „Wer bist du?“ Yurai hatte überhaupt keine Ahnung, dass sie existierte.

„Hi Yurai, ich bin Titan.“ Titan kam auf sie zu und streckte ihr die Hand hin. Sie machte einen Schritt zurück, allerdings konnte sie nicht weiter, da Flaffy hinter ihr stand. „Warum zum Teufel hast du keine Sachen an?!“

„Warum ich keine Sachen anhabe, willst du wissen?“ Titan überlegte einen Moment: „Naja, ich weiß es nicht.“

Yurai war irritiert. Bis jetzt war sie die einzige Frau in der Truppe, sie hatte nicht damit gerechnet, dass eine andere ihr den Platz streitig machen würde. Wieder streckte Titan ihr die Hand hin, sie ergriff sie und schüttelte sie: „Freut mich, dich kennenzulernen.“ Yurai war irgendwie nicht sie selbst, sie war total verändert. Flaffy und Cat fragten sich in diesem Moment dasselbe: Was geht in ihrem Kopf gerade vor? Auf der einen Seite war Yurai nun nicht mehr alleine das Modell, andererseits war sie darüber verstört, dass sie einen so gelassenen Eindruck machte, angesichts dessen, dass sie keine Kleidung trug. Worin sich beide sicher waren, war, dass Yurai aber eindeutig neidisch auf ihre Figur war, und nicht nur das … „Wer hat sie gebaut?“, fragte sie nach.

„Mein Code stammt von Flaffy“, antwortete Titan und zeigte auf Flaffy. Der fing sich sofort einen Schlag mit dem Ellenbogen in den Magen. „War das deine Absicht, dass sie so rumläuft?“ Yurai blickte über die Schulter zu ihm hoch.

„Ich schwöre bei dem Schöpfer, dass das nicht beabsichtigt war“, antwortete er schnell.

„Was hältst du von einem Duell?“, schlug Yurai Titan vor.

„Na, warum nicht?“, antwortete diese.

Nicht viel später waren sie in einer Arena. Nur Cat und Flaffy waren auf der Tribüne. Beide nahmen Angriffsstellung ein, und der Countdown begann. Drei …, zwei …, eins …, los. Beide rannten aufeinander zu. Den ersten Treffer landete noch Yurai. Sie war extrem schnell. Doch Titan war schneller. Sie begann, ihre Angriffe immer besser zu kontern. Ob sie nun auf Abstand ging und eine Waffe zückte oder im Nahkampf mit einem Dolch, Titan war einfach zu schnell. Nach einem sehr defensiven Einstieg begann jetzt auch Titan anzugreifen. Ihre Attacken waren nicht stark, sondern extrem genau. Sie traf empfindliche Punkte, wo die Rüstung nicht so stark war. Es dauerte nicht lange und der Sieg gehörte Titan.

„Was bist du nur für ein Monster?“, fragte Yurai sie, als sie vom Boden zu ihr aufschaute.

„Ich bin Titan, das Weltentransportschiff“, antwortete sie und streckte eine Hand aus, um Yurai aufzuhelfen. Sie packte ihre Hand und ließ sich hochziehen. Jetzt hatte sie begriffen, dass Titan keine eigenständige Person war, sondern die KI dieses Schiffes. Gegen solch eine KI hatte auch Yurai keine Chance: „Jetzt verstehe ich, warum. Du bist der Grund, warum das Schiff wieder existiert.“

Titan lächelte sie an. „Irgendjemand muss sich doch um dieses alte Wrack kümmern.“

Yurai grinste. „Auf eine gute Freundschaft?“

Titan erwiderte: „Auf eine gute Freundschaft.“

Cat und Flaffy kamen von der Tribüne runter, Cat hatte einen riesigen Korb Popcorn im Arm: „Hey Leute, guter Kampf. Wollt ihr auch was haben?“ Alle lehnten einstimmig ab. „Naja, dann bleibt mehr für mich, apropos, Titan, du wolltest mir noch was sagen“, hakte Cat nach.

„Oh ja, ich wollte Bescheid sagen, wir haben den Planeten lokalisiert, auf dem sich Haydon und Sykes aufhalten. Ich würde auch sagen, sie planen etwas, ich habe sie nur gefunden, weil es von dort einen riesigen Anstieg der Energie des Netzes gab“, führte sie aus.

Cat war entsetzt. „Und das erzählst du uns erst jetzt?!“

„Naja, ich würde sagen, ihr habt euch noch vorzubereiten. Flaffy braucht noch etwas Training und du brauchst mal eine Pause“, stellte sie fest. Titan griff ihm an die Schulter und flüsterte ihm etwas in sein Ohr. Ohne Widerworte drehte er sich um und folgte ihr.

Yurai schaute Flaffy an. „Lust auf eine Runde Training?“

„Warum nicht?“ Flaffy stellte sich auf.

„Was hast du vor?“, fragte Yurai ihn.

„Ich dachte, wir trainieren?“, überlegte Flaffy laut.

„Erstmal möchte ich dir noch etwas über diese Techniken erklären.“ Yurai war nun freundlich zu ihm. Flaffy kam wieder herübergeschlichen. „Weißt du, was das eigentlich für eine Kraft ist, die du besitzt?“

Flaffy überlegte einen Moment und als er antworten wollte, unterbrach sie ihn sofort: „Das war eine rhetorische Frage. Deine Rüstung ähnelt der von Wraith, ihr Aufbau ist im Prinzip gleich, nur die Weise, wie sie sich äußern, ist verschieden. Schau mal, du bist ein Roboter oder trittst so in Erscheinung. Du bist einfühlsam und denkst an deine Kameraden. Du kannst etwas geben, du besitzt die Rüstung der Abgabe. Im Gegensatz zu Wraith, er hat genau die gegenteilige Rüstung, er tritt als Lebewesen in Erscheinung, er nimmt etwas, das Leben seiner Feinde. Er ist der geborene Krieger, du bist ein Supporter. Ich habe mir bereits deine Statistik angeschaut. Dein Kampfwert ist dermaßen miserabel, dass ich dich niemals mit auf ein Schlachtfeld nehmen würde. Aber deine Fähigkeit, andere mit deinen eigenen Teilen zu heilen und sie damit noch stärker zu machen, ist faszinierend. Deine Fähigkeit, Dinge aus dem Nichts zu erschaffen, spricht für einen guten Architekten. So schnell, wie du Waffen generieren kannst, können es andere nur nach Jahrtausenden Übung. Ich will meinen, es gibt nur wenige, die besser sind als du."

Flaffy hörte noch immer erstaunt zu, sie erzählte weiter: „Wraith besteht aus drei grundlegenden Teilen. Seinem eigentlichen Körper: Er besitzt die Fähigkeit zum Blutrausch, was ihn extrem stark auf dem Schlachtfeld macht. Seine Rüstung: die der Aufnahme, sie kann das Leben und die Kraft der Feinde aufnehmen, das macht ihn immer stärker. Und er hat einem Kern, der unheilige Energie erzeugen und speichern kann. Bei dir gibt es an dieser Stelle ein Problem. So, wie ich Cat verstanden habe, fehlt bei dir etwas: Du hast die Rüstung mit der Fähigkeit, Energie abzugeben, deine Seele, die die Fähigkeit des Erschaffens hat, aber dir fehlt der Kern."

„Was hat das zu bedeuten und was soll mein Kern können?", hakte Flaffy nach.

„Ich weiß es nicht, das wird nur vom Schöpfer selbst bestimmt, die Energie, die du hast, kannst du nicht durch Training lernen zu beherrschen, du musst sie in deinem Verstand lenken. Sie ist ein Teil von dir, nur du kannst sie kontrollieren und niemand kann dir zeigen, wie. Ich weiß, in einem Kampf wirst du mir keine Hilfe sein, aber ich weiß, wenn ich zugrunde gehe, steht jemand hinter mir, der mich immer wieder aufhebt und zusammenflickt, das ist deine Kraft, die Kraft eines Supporters.“ Damit drehte sie sich um und nahm Kampfhaltung ein. „Dass ich dir nicht zeigen kann, wie du deine Kraft kontrollieren kannst, heißt nicht, dass ich nicht etwas Kampftraining mit dir machen kann.“

Beide führten einen erbitterten Kampf gegeneinander. Auch wenn Flaffy immer wieder zugrunde ging, stand er immer wieder auf, um weiterzukämpfen.

Cat hatte Titan den Befehl gegeben, den Kurs zu ändern. Auch wenn er versuchte, die Kontrolle zu behalten, stellte sich ihm jetzt Titan in den Weg. Auch wenn er es nicht wahrhaben wollte, überredete Titan ihn dazu, eine Pause zu machen, nur mit ihr. Weder Flaffy noch jemand anders sollte ihn daran erinnern, was er für Aufgaben hatte. Sie verbrachte die gesamte Zeit mit ihm. Auch wenn er sich mal entspannte, konnte er nicht aufhören daran zu denken, was wohl morgen sein würde. Und seine Gedanken schweiften ab, bis er letztendlich nachgab und einschlief. Er lag dort oberhalb von Flaffys Wohnung und schlief, tief und fest, so tief, wie er schon lange nicht mehr geschlafen hatte. Die Sterne flogen an ihnen vorbei wie kleine Blitze in der Nacht. Alles wirkte so friedlich. Doch die Natur des Universums war launisch. Es konnte freundlich sein, aber wenn es wollte, konnte es alles zerstören.

Die Heilige Waffe des Nahkampfs

Alle bereiteten sich vor. Die Stunde der Wahrheit näherte sich, auch wenn sie das nicht wahrhaben wollten. Flaffy suchte hektisch alles zusammen, damit er auch ja nichts von seiner Ausrüstung vergaß. Cat hingegen pennte tief und fest.

Yurai war auf dem Holodeck. Flaffy suchte sie aufgeregt. Er wollte mit ihr und auch eigentlich mit Cat die Strategie besprechen. Er öffnete die Tür zu dem Raum, hinter der Tür war eine riesige Landschaft. Sie war nicht besonders vielfältig, sondern eher trüb. Eine weite schwarze Sandwüste erstreckte sich, soweit das Auge sehen konnte, mit gelegentlichen Rissen, die rotes Licht ausstrahlten. Der Horizont war rot wie Blut, die Sterne waren so deutlich zu sehen wie auf der Titan. Auch der doppelte Mond war beeindruckend. Flaffy machte einen Schritt hinein und die Tür verschwand. Er lief ein Stück, auf einer der Dünen lag Yurai und schaute sich den Himmel an. Er stieg hinauf. Sie hatte ihn bereits bemerkt: „Flaffy? Was brauchst du?"

Flaffy setzte sich hin. „Ich dachte, ich beginne mal das Einsatzbriefing."

„Vergiss es. Solange Cat nicht hier ist, können wir es auch lassen, außerdem wissen wir gar nicht, was uns erwartet. Wir müssen spontan handeln, also lass es und ruh dich noch etwas aus", holte sie ihn wieder auf den Teppich.

Flaffy legte sich neben sie und schaute sich den Himmel an: „Warum bist du eigentlich nicht bei dem alten Team dabei gewesen?"

„Ich war für Haydon immer nur ein Klotz am Bein. Cat und Wraith waren die Helden der Truppe, bei den wenigen

Einsätzen war ich beim Rest unerwünscht, die zwei, also Wraith und Cat, sind immer freundlich gewesen, nur der Rest war immer abweisend. Also entschied ich mich, nur mit Wraith auf Einsätze zu gehen. Jetzt hat sich eine Ausnahmesituation ergeben", erklärte sie, ohne die Augen abzuwenden.

„Und wie waren Cat und Wraith damals so drauf?", fragte Flaffy leise.

„Cat und Wraith, das waren Zeiten. Damals, als es nur uns drei gab. Wraith ist mächtig, er kann skrupellos sein, er tut das, was sonst niemand tun kann, aber Cat war nochmal eine andere Klasse. Seine Macht war stark genug, um ganze Sonnensysteme aus dem Gleichgewicht zu bringen. Soll ich dir eine Legende von den beiden erzählen?" Yurai schien offen dafür zu sein, ihre Informationen zu teilen.

„Ja, ich bitte darum." Flaffy wollte natürlich wissen, was es für Gerüchte gab.

„Also, ich kenne Wraith ungefähr seit seinem sechsten Lebensjahr. Aber irgendwann lernte er Cat kennen. Nachdem unser Planet zerstört wurde, nahm Cat uns auf. Selbst zu dieser Zeit waren die beiden schon sehr stark. Sie haben sich gezofft wie kleine Kinder, aber das hat sich gelegt, heute sind sie beste Freunde. Aber nun zu der Geschichte. Bevor alles begann, so richtig in Gang zu kommen, machten sich die beiden gemeinsam auf die Suche nach einem Hirngespinst. Sie wollten den Feuersturm sehen. Sie wussten damals schon um die Existenz der Heiligen Objekte. Sie hatten auch schon eines gesehen, aber sie wollten das mächtigste Heilige Objekt sehen", führte sie an.

„Und welches war das?", fragte Flaffy.

Sie fuhr fort: „Es war der Feuersturm, das mächtigste Heilige Objekt. Es gibt nur wenige, die sich auf die Suche nach ihm gemacht haben, aber es heißt, sein Anblick alleine schon soll so machtvoll sein, dass die Leute, die diese Macht gesehen haben, ihren Lebenswillen verloren haben und in Frieden mit diesem Wissen gestorben sind. So mächtig soll er sein. Aber die beiden konnte das nicht abschrecken. Ich hatte gehofft, dass Wraith sich nicht drauf einlassen würde, aber er war sofort Feuer und Flamme für diese Idee. Sie machten sich auf den Weg, mit einem kleinen Schiff, damals war noch nicht einmal der Gedanke an die Nano-Titan geboren. Ich blieb alleine zurück und begann, mir eine eigene Existenz aufzubauen, aber dann hörte ich von der Rückkehr zweier Abenteurer. Sie waren es, es hieß, sie hätten nicht nur den Feuersturm gesehen, sondern auch sein Licht, wie er brennt. Zuerst wurden sie als verrückt abgestempelt, aber Cat schloss eine Wette ab mit dem damaligen Regenten des Planeten. Er sollte ihm glauben, dass er alleine durch den Anblick des Feuersturms extreme Macht verliehen bekommen hatte, und er sollte ihnen erlauben, ein Schiff zu bauen, das in der Lage war, jeden Planeten zu retten. Cat schwor dabei, er würde ihnen die Masse eines super massereichen Schwarzen Loches bringen. Alle lachten sie aus, aber nur aus Spaß ging der Regent die Wette ein. Er ließ sie sogar jetzt schon ein Schiff bauen, um ihre Reise zu ermöglichen. Damit war die Nano-Titan geboren. Mit dem Handschlag wurde Cat erleuchtet und es kam zu einem Wunder, er wurde von dem Moment an von einer rätselhaften Stimme begleitet. Es war der Schöpfer, der ihn führte. Nur er konnte ihn hören, auch wenn er es sagte, wollte ihm keiner glauben, aber ich tat es.

Er tat viel für dieses Schiff. Nach nicht mal zwei Jahren war es fertig. Es sollte nun zu seinem ersten und auch letzten Flug aufbrechen. Sie flogen davon. Sie hatten damals die allerfeinste Technik an Bord. Alles vom Feinsten. Viele wollten einfach nur sehen, wie sie von diesem schwarzen Abgrund einfach verschluckt wurden, aber die Geschichte bewies, dass es anders kommen würde. Als Cat und Wraith ankamen, streckte Cat die Hand nach dem Loch aus. Und wie durch ein Wunder wurde das Loch immer kleiner, bis am Ende nur noch die Kugel, die absolute Masse, übrigblieb. Mehrere Milliarden Tonnen in der Hand von Cat, ohne ihm zu schaden. Für ihn war es nur eine Murmel, aber sonst niemand konnte sie bewegen oder hochheben. Cat hatte seine Fähigkeit, Gravitation zu beeinflussen, ausgespielt. Mit den Rohstoffen, die dadurch gewonnen wurden, begann man mit dem Bau der Titan, so wie sie heute ist. Von der Kugel wird selbst heute noch gespeist", erzählte sie.

Flaffy war erstaunt. „Aber Cat ist doch nicht mehr so mächtig."

„Nach der Stunde Null hat er viel Kraft verloren, es schien etwas an ihm zu nagen, ihn zu verzehren, damals, als er von seinem Team verraten wurde, hat er offenbar etwas verloren, offenbar etwas, was ihm diese Macht gegeben hat", beantwortete sie ihm die Frage.

„Also, Yurai, du sollst doch nicht immer diesen alten staubigen Geschichten wieder aufwärmen." Cat beugte sich über sie.

„Und? Wie war das Nickerchen?", fragte sie ihn.

„Nicht schlecht, kommt schon, wir haben einen Haydon zu besiegen." Man konnte es spüren, er war guter Dinge, es wirklich zu schaffen. Allerdings war Flaffy skeptisch gegenüber diesem frohen Mut. Alle begannen, sich zum Hangar zu bewegen. Das Vorgehen wurde besprochen, die drei zusammen wollten erst einmal eine Erkundungsfahrt machen, um überhaupt zu wissen, was ihnen bevorstand. Weiter hinten sollte dann eine Armee in Bereitschaft warten. Cat hatte alles mobilisiert, was er finden konnte. Alles, was noch in den Lagern der Titan verstaubte. Bis auf ein paar ganz alte Dinge. Sie hatten alles, aber sie rechneten auch schon mit großem Widerstand. Cat und Flaffy waren ihm schon nicht mit einem Heiligen Objekt gewachsen, Yurai hingegen war kampftechnisch gut genug, um gegen eines davon zu bestehen. Allerdings hatten sie zusammen jemandem mit drei Heiligen Objekten nichts entgegenzusetzen. Sie wussten auch, dass zu hundert Prozent Sykes bei ihnen sein würde.

Alles machte sich bereits fertig für den Abflug. Auch Titan sollte diesmal mit von der Partie sein. Auch wenn sie außerhalb des Schiffes in der Kampfkraft schwächer war, war sie immer noch eine Hilfe. Kurz bevor sie in den Transporter stiegen, nahm Flaffy Titan noch beiseite: „Titan, kann ich dich noch um einen Gefallen bitten?"

„Klar, was kann ich für dich tun?", fragte sie.

„Cat darf davon nichts erfahren. Ist das klar?" Flaffy lehnte sich zurück, um zu schauen, ob Cat in der Nähe war.

„Ja, kein Problem. Was hast du vor?", fragte sie weiter.

„Wenn wir dort unten kämpfen und gewinnen, musst du unbedingt den Kern von Sykes entfernen. Ich werde mich mit Yurai und Cat um Haydon kümmern. Ist das klar?", fragte Flaffy scharf.

„Ja, ist klar, Flaffy!", antwortete Titan ebenso scharf.

Damit waren die Fronten geklärt. Beide begaben sich auf das Schiff. Cat hatte schon seine Position in der Kommandozentrale eingenommen. Einige Plätze waren durch Cats Einheiten besetzt. Für Flaffy war der Sitz des Ersten Steuermanns, Titan war an zweiter Stelle. Yurai war an der Steuerung nicht großartig beteiligt. Sie hatte den Sitz neben Cat, um das Geschehen zu untersuchen. Besetzt waren noch die Steuereinheiten für die Abwehranlagen und die Umfeldkontrollen. Flaffy schaute sich um. Aber es sah immer noch sehr rar aus mit Truppen. „Wir haben doch alles zusammengekratzt. Wo sind denn alle?“

Cat drehte sich um. „Auch wenn wir alles zusammengekratzt haben, heißt das nicht, dass wir viele Einheiten haben. Alle, die ausgebildet wurden, sind an Bord. Ich will nicht, dass es unnötige Opfer gibt.“ Die Antwort war nicht erfreulich, aber zufriedenstellend. Auch wenn alles mobilisiert worden war, war doch, seitdem die Titan sich zersetzt hatte, nicht mehr viel von den Truppen übrig.

Flaffy hatte mittlerweile das Steuern von solchen Schiffen sehr gut drauf. An Bord waren mehrere Wallpanzer, sie waren riesig und mit einem Schild vorne dran, außerdem einige Langstreckenkanonen und vor allem einige Schwebepanzer. Für die kleinen Einheiten standen einige der selbst gebauten Autos bereit. Flaffy hatte sie einfach mit seiner Fähigkeit geklont, es hatte nur eine Weile gedauert, bis er den Dreh raushatte. Das Schiff, das er jetzt steuern sollte, war im Gegensatz zu denen, die er bis jetzt gesteuert hatte, groß, aber er hatte ja genügend Platz im Raum zum Manövrieren. Cat gab den Befehl zum Abheben. Der Planet, zu dem sie mussten, war nicht weit entfernt. Die Titan hatten sie an einem benachbarten Sonnensystem geparkt.

Sie hatte den Befehl von Cat bekommen, sich, wenn die Mission fehlschlagen sollte, aus dem Staub zu machen und die Grundmission wieder aufzunehmen. Weiter die Planeten zu beschützen, koste es, was es wolle. Da sie selbst dabei war, konnte sie die Situation beurteilen.

Das Schiff verließ das Dock und flog Richtung Zielplanet. Flaffy aktivierte sofort die Tarnung, sie sollten schließlich nicht gleich auffallen. Sie waren letztendlich nicht lange unterwegs. Mit der Technik, die verbaut worden war, war das nur ein Katzensprung. Angekommen in dem Sonnensystem, konnten sie auf den Scanner bereits die extreme Energie sehen und auch spüren, die von dem Planeten ausging.

„Wow, das ist echt heftig“, stellte Flaffy fest.

„Ja, das ist noch gar nichts dagegen, wenn er erstmal auf die Idee kommt, uns anzugreifen“, antwortete Cat, auch wenn Flaffy keine Frage gestellt hatte. „Hoffentlich bleiben wir unentdeckt, bis wir gelandet sind.“

Flaffy nahm Kurs auf die Seite des Planeten, wo die Energie schwächer war. Alle waren irgendwie angespannt, aber Flaffy blieb ruhig. Er landete das Schiff meisterhaft.

Sie begannen abzuladen und sich eine Stellung zu errichten. Alle machten noch einmal ein Meeting. Cat hatte vor, die Grenzen aufzuzeigen: „Nochmal, Yurai, du weißt es, aber Flaffy nicht: Die Heiligen Objekte kennen keine Grenzen. Wenn man sie unkontrolliert einsetzt, kann man damit ganze Dimensionen auslöschen.“

Yurai blieb cool, nur Flaffy war etwas erschrocken.

„Aber sie haben Grenzen. Es kommt sehr auf den Träger an, wie gut er körperlich und mental mit ihnen übereinstimmt“, fuhr Cat fort.

„Haben sie Schwächen?“, hakte Flaffy nach.

„Ja, haben sie. Das Schwert ist vor allem körperlich sehr anstrengend. Es kostet extrem viel Kraft, es zu schwingen, der Würfel fordert den Geist und verzehrt die Seele, wenn man ihn zu sehr beansprucht. Das hängt vor allem von dem Umgang mit ihm ab. Allerdings gibt es ein Problem dabei“, fügte Cat hinzu.

„Ich ahne Schlimmes“, warf Yurai ein.

„Ja, der Kristall hat die Fähigkeit, vor allem den Körper mit Energie zu versorgen und die Mentalität zu festigen. Wir können nur froh sein, dass er die Maske der Seelen nicht hat“, gab Cat zur Antwort.

„Was ist die Seelenmaske?“, fragten Flaffy und Yurai im Chor. Sie hatte genau so wenig Ahnung wie Flaffy von dieser Maske.

„Die Seelenmaske ist ein Heiliges Objekt, das erst vor Kurzen aufgetaucht ist. Es hat vor allem die Eigenschaft, die Mentalität und die Moral des Trägers zu schützen. Das heißt, mit ihr kann man keinen psychischen Schaden erleiden, sie ist in dieser Hinsicht machtvoller als der Drei-Herzen-Diamant.“

Cat wurde von Flaffy unterbrochen: „Aber er hat sie nicht, oder?“

Cat lächelte. „Nein, hat er nicht, ich habe sie sicher versteckt.“ Alle waren erleichtert. „Flaffy, du kümmerst dich um den Würfel, er wird versuchen, uns mit Maschinen in die Ecke zu drängen. Yurai, du kümmerst dich mit Titan um Sykes. Ich werde mich um den Rest kümmern, ich weiß, wie ich ihm den Arsch versohle.“

Nach diesem Satz begann sich alles zu bewegen. Gut, dass auf dem Planeten nicht viel lebte. Die riesigen Wallpanzer begannen, eine Linie zu bilden. Sie walzten alles nieder, was vor ihnen war. Dahinter waren die Schwebepanzer. Die drei waren zusammen in dem großen Geschützpanzer. Er war mit einem Granatwerfer für große Distanzen ausgestattet. Damit sie schneller vorankamen, wurde er von acht Schwebepanzern gezogen. Das Geschütz war ein ganzes Stück länger als der Panzer selbst. Cat hatte vor, nur als kleine Truppe anzugreifen. Sie würden nur Verluste riskieren. Nur die vier hatten gegen Haydon eine Chance zu überleben. Der Rest war Beiwerk, um an sie ranzukommen. Die Truppe war auf dem Weg, allerdings, als sie angekommen waren, verschanzten sie sich hinter einer Düne. Alle lagen oben am Kamm und reichten ein Fernglas herum für die, die es brauchten. Vor ihnen lag ein Berg, der zu einem Schrein umgebaut worden war. Man konnte ohne Vorwissen feststellen, dass auf ihn der Würfel angewandt worden war. Längliche Teile von ihm schwebten in der Luft und umkreisten ihn. Andere waren rund und umflogen ihn in die andere Richtung. Man konnte von außen auch in ihn hineinschauen. Man konnte den Kern sehen, er leuchtete hell in einem bläulichen Licht. Alles darin war aus Zahnrädern, die blau leuchteten.

„Was ist das?“, fragte Flaffy.

„Das sieht aus wie die Ragnarök-Konstruktion.“ Die Antwort kam von Yurai.

Flaffy wiederholte: „Und was ist das?“

Cat antwortete diesmal: „Die Ragnarök-Konstruktion ist eine auf dem Würfel basierende Mechanik, die dazu in der Lage ist, den gesamten Planeten in den Würfel zu komprimieren, nur diese sieht anders aus. Der Energieaufwand ist einfach zu enorm, und sie ist zu groß.“

„Was hat das zu bedeuten?“, fragte Yurai, bevor Flaffy antworten konnte.

„Die Konstruktion wurde abgeändert, die Mechanik in der Mitte ist total überflüssig.“ Cat hatte gerade das Fernglas in der Hand. „In der Mitte dort ist der Würfel, inmitten der Räder. Er scheint aber mit jemandem verbunden zu sein. Ich vermute auch, dass Haydon einen Killswitch verbaut hat.“

„Das heißt, wenn wir unbedacht dieses Teil zerstören, wird sich der Planet selbst zerstören?“

Titan wusste selbst nicht, ob sie eine Feststellung gemacht hatte oder eine Frage stellte. „So sieht es aus. Ich kann auch keine Armee oder irgendeine Verteidigung sehen. Sie verlassen sich darauf, dass wir erkennen, was das ist, wir können weder schießen noch einen der Wallpanzer dort reinrauschen lassen“, fasste Cat zusammen. „Diese Maschine scheint dazu da zu sein, um eine Verbindung zu den Heiligen Objekten der zweiten Klasse herzustellen. Wenn er das schafft und sie anzapft, heißt das: Game over.“

„Was heißt das für andere?“, fragte Flaffy. „Wenn er genügend Energie in die drei Heiligen Waffen steckt, kann er die Realität verändern, wie er möchte. Er kann zwar nicht an der Physik oder der Zeit rumpfuschen, aber er kann innerhalb der Parameter allen Unfug treiben, den er möchte“, erklärte Titan. „Machen wir es wie abgesprochen, Cat und Flaffy kümmern sich um Haydon und Yurai kümmert sich um Sykes. Ich versuche den Ragnarök abzuschalten.“

„So machen wir es und wenn alle Stricke reißen …“ Cat schaute alle anderen an. Titan nickte, Yurai nickte, Flaffy nickte. Sie hatten alle verstanden, was er vorhatte. Wenn etwas schiefgehen sollte und sie dieses Monster nicht entschärfen konnten, würden sie den Befehl geben, dass alles sofort auf den Ragnarök feuern sollte. Das würde aber den Tod dieses Sonnensystems bedeuten, es gäbe nur eine, die das überleben würde, und das wäre Titan.

Cat sah weiter durch das Fernglas. Er erhob seinen Arm und reichte das Fernglas rum: „Sind euch auch diese unnormalen Erweiterungen aufgefallen?“

„Ja natürlich, sie sehen irgendwie so aus, als wären sie nicht komplett“, folgerte Flaffy.

„Das stimmt, das Konstrukt ist unvollständig. Der Würfel ist noch im System. Das bedeutet, dass wir eine bessere Chance haben. Somit hat er nur zwei und ein halbes Heiliges Objekt zur Verfügung“, ergänzte Cat.

„Das hört sich ja klasse an“, stellte Yurai fest. „Als hätten wir nicht selbst schon genügend Probleme. Woher wissen wir eigentlich, dass das System schon aktiv ist?“

Die Erde begann zu beben und ein Riss tat sich auf. Er war groß genug, dass einer der Wallpanzer hineinfiel. Cat drehte sich zu ihr um: „Ich denke, wir wissen einfach, dass sie schon funktioniert.“

Der Riss zog sich bis zu dem Gebilde. Auch wenn es irgendwie bedrückend aussah, mussten sie gegen Haydon bestehen, bevor diese riesige Maschine feuern konnte.

„So Leute, wir werden gegen Haydon gewinnen, also ziehen wir es durch! Nur wir vier gegen diese zwei, für das Universum, für uns und für unsere Freunde, die wir bis jetzt verloren haben.“

Cat hielt ihnen eine Hand hin. Flaffy legte seine darüber, dann kam Titan und zum Schluss Yurai: „Ziehen wir es durch.“

Alle setzten sich auf ihre Fahrzeuge. Cat hatte sein übliches Gefährt, Yurai hatte eine dunkellila Motocross-Maschine mit schwarzem Untergrund, Titan fuhr bei Cat mit und Flaffy hatte seinen kleinen Flieger. Sie zogen los, gerade auf Haydon zu. Alle wussten, dieser Kampf konnte in alle Richtungen gehen. Sie könnten sterben. Selbst Flaffy, der zum Teil aus einem Heiligen Objekt bestand, und Cat, der als unsterblich galt, da er nur durch eine dieser Waffen sterben konnte. Sie wollten alles geben.

Cat hatte einen Plan, er hatte niemandem davon erzählt, es war ein Notfallplan, der das allerletzte Mittel sein sollte, bevor alle Stricke reißen. Er hatte sich über all die Jahre noch einen Trumpf aufbewahrt, von dem er niemandem erzählt hatte, der aber das Blatt vielleicht wenden könnte. Alle fuhren sie nun nebeneinander. Sie waren sicher, dass Haydon sie schon bemerkt hatte. Es dauerte nicht lange, bis sie endlich vor dem Berg standen. Er war schon riesig. Sie suchten einen Eingang. Es gab keine Wachen, sie waren auch nicht nötig. Sie wanderten in Richtung einer der Aussparungen, von Nahem waren sie abnorm groß. Flaffy flog dicht am Berg entlang und suchte nach Fallen. Wider Erwarten gab es keine, auch wenn sie fest damit gerechnet hatten. Als sie angekommen waren, stellte auch Flaffy sein Gefährt ab. Sie konnten nun einen direkten Blick auf die Mechanik werfen, die verbaut war. Sie zog sich durch den gesamten Berg. Riesige Zahnräder drehten sich, sie hatten aber keine Halterung oder sonst etwas, was sie in der Luft hielt. Das bestätigte Cats Aussage, dass die Maschine nicht vollständig war.

„Kommt nur herein, meine lieben Freunde“, ertönte es durch den gesamten Berg. Sie hatten damit gerechnet, bereits entdeckt worden zu sein. Sie standen auf und begaben sich zum Zentrum der Einrichtung. In der Mitte war eine Art Zentrale eingerichtet. Dort war auch der Würfel, alles ging von ihm aus, er war das Zentrum. Dort stand Haydon in seiner Robe, das Schwert trug er an der linken Seite, den Kristall an der Rechten. Neben ihm stand ein menschenähnliches Etwas, es war Sykes. An ihm war nicht mehr viel Fleisch dran, er war zur Hälfte ein Roboter, er selbst war ganz blass, seine Teile waren mattschwarz.

Als die vier in der Mitte angekommen waren, standen sie den beiden gegenüber. „Das habe ich mir immer gewünscht. Einen Kampf mit dem Wächter. Du weißt gar nicht, wie ich mich freue, Cat“, sagte Sykes. Er ergriff den Schaft, nahm ihn ab und hielt ihn vor sich. An der Scheide konnte man sehen, wie sich halbdurchsichtige Mechaniken bildeten. Es war das Siegel, das das Schwert schützen sollte. Es machte den Anschein, dass es nicht mehr richtig funktionierte. Auch wenn es nicht nach den Gesetzen der Physik arbeitete, machte es unschöne Geräusche und sprühte Funken. Er zog das Schwert aus seiner Hülle und schmiss sie weg. „Was wollt ihr nun gegen mich machen, ich habe das Schwert befreit.“ Er war siegessicher.

Seine Gegner allerdings ließen sich nicht davon beeindrucken. „Schwing keine Reden!“, antwortete Cat ihm.

Cat und Flaffy rannten los, um ihn anzugreifen. Sykes schien das nicht zu interessieren. Er hatte nur Interesse an den beiden Frauen. Yurai und Titan harrten aus, sie wussten nicht, wie er sich verändert hatte. Zu der Zeit, als er noch im Team war, war er noch zu einem größeren Teil aus Fleisch. Er ließ nun auch seinen Mantel fallen, ein Großteil von ihm war aus den Teilen gebaut, die vom Würfel betrieben wurden. Titan und Yurai waren auf ihre eigene Weise schockiert. Er war zu einem Teil des Systems geworden, das Haydon aktiviert hatte.

„Du hast dich nicht verändert, Yurai, und die Kleine neben dir sieht auch nicht schlecht aus“, gab er von sich.

„Wie kann man nur so widerlich sein wie du?“, antwortete sie ihm.

„So kalt wie immer, Yurai, ich freue mich, dich zu besiegen. Dann kann ich noch etwas Spaß haben, bevor ich euch entsorge“, lachte er.

„Du warst schon immer pervers. Ich werde dich vernichten.“ Yurai begann, ihn mit ihrem Gewehr anzugreifen. Titan sprang zur Seite, sie wollte sich von dem Kampf fernhalten, sie hatte eine andere Aufgabe bekommen. Auch wenn Yurai ihn beschoss, konnte er die Kugeln mit seinem Schild abwehren. Aus seinem Rücken kamen weitere Arme hervor, Tentakel und auch weitere Waffen. Er konnte auch die Maschine steuern. Er konnte sie mit der Maschine selbst angreifen, auch wenn sie noch nicht fertig war. Yurai legte den Kopf in den Nacken. Sie hängte sich die Waffe auf den Rücken, zog zwei Dolche hervor und stieg auf Nahkampf um. Sie war wesentlich schneller als er und beweglicher, nur hatte sie nicht so viele Angriffsmöglichkeiten. Er griff sie unermüdlich an, aber es hielt sich irgendwie die Waage. Anders war es bei Flaffy und Cat gegen Haydon. Er griff sie mit dem Schwert an, das sie nicht abwehren konnten. Cat war mit Ausweichen beschäftigt, während er Flaffy mit dem Kristall bearbeitete. Cat versuchte unentwegt, eine Lücke abzupassen, die er nutzen konnte, um ihn irgendwie anzugreifen. Flaffy konnte sich über Wasser halten, indem er Energie umleitete, um Cat zu stärken, der sich so gut wie möglich heilen musste. Er war zwar geschickt im Ausweichen, aber er konnte nicht alles ab.

Währenddessen kletterte Titan an der Maschine hoch. Sie wusste genau, welche Zahnräder sie festhalten musste, um weiter nach oben zu kommen. Direkt am Würfel konnte sie nichts erreichen. Sie musste sich von oben in das Zentrum hereinkämpfen. Yurai hatte da mehr Probleme. Eine Person, die intuitiv den Würfel benutzen konnte, war doch problematischer, als sie zu Anfang gedacht hatte. Wenn sie gerade einen der Arme abgeschlagen hatte, war schon ein neuer gebaut. Sie hielt sich gut, aber ein Kampf auf Zeit auf einem weiträumigen Schlachtfeld war einfach nicht ihr Ding. Sie versuchte, irgendwie näher an Sykes ranzukommen, ihn dabei in eine Falle tappen zu lassen. Langsam ließen ihre Kräfte nach, und auch wenn sie stark war, konnte sie ohne Deckung nicht weiterkämpfen. Ein Schlag kam von der Seite und ihre Kräfte verließen sie, er traf sie hart und sie flog zu Boden. Ein weiterer Schlag durchbohrte ihre Bauchregion. Alles sah so aus, als wäre es an dieser Stelle für sie vorbei. Flaffy sah das Problem. Über die Gedankenverbindung mit Cat teilte er ihm mit, dass er ihn jetzt alleine stehen ließ. Der nächste Schlag sollte der Todesschlag für Yurai sein. Flaffy warf sich vor sie, es riss auch ihn nieder. Mit einem Arm hielt er die zwei Arme von Sykes, die ihn angriffen. Mit dem anderen und seinen Beinen stützte er sich am Boden ab. Unter ihm lag sie.

Sykes wollte unbedingt beide auf einmal auslöschen, viele seiner Arme begannen, ihn herunterzudrücken.

„Hey, lebst du noch?“, fragte Flaffy Yurai.

Diese antwortete leise: „Gerade so.“

Flaffy überlegte einen Moment, wie er aus dieser Position herauskommen konnte, ohne dabei seine Kameradin zu verlieren. Da fiel ihm sein erster Kampf wieder ein. Es war gegen Wraith. Er hatte eine Armee und er hatte seinen Soldaten geheilt. Aber würde das auch bei Yurai funktionieren? Er konnte Wunden mit seinen Teilen reparieren. Aber würde es auch funktionieren, einen gesamten Körper aufzunehmen? Flaffy hoffte inständig, dass diese Idee funktionieren würde. Im nächsten Moment riss einer der Arme ihm seine Stützbeine weg und er fiel. Wie in Zeitlupe verging die Zeit. Sein gesamter Körper begann sich zu verändern. Wie eine Rüstung öffnete er sich. Die Teile, die sich in ihm befanden, wichen zur Seite, um Platz zu schaffen. Er bildete eine perfekt passende Rüstung für sie. Ihre Wunden wurden temporär mit seinen Teilen aufgefüllt. Yurai war nun in Sicherheit. Er rollte sich zur Seite, bevor ihn der nächste Schlag treffen konnte.

Yurai stand auf und schaute sich an. Sykes war etwas verdutzt. Ihr Körper war mit neuer Energie versorgt in dieser Rüstung aus Flaffy, auch ihre Wunden waren nichtig.

Flaffy trennte sofort die Verbindung. Er sah, dass Cat Probleme hatte. Er kam nun Haydons Angriffen gar nicht mehr nach. Yurai konnte nun wieder gegen Sykes kämpfen. Flaffy sprintete zurück zu Cat, um ihm zu helfen. Er sprang von hinten auf Haydon zu. In diesem Moment drehte er sich um, mit dem Schwert in beiden Händen, und durchbohrte Flaffy direkt dort, wo sein Kern stecken sollte. Er hatte Yurai gerettet, aber in diesem Moment war es vorbei. In diesem Moment erloschen alle Chancen auf einen Sieg. Yurai und Cat wussten, sie beide ohne Flaffy würden nicht gegen die beiden bestehen. Titan war noch lange nicht bereit, den Würfel zu entfernen. Sie war gerade mal in der Mitte des Gebildes. Sie schaute auf, als Flaffy zu Boden ging. Yurais Wunden begannen dort, wo seine Teile waren, wieder zu schmerzen. Die Teile begannen sich langsam aufzulösen und zerfielen. Sie fiel um wie ein Brett. Ihre neu erwachte Kraft verflog so schnell, wie sie gekommen war. Cat sah keine andere Möglichkeit mehr, als seinen letzten Trumpf auszuspielen. Er zog aus seiner Tasche einen kleinen Dolch. Er war komplett schwarz. Auf ihm eine Gravur, ein Griff war verschnörkelt, von ihm ging schwarzer Rauch aus. Es war eine Waffe, die unheilig war.

„Uh, willst du mich etwa mit deinem kleinen Zahnstocher besiegen?", fragte ihn Haydon höhnisch.

„Nein, der Dolch ist nicht für dich gedacht." Cat grinste. Er sprach ein paar Zeilen, er murmelte sie in sich hinein.

Haydon schreckte zurück: „Nein, was tust du, was soll das?"

Cat rammte sich in diesem Moment den Doch in die Brust mit den Worten: „Schöpfer, auf ein letztes Wort, bevor ich das Zeitliche segne, hole dir deine Waffen zurück und beende diesen Kampf!" Er schrie es heraus. Alles begann zu flimmern. Die Welt wurde immer langsamer. Es war wie der Moment, als Wraith von diesem Loch verschluckt wurde. Cat ging in die Knie. Sein Körper begann sich aufzulösen, als würde ihn der Wind wegwehen. Alles andere stand still. Sie konnten nur zuschauen. Aber bewegen ging nicht mehr. Flaffy, der gerade so noch lebte, Yurai, die schon fast keine Luft mehr kriegte. Alle sahen zu, wie Cat verging. Cat hingegen war in einem Raum voller Licht. Es war nicht wie die Sonne und gelblich. Es war eher kalt und leicht gräulich. Er hatte auch den Dolch nicht mehr in der Brust. Eine Stimme ertönte: „Cat, schön, dich wiederzusehen.“

Cat sah sich um. „Ich dachte, ich würde dich mal in deiner wahren Gestalt sehen, wenn ich sterbe.“

„Du bist nicht gestorben, mein Guter“, antwortete die Stimme. „Ich hatte nur gehofft, dass wir uns nicht so bald wiedersehen.“

„Warum denn, hatten wir zusammen wirklich so schlimme Zeiten?“, fragte Cat.

„Oh nein, es bedeutet nur, dass es in meinem Universum Probleme mit meinen Heiligen Objekten gibt“, antwortete die Stimme. Es war der Schöpfer selbst, mit dem Cat gerade sprach. Er hatte sich aus dem Geschehen der Welt zurückgezogen.

Cat erklärte ihm die Situation.

„Ich verstehe, du hast deine Kräfte verloren, ich denke, ich weiß auch, wieso“, folgerte die Stimme.

„Und woran liegt das? Kannst du zumindest meinen Freunden aus der Patsche helfen? Was du mit mir machst, ist egal, aber bitte hilf ihnen.“ Cat war verzweifelt, er wollte unbedingt Yurai und Flaffy retten.

„Ich kann euch nicht mehr helfen. Seitdem ich mich damals von der Welt abgewandt habe, kann ich keinen Einfluss mehr nehmen“, sprach die Stimme.

Bevor Cat weiterreden konnte, ergänzte die Stimme: „Ich weiß, warum du deine Kräfte verloren hast: Damals. nach der Stunde Null. hast du dich selbst aufgegeben. Du hast den Glauben verloren. Den Glauben an deine Kraft. Die Kraft des Feuersturms. Du bist an dieser Tragödie nicht schuld, du wurdest gezwungen, diese Maschine zu aktivieren, auch wenn sie noch nicht fertig war. Ich werde dich wieder in diese Welt zurückschicken und ich werde dir noch etwas mitgeben."

Aus dem Nichts kam ein kleiner Kern auf ihn zugeflogen.

„Was ist das?"

„Das wirst du selbst noch früh genug rausfinden."

Das Licht wurde immer dunkler, Cat hatte noch eine Frage: „Warum tust du das für mich?"

Aus der Ferne kam eine Antwort: „Auch wenn du es nicht weißt, kann ich nicht zulassen, dass einer der wichtigsten Teile des Universums stirbt."

In diesem Augenblick war er weg. Cat wachte auf, mit dem Kern in der Hand stand er auf dem Schlachtfeld. Er schaute ihn an. Alles um ihn herum stand still. Langsam begann sich wieder alles zu bewegen. Cat fühlte sich nicht anders als vorher. Flaffy versuchte irgendwie, von Haydon weg zu gelangen. Cat, der sich ohne Probleme in normaler Geschwindigkeit bewegen konnte, ging auf Flaffy zu. Er hätte sich entscheiden können, Haydon zu töten oder Flaffy seinem Schicksal zu überlassen. Seine Entscheidung stand von vorneherein fest, er wollte erst seine Freunde retten. Er drehte den Kern herum. Flaffy, der am Vergehen war, wollte noch etwas sagen, aber Cat nahm den Kern und setzte ihn an die Stelle, an der das Schwert ihn durchbohrt hatte. Flaffy begann sich wieder zu bewegen, doch es sah anders aus und Cat schreckte zurück. Flaffy schien eine Art Spur zu hinterlassen, wie ein Nachhall der Position, an der er sich gerade aufgehalten hatte. Langsam begannen seine Wunden zu verheilen. Auch die Teile, die er Yurai gegeben hatte, fingen wieder an zu arbeiten.

Genau in diesem Moment erschien ein helles Licht am Himmel. Es war ein letztes Mal der Schöpfer: „Seht es als ein Geschenk und als eine zweite Chance. Macht etwas daraus.“ Mit diesen Worten verschwand das Licht und die Zeit begann wieder normal zu fließen.

Haydon und Sykes schienen von dem Licht nichts mitbekommen zu haben. Cat schaute auf den Boden: „Er hat gesagt, ich habe den Glauben verloren, an den Feuersturm. Ich habe ihn gesehen. Die mächtigste Waffe!“ Cat drehte sich um, Haydon stürmte auf ihn zu, wutentbrannt darüber, dass er nicht tot war, das Schwert über seinem Kopf zielte auf Cat. Er ließ das Beil niederfallen. Und es tat einen Klatscher. Flaffy konnte seinem Augen nicht trauen. Das Schwert, das alles restlos schneidet, Cat hielt es in seinen Händen. Mit seinen Handballen hielt er die stumpfe Seite des Schwertes, die Stelle, an der es seine Macht nicht entfalten konnte. Cat blickte ihm in die Augen: „Ich habe meine Kraft wiedergefunden.“

Von oben herab kamen die Lanzen geflogen. Sie rammten sich nebeneinander in den Boden. Nun begann Haydon zu schwitzen. Er hatte damit gerechnet, dass Cat ein Heiliges Objekt abwehren konnte, aber dass er jetzt sogar das Schwert bezwingen konnte, machte ihm Angst. Er machte aber keine Anstalten, seinen Widerstand aufzugeben. Er riss die Klinge aus Cats Händen. Er versuchte einen weiteren Schlag, aber Cat griff einfach um die Klinge herum. Als Nächstes versuchte er, Cat mit Kristall-Kriegern anzugreifen. Allerdings waren auch diese kein Problem, Cat hatte nun seine Kräfte wieder. Die acht Lanzen zersäbelten einen nach dem anderen. Flaffy hingegen war noch am Ende. Yurai war gerade dabei, sich wieder aufzurappeln.

Sykes hatte nun seine Priorität auf ihn verschoben. Flaffy machte sich kampfbereit, seine Kräfte waren wieder aufgefüllt. Cat hatte keine Probleme mehr, gegen Haydon zu kämpfen, also hatte Flaffy freie Hand. Er kreierte sich eine Waffe, mehr wie eine Pistole, in der anderen Hand hatte er ein Schwert, eher wie ein Säbel. Im Ausweichen war er gut, auch wenn er einige Schläge einstecken musste, konnte er dennoch Schaden anrichten. Mit dem Schwert blockte er, mit der anderen Waffe griff er an. Jemand, der den Würfel beherrschte, gegen jemanden, der Dinge erschaffen kann. Sie waren sich ebenbürtig. Der alte Entwickler gegen den neuen.

Eine Schlacht zwischen den beiden entbrannte. Sykes begann immer neue Dinge zu erschaffen, Waffen, die bis jetzt noch nicht existiert hatten. Flaffy hingegen wehrte sie mit meisterlichem Geschick ab. Der Kern schien ihm mehr Kraft zu geben, so, als wäre er vorher nur auf Sparflamme gelaufen. Aber irgendwann machte auch er einen Fehler, er konnte zwar die neuen Dinge alle kontern, war aber noch lange nicht so erfahren im Kampf wie sein Gegner. Nun hatte er seinen Angriff verfehlt und stand in Abwehrhaltung direkt vor ihm. Sykes wollte diese lästige Fliege endlich loswerden, damit er sich wieder wichtigeren Dingen widmen konnte. Währenddessen hatte Cat immer noch mit Haydon zu tun. Er konnte ihn zwar zum Schwitzen bringen, kam aber nicht dazu, ihn direkt anzugreifen. Jeden Angriff, den er machte, konnte er mit dem Schwert negieren. Er hatte zwar die Oberhand über den Kampf verloren, konnte aber noch gegen ihn bestehen. Sykes wollte gerade von oben zuschlagen. Flaffy hatte keine weiteren Möglichkeiten, um auszuweichen. Er schlug direkt von oben auf ihn ein. Yurai wollte ihm helfen und rannte zu ihm. Aber jetzt war sie auch im Wirkungsbereich des Angriffs. Flaffy war bewusst, dass er sich nicht teilen konnte. Auf der einen Seite stand, sie sterben zu lassen und weiterzuleben, auf der anderen ihre Rettung. Flaffy konnte sich nicht entscheiden. Ein Schrei ertönte, wie der einer gesamten Armee. Dieser Kampf konnte mit drei Personen nicht gewonnen werden, Flaffy wusste das. Auch wenn sie jetzt besser aufgestellt waren, hatten sie nur begrenzt Leute. In dem Moment, als Sykes zuschlug, bildete sich in der Mitte von Flaffy ein Art Portal, wie ein Spiegel. Sykes verlor einen Arm, als er ihn traf. Aus dem Spiegel trat Flaffy von der rechten Seite heraus und auch von der linken Seite. Er hatte sich selbst aufgeteilt. Nicht seinen Geist, aber seinen Körper. Sykes stellte den Angriff auf Yurai ein, es standen jetzt zwei Feinde vor ihm: Flaffy und Flaffy. Flaffy schaute sich selbst an. Sein Geist war nicht aufgeteilt worden. Er konnte die Realität aus zwei Perspektiven sehen. Wie ein Kollektiv, aus all seinen Augen. Es war der Kern, der ihm das ermöglichte.

Cat und Haydon hielten einen Moment inne und Cat murmelte vor sich hin: „Gut gemacht. Ich wusste, dass du es schaffst.“ So als hätte er schon gewusst, was für ein Geschenk ihm der Schöpfer gemacht hatte.

Und weiter gingen sie sich an den Kragen. Flaffy warf Yurai einen Blick zu. Sie nickte ihm zu, nun war Sykes überfordert mit der Situation. Gegen Flaffy und Yurai hatte er die Oberhand, aber gegen jemanden, der sich teilen konnte, war er machtlos. Er konnte gar nicht schnell genug hin und her schauen, wie Flaffy sich um ihn herumbewegte und ihn angriff. Er verlor seine Gliedmaßen schneller, als der Würfel sie generieren konnte. Ein Beben fuhr durch die Maschine. Titan hatte eines der Zahnräder angehalten, damit sie nach unten durchkommen konnte. Schon ging der Kampf weiter. Yurai übernahm den Kampf gegen Sykes, damit Flaffy sich auf eine Angriffskombination vorbereiten konnte. Nach einigen Sekunden war er bereit. Yurai rannte zu Flaffy, sie sprang ab und die beiden katapultierten sich direkt auf Sykes zu. Er erkannte den Angriff und wollte sie in diesem Moment erledigen. Er stach zu, aber was er traf, war ein weiterer Körper von Flaffy. Yurai kam an seinem Arm vorbei. Mit seinen menschlichen Resten konnte er sich nicht verteidigen. Yurai rammte ihm einen ihrer Dolche in den Schädel. Flaffy setzte noch nach, sprang ab und trat nochmal auf den Griff. Damit war der Kampf für die beiden beendet. Sykes fiel um wie ein Brett.

Flaffy rang im nächsten Moment mit sich. Sykes hatte ihn in seiner Mitte erwischt. Der sammelte den Körper wieder auf. Ein Griff an die Stelle, wo er getroffen worden war, war zu erwarten. Yurai fragte: „Alles in Ordnung?“

Flaffy ging in die Knie. „Es tut schon ganz schön weh.“ Es brauchte einen Moment, bis er sich von diesem Schmerz erholt hatte. „Ich werde mich wohl daran gewöhnen müssen.“

Haydon schaute auf. Cat griff ihn an, er wehrte ab. Er stieß ihn mit aller Macht von sich weg und rannte Richtung Würfel. Yurai schmiss den anderen Degen, den sie noch dabeihatte. Haydon zerteilte ihn mit dem Schwert in zwei Teile. Titan war gerade an der Öffnung zum Würfel und wollte nach ihm greifen. Haydon deaktivierte den Schutz und schnappte ihr den Würfel vor der Nase weg. Der gesamte Berg fing an zu beben. Alles begann einzustürzen. Die riesigen fliegenden Teile rasten in Richtung Erde. Alle hielten Abstand zu Haydon. Mit allen drei Heiligen Objekten war er der mächtigste Mann in diesem Universum. Die Truppe sammelte sich. Cat fragte ihn: „Was bezweckst du mit dieser Aktion?“

„Weißt du das etwa nicht? Ich dachte, du wärst so schlau“, antwortete Haydon höhnisch.

„Hör auf auszuweichen und sag endlich, was du damit bezweckst.“ Flaffy stand wieder auf.

„Halt dich da raus, du weißt doch gar nicht, worum was es hier geht. Weißt du überhaupt, was Cat alles getan hat, um an so viel Macht zu kommen?“, fragte ihn Haydon.

Flaffy wollte auf diese Frage keine Antwort wissen: „Ich weiß es nicht, aber das tut nichts zur Sache. Ich habe mich entschieden, ihm zu folgen.“

„Du weißt es also nicht, also hat er dir auch nicht erzählt, dass das Schwert, der Würfel und der Kristall nicht die drei Heiligen Waffen sind. Sie sind zusammen nur eine der drei Heiligen Waffen“, fuhr er fort.

Cat entgegnete: „Das kannst du nicht wissen, woher hast du diese Information?“

Haydon grinste: „Ich habe etwas gefunden, etwas, wovon nur die wenigsten wussten. Ich habe das Buch gefunden.“ Cat schreckte zurück: „Wie? Es war mit einem Siegel des Schöpfers ausgestattet. Du hättest es niemals öffnen können.“

„Ich hatte reichlich Zeit, eines der Siegel von ‚The Code of Universe‘ zu brechen“, erklärte er.

Flaffy lehnte sich zu Yurai: „Was ist ‚The Code of Universe‘?“

„Das ist ein besonderes Buch. Es ist wie die Waffen ein Heiliges Objekt, niemand weiß, wie viele Seiten es hat, aber in ihm stehen alle Geheimnisse über das Universum, die Regeln der Physik, Technologien und sogar die Heiligen Objekte werden darin beschrieben, allerdings kann man niemals alle Informationen lesen, man muss sich auf einen Teil beschränken. Danach muss man sehr lange warten, bis man dem Buch wieder etwas entlocken kann“, antwortete sie.

Haydon lachte: „Oh, Cat, du hast jemanden eingeweiht. Sie weiß Bescheid, dann wird sie auch wissen, dass es drei Heilige Objekte gibt, die der ersten und höchsten Stufe angehören. Ich konnte erfahren, dass sie in drei Waffen aufgeteilt wurden. Zwei davon sind bekannt, die dritte konnte ich dem Buch leider nicht mehr entlocken: Es gibt den Feuersturm, das mächtigste aller Heiligen Objekte. Er ist der Fernkampf. Der Nahkampf sind das Schwert der Würfel und der Kristall, sie als Einheit sind zwar dem Feuersturm nicht ebenbürtig, reichen aber, um das Universum aus den Fugen brechen zu lassen.“

Flaffy war sich unsicher, was er nun glauben sollte. „Ich weiß nicht, was du damit bezwecken willst, mir diese Information zu geben. Ich bleibe bei Cat. Ich bin mir sicher, dass er mir das auch erzählt hätte, wenn die Zeit reif gewesen wäre.“

Cat war irgendwie erleichtert, dass Flaffy so zu ihm hielt. Haydon schaute um sich, alles um ihn herum brach zusammen, er war umstellt von Cat, Flaffy, Yurai und Titan. Er wollte diesen Schritt eigentlich noch nicht wagen, aber es war sein einziger Ausweg aus dieser Situation. Er hob seine Hände und begann zu sprechen: „Ihr heiligen Objekte des Schöpfers, ihr, die das alles in jeder Dimension und jedem Universum definiert, erhöret mich.“ Sie begannen zu schweben und sich im Kreis zu drehen. „Schenkt mir eure

Macht, vereinigt euch und werdet zu der Waffe, die ihr immer sein solltet!" Sie kamen sich immer näher. Ein helles Licht erstrahlte. Die Truppe begann Abstand zu nehmen, nur Cat machte einen Schritt auf Haydon zu. Das Licht wurde immer heller und es tat einen Schlag. Alle flogen nach hinten. Flaffy haute es aus den Latschen, Yurai flog weg. Titan konnte sich gerade so am Boden festkrallen. Jetzt standen sich nur Haydon und Cat gegenüber. Nun konnte Flaffy die Augen wieder öffnen. Was er sah, konnte er nicht glauben. Er hatte mit einer riesigen Waffe gerechnet. Er hatte aber nicht damit gerechnet, dass Haydons Bemühungen diese Früchte tragen würden. Dieser aber brach zusammen. Er schlug die Hände über dem Kopf zusammen. „Das kann nicht sein! Das kann einfach nicht sein! Was habt ihr mit den Heiligen Objekten gemacht? Anders wäre das nicht zu erklären!"

Vor Haydon lagen die drei Heiligen Objekte in ihrer reinen Form, sie waren immer noch voneinander getrennt. Cat stand vor ihm: „Du hast dich zu sehr darauf verlassen, dass alles, was in ‚The Code of Universe' steht, auch exakt so eintritt!"

„Wie meinst du das?", fragte er Cat.

Cat antwortete ihm: „Ich weiß, warum diese Fusion nicht geklappt hat!"

Haydon blickte zu ihm auf: „Was willst du für diese Information haben, bitte sag mir, was mit den Heiligen Objekten passiert ist?" Er war schon fast unterwürfig.

Cat meinte allerdings: „Ich werde es dir nicht sagen, außer du gewinnst diesen Kampf gegen mich. Wir zwei – alles oder nichts. Wenn ich gewinne, wirst du dich ergeben, du wirst dich deiner Strafe hingeben ohne Widerrede.

Wenn du gewinnst, werden wir dir allerdings die Heiligen Objekte überlassen, ich werde dir verraten, wie du an die Waffe des Nahkampfes kommst, unter der Bedingung, dass die Titan neutrales Gebiet bleibt."

Alle waren über diese Forderung erstaunt. Sie dachten, Cat würde diese Karte nicht ausspielen. Haydon schaute ihn an: „Ja, ich mach es, wir beide gegeneinander."

Haydon griff den Kristall. Cat erhielt das Schwert. Der Rest schwebte zu Flaffy und Titan. Die Lanzen der Gravitation begannen einen riesigen Kreis zu bilden. Sie stellten sich auf, sie fingen an, um Haydon und Cat zu rotieren, bis eine Wand entstand. Flaffy und Titan wollten ihnen folgen, aber die Wand war bereits hart geworden. Cat und Haydon gegeneinander. Beide waren ungefähr auf einem Level, jeder hatte ein Heiliges Objekt, gefangen in einer eigenen Dimension, die sie vollkommen zerstören konnten. Cat zog das Schwert: „Ich hoffe für dich, dass du dir das gut überlegt hast."

Haydon hob seinen Blick: „Ich weiß, dass ich mich an dir rächen will." Mit diesen Worten ging er auf Cat los. Er war gehüllt in eine Rüstung aus Diamanten, die von dem Kristall erzeugt wurden. Wieder versuchte er, von Cat Energie abzuzapfen, allerdings war Cat auf der Hut vor seinen Angriffen. Haydon erzeugte immer neue Waffen, die aus puren Kristallen waren. Cat entledigte sich seiner Angriffe einfach mit dem Schwert, in einem Zweikampf war Cat ihm in dieser Situation mit gleichem Ausgangspunkt absolut überlegen. Er führte das Schwert so leicht, als hätte er eine Feder in der Hand. Cat hinterließ mit dem Schwert winzige Schnitte im Raum. Das Schwert war tatsächlich so scharf, dass es alles schneiden konnte, sogar den Raum konnte es schneiden.

Flaffy und Titan standen außerhalb des Raumes. Auch Yurai kam mit dazu. Sie konnten nun nichts mehr für Cat tun. Er konnte sie noch nicht einmal sehen.

Cat hatte zwischendurch ganz schön einzustecken, aber manchmal war es genau umgekehrt. Nun war es so weit, beide gingen mit voller Kraft aufeinander zu. Riesige Kristalle flogen durch die Welt, riesige Risse im Raum zierten alle Blickrichtungen. Auch Flaffy merkte, dass der Raum das langsam nicht mehr mitmachte. Er hielt mit beiden Händen die Kugel fest. Er gab Energie an die Kugel ab, um sie aufrecht zu halten. Cat prügelte mit dem Schwert gnadenlos auf Haydon ein, der so langsam die Kontrolle verlor. Cat setzte zum finalen Schlag an. In diesem Moment nahm Flaffy die Hände von der Kugel und der Raum zerbrach. Beide waren wieder weiter voneinander entfernt. Cat schlug ins Nichts. Haydon machte die Augen zu, um sich auf sein Abtreten vorzubereiten. Er war besiegt. Das Team sammelte sich. Cat hatte das Schwert und den Würfel wieder, er ging zu ihm hin und nahm sich nun auch den Kristall, mit dem dieser gesamte Schlamassel erst angefangen hatte. Haydon öffnete die Augen. Vor ihm stand Cat, der hatte nur eine Frage: „Haydon, bevor ich dich bestrafe, möchte ich wissen: Warum? Warum hast du das alles auf dich genommen?“

„Du warst es, du hast damals meinen Heimatplaneten zerstört, du hast mir alles genommen, meine Familie, meine Eltern und meine kleine Tochter, die gerade ihren sechsten Geburtstag gefeiert hatte. Du hast diese Waffe abgefeuert und alles zerstört, was im alten Universum existiert hat.“

Cat schaute ihn schief an: „Warte mal, dass die Waffe alles zerstört hat, was damals existiert hat, ist richtig, aber dein Planet wurde nicht zerstört."

Haydons Augen wurden riesig.

„Dein Planet existiert noch, er befindet sich nur in einem Kryogefäß, wusstest du das nicht?", klärte Cat ihn auf.

Haydon war fassungslos. „Heißt das, meine Familie hat die Stunde Null überlebt und ist auch jetzt noch am Leben?"

Cat antwortete ihm: „Wir hatten damals doch gemeinsam beschlossen, dass die Planeten, die wir eingesammelt haben, erstmal stoppen, um sie in einer Planetengemeinschaft wieder zu entlassen."

Haydon sprang auf und umarmte ihn. „Es tut mir leid, ich wünschte, ich könnte alles rückgängig machen, was ich getan habe."

„Das geht leider nicht, auch nicht mit allen drei Heiligen Objekten, aber du kannst uns helfen, den zu finden, der das alles eingefädelt hat. Aber du wirst trotzdem deine Strafe absitzen müssen."

Haydon nahm wieder Abstand. „Natürlich, aber das wird schwierig werden. Ich habe meinem Partner befohlen, das Buch zu nehmen und zu verschwinden. Ich weiß noch nicht einmal, wohin er gegangen sein könnte."

Cat überlegte: „Das ist nicht viel, aber okay, bist du bereit für deine Strafe?"

Haydon nickte energisch.

„Haydon, ich verurteile dich dazu, die Triebwerke der Titan zu reinigen!", verkündete Cat das Urteil. Haydon schaute ihn mit tränenden Augen an. „Oder hast du etwas dagegen einzuwenden?", fragte Cat hinterher.

Er schüttelte nur den Kopf. An dieser Stelle beendeten sie den Einsatz. Cat steckte das Schwert wieder in die Scheide. Sie kehrten wieder zu den anderen zurück. Um den Berg herum hatte der Teufel höchstpersönlich gewütet. Die Truppen, die noch dort stationiert waren, waren total über den Haufen gestoßen worden. Yurai und Cat hatten Haydon in Handschellen gelegt und überführten ihn zu dem Transporter. Titan und Flaffy waren noch dort geblieben. Sie hatten noch etwas zu erledigen, sie holten den Kern von Sykes. Danach machten sie sich auch auf den Weg zum Rest des Teams.

Cat hatte davon noch überhaupt nichts mitbekommen. Flaffy hatte auch nicht vor, das so schnell zu ändern. Es schien für alle so, als hätte etwas Haydon manipuliert. Er dachte tatsächlich, dass sein Planet zerstört worden war, dabei war er noch auf der Titan in einem Raum, in dem die Zeit stillstand. Sein Komplize war allerdings nicht aufzuspüren, er hatte das Buch ‚The Code of Universe'. Sie unternahmen noch einige Suchen nach ihm, aber auch mit Haydon hatten sie keine Chance. Er war davongekommen. Cat verschloss den Kristall in der Nano-Titan, damit er als Bindeglied nicht mehr in Umlauf gebracht werden konnte. Somit war die Gefahr gebannt, dass wieder jemand auf die Idee kommen würde, alle Heiligen Objekte wieder vereinen zu wollen. Haydon wurde in einem speziellen Anzug zu den Triebwerken geschickt, um sie mit einer Zahnbürste zu reinigen. Da hatte er eine Weile zu tun. Wann er fertig sein würde, wusste keiner so genau, und das wollte auch eigentlich niemand wissen, nicht einmal er selbst.

Flaffy hatte jetzt zwei dieser Kapseln, die von Kryon hatte er leider nicht bekommen. Er hoffte, dass er dieses Geheimnis auch noch lüften konnte. Auch wenn sie gewonnen hatten, fühlte Flaffy sich irgendwie unwohl. Er merkte, dass diese Kapseln eine weit wichtigere Rolle einnehmen würden, als er gedacht hatte.

Ein Traum beginnt!

Sie hatten nun gewonnen. Endlich kamen sie zusammen auf dem obersten Deck der Titan an. Direkt über der Nano-Titan war eine Gedenkstätte, wo an die gedacht wurde, die besondere Dienste geleistet hatten. Auf der einen Seite war eine riesige Tafel mit Helden, die noch am Leben waren. Gegenüber war ein Art Friedhof, auf dem die Verstorbenen lagen, die in den Schlachten gestorben waren. Flaffy dachte, es sei ein riesiger Friedhof, aber es waren dort gerade mal ein paar Gräber. Cat hatte extra Steine fertigen lassen für seine alten Kameraden. Auch für Anthony stand ein Gedenkstein da. Auch CS war da. Gekleidet in seinen schwarzgoldenen Anzug war er dabei. Er mit seiner Maske. Flaffy wusste jetzt auch, wo Cat die Maske der Seelen versteckt hatte. CS hatte sie. Sie standen da, alle waren da, Yurai, auch wenn sie Anthony nicht gekannt hatte, Titan, Flaffy, CS und Cat.

Cat schritt nach vorne. Er griff nach dem Himmel und sprach: „Du hast uns alles gegeben, doch wir konnten dich nicht retten, wir wissen nicht, wo du bist, aber du bleibst bei uns, ein Freund, der alles für das Team gab.“ Cat öffnete die Hand und es schien allen so, als wäre hinter seiner Hand ein Stern entstanden. Cat drehte sich zu allen um: „Wir haben viel verloren, aber wir haben ein neues Team oder zumindest den Anfang eines Teams. Der Kampf ist gewonnen, aber der Krieg geht weiter. Wir müssen uns vorbereiten auf das, was noch kommen wird. Es ist nicht die Frage, ob es einen weiteren Kampf geben wird, sondern wann er uns ereilen wird. Lasst uns für Ordnung sorgen!“

Alle sahen ihn an, sie waren still begeistert. Cat schaute in das Universum. Flaffy stellte sich zu ihm. „Wir werden das durchstehen!“

Titan schmiss sich an seinen Hals: „Ich sorge für gute Laune.“

Yurai bohrte Flaffy ihren Ellenbogen in die Seite. „Ich sorge dafür, dass die Neuen vorbereitet sind!“

Alle zusammen waren sie das neue Team der Titan, die Wächter der Schöpfung.

Danksagung

Es war ein Spiel von drei Kindern, die auf dem Spielplatz der Grundschule spielten. Für alle anderen waren sie die Außenseiter. Niemand verstand das Spiel, aber für die drei Jungs hatte es seine eigene Bedeutung, seine eigene Dynamik, seine eigene Entwicklung. Es war so, als würden sie zwischen den Stunden in ihre eigene Welt abtauchen. Es war immer dasselbe Spiel, es gab kaum Veränderungen, so, als wären sie in einer Zeitschleife gefangen. Doch leider wurden die Jungs größer und mussten sich dem Leben stellen. Die Welt, die sie erschaffen hatten, geriet in Vergessenheit. Die Welt, die sie so sehr geliebt hatten. Einer von ihnen studierte, der andere lernte einen Beruf. Nur einer von ihnen, der konnte diese Geschichte nicht vergessen. Er lebte alleine weiter in dieser Welt, er wollte sie nicht vergehen lassen. Er hielt fest an dieser Erinnerung. Alles, was die anderen vergessen hatten, hielt er fest und sammelte es. Er sammelte es in seinem Kopf und formte über Jahre diese Geschichte. Alles, was er sich ausgedacht hatte, war in seinem Kopf, er konnte es niemandem erzählen, weil ihn alle als verrückt abstempeln würden, bis er eines Tages jemanden traf, dem er vertraute und seine Geschichte erzählte. Dieser war sofort begeistert, aus dieser Welt wieder mit ihm in die andere abzutauchen. So entstand der Gedanke, ein Buch zu schreiben. Die Geschichte festzuhalten. Die beiden dachten eifrig nach, sie verfeinerten die Geschichte und der Junge schrieb sie nieder, so wie sie ihm in den Sinn kam.

Dieser Junge, der vor vielen Jahren mit seinen Freunden dieses Spiel spielte, bin ich. Mit meinem Freund, der mir immer zugehört hatte, schrieb ich dieses Buch als Andenken an die Welt, die wir erschaffen hatten. Ich möchte sie für euch öffnen, mit euch teilen und vergrößern. Ich möchte sie mit allen teilen, weil ich Angst habe, diese Welt zu verlieren. Diese Geschichte ist viele Jahre lang gereift, viele Personen halfen mir, ohne es zu wissen. Manche waren mein ganzes Leben bei mir, andere traf ich und wir gingen unserer Wege, aber sie verdienen es, genannt zu werden. Dabei sind vor allem Freunde, aber auch Feinde, Menschen, die nie etwas von dieser Geschichte wussten, aber auch welche, die sie sich angehört haben. Ich möchte ihnen die Ehre erweisen. Auch wenn in diesem Buch nicht die gesamte Geschichte steht, möchte ich euch die Namen der Personen nennen, die mir geholfen haben.

Philipp M. Seyler
Amon Kaufmann
Thomas Schmidt
Ferdinand Forst
Giada Sperlecchie
Marc Suter
Helena Schlickum
Ole S. Hahn

Vergessen darf ich auch nicht meinen Freund, der dieses Buch erst möglich gemacht hat. Sein Name ist Hannes Michel. Er fügte eine Person in diese Geschichte ein, wie ich sie mir nicht vorstellen konnte. Er half mir, wann immer ich ihn brauchte. Er gab viel Zeit dafür, mit mir die Geschichte zu schreiben.
Ich danke euch allen für eure Unterstützung!